数字金融创新发展与商业银行战略转型

杜莉 等著

中国社会科学出版社

图书在版编目（CIP）数据

数字金融创新发展与商业银行战略转型/杜莉等著. —北京：中国社会科学出版社，2023.12
ISBN 978-7-5227-2770-7

Ⅰ.①数… Ⅱ.①杜… Ⅲ.①数字技术—应用—金融业—研究—中国 ②数字技术—应用—商业银行—银行改革—研究—中国 Ⅳ.①F832-39

中国国家版本馆 CIP 数据核字（2023）第 235603 号

出 版 人	赵剑英	
责任编辑	党旺旺	
责任校对	杜　威	
责任印制	王　超	
出　　版	中国社会科学出版社	
社　　址	北京鼓楼西大街甲 158 号	
邮　　编	100720	
网　　址	http://www.csspw.cn	
发 行 部	010-84083685	
门 市 部	010-84029450	
经　　销	新华书店及其他书店	
印　　刷	北京明恒达印务有限公司	
装　　订	廊坊市广阳区广增装订厂	
版　　次	2023 年 12 月第 1 版	
印　　次	2023 年 12 月第 1 次印刷	
开　　本	710×1000　1/16	
印　　张	15.25	
字　　数	228 千字	
定　　价	79.00 元	

凡购买中国社会科学出版社图书，如有质量问题请与本社营销中心联系调换
电话：010-84083683
版权所有　侵权必究

前　言

2008年以来，数字金融在全球迅速发展并保持了蓬勃发展的态势，这种发展背景使传统金融业的服务模式面临挑战，并因此引发了传统金融领域的一系列变革。面对冲击和挑战，金融业利用互联网、人工智能、大数据、云计算及区块链等新兴技术多维度的深度赋能，积极以新技术、新理念开发创新性金融产品并实施运营全面战略转型。

我们关注数字金融发展对以商业银行为代表的金融业的数字化转型行为的影响，以及商业银行如何利用战略安排实施转型，源于2020年立项课题"数字金融创新发展与商业银行战略转型"的研究启动。为了推进研究，我们组成了由杜莉教授牵头引领和设计，刘铮、王舒阳、曲建平、单京京、董徐沂、窦相龙等人共同合作研究的团队。研究团队通过去上海、杭州等地实地调研，召开组会、工作坊、学术研讨会等，收集研究资料，确定研究的主题、切入点、研究方法和研究内容，形成了关于数字金融与商业银行数字化转型、数字金融与商业银行经营稳定性、数字金融与商业银行风险承担、数字金融与商业银行价值的提升、数字金融与商业银行信用风险约束、数字金融与商业银行经营效率提升等系列研究方向。研究期间，杜莉教授与博士研究生刘铮合作，在《国际金融研究》（2022年第6期）发表了《数字金融对商业银行信用风险约束与经营效率的影响》。

本书集结了本研究团队的研究成果，我们希望通过我们的研究努力，为数字金融迅速发展背景下的我国以商业银行为重要主体的金融业的稳定、持续和创新发展做出我们应有的贡献。

目 录

第一章 数字金融与商业银行数字化转型 ·················· 1

 第一节 绪论 ·· 1

 第二节 文献综述 ·· 4

 第三节 数字金融背景下商业银行发展面临的挑战与
    转型选择 ·· 10

 第四节 研究假设与实证设计 ······························ 23

 第五节 数字金融对商业银行数字化转型行为影响的
    实证检验 ·· 35

 第六节 研究结论及政策建议 ······························ 43

第二章 数字金融与商业银行经营稳定性 ···················· 47

 第一节 绪论 ·· 47

 第二节 文献综述 ·· 50

 第三节 数字金融与商业银行经营稳定性关系的理论基础 ······ 55

 第四节 数字金融对商业银行经营稳定性的影响机制 ············ 61

 第五节 数字金融与商业银行经营稳定性关系的实证分析 ······ 68

 第六节 研究结论及政策建议 ······························ 82

第三章 数字金融与商业银行风险承担 ······················ 87

 第一节 绪论 ·· 87

第二节　文献综述与理论基础 …………………………… 90
　　第三节　数字金融对商业银行风险承担的影响途径 ……… 100
　　第四节　数字金融对商业银行风险承担的作用机制 ……… 104
　　第五节　数字金融对商业银行风险承担的实证研究 ……… 112
　　第六节　结论与政策建议 ………………………………… 126

第四章　数字金融与商业银行价值的提升 ……………………… 130
　　第一节　绪论 ……………………………………………… 130
　　第二节　文献综述 ………………………………………… 133
　　第三节　商业银行价值相关范畴的界定及分析 …………… 138
　　第四节　数字金融对商业银行价值的影响机制 …………… 146
　　第五节　数字金融对商业银行价值影响的实证分析 ……… 155
　　第六节　研究结论及对策建议 …………………………… 171

第五章　数字金融与商业银行经营效率提升 …………………… 178
　　第一节　绪论 ……………………………………………… 178
　　第二节　文献综述 ………………………………………… 181
　　第三节　商业银行效率的评价 …………………………… 189
　　第四节　理论分析及假设的提出 ………………………… 191
　　第五节　数字金融对商业银行效率的影响的实证分析 …… 198
　　第六节　研究结论及政策建议 …………………………… 215

参考文献 …………………………………………………………… 218

第一章　数字金融与商业银行数字化转型

第一节　绪论

2011年后，我国数字金融发展跨入一个新的阶段，根据北京大学数字普惠金融指数[①]的数据，我国2011年该指数为33.6，而在2020年增加至334.8，近十年间增长近十倍。金融天然具备科技属性，从最开始的电子银行，到后来的互联网金融、数字金融，我国一直重视金融与科技的结合，早在2014年的《政府工作报告》中，就已经开始提到"互联网金融"，2015年，监管部门印发《关于促进互联网金融健康发展的指导建议》，数字金融开始进入规范发展时期；2019年8月，中国人民银行印发《金融科技（FinTech）发展规划（2019—2021年）》，此规划明确了数字金融发展的目标、方向与路径；2020年新冠疫情出现后，"非接触银行""数字银行""手机银行"助力疫情防控与经济发展；2021年，我国开始加强对数字金融的监管，增大反垄断与反不正当竞争的监管力度。

近年来，在数字金融的驱动下，我国银行业数字化转型的趋势越发明显。在我国"十四五"规划中，"银行业数字化转型"也多次被强调，规划明确提出要"继续推进金融科技发展，加速银行业的数字化转型"。各家商业银行也都纷纷增加科技投入，加快数字化转型的步伐，打造开

---

① 北京大学数字普惠金融指数：国家社会科学基金重大项目"数字普惠金融的创新、风险与监管研究"成果，由北京大学数字金融研究中心和蚂蚁集团联合编制，以反映数字金融发展现状与趋势。

放银行、数字银行、智慧银行。在2021年，中国工商银行提出建设"科技强行""数字工行"的战略规划，中国建设银行将"数字化转型"作为公司"三大战略"之一，中国农业银行提出"推进数字化转型，再造一个农业银行"的战略目标，中国银行实施"数字中银+"的数字化转型战略，招商银行提出"加速实现数字招行质变突破"的目标，中国邮政储蓄银行提出"努力实现服务乡村振兴的科技银行"的目标。由此可见，在数字金融的浪潮下，商业银行的数字化转型已全面开启，数字化转型已经成为银行当下的"生存之道"。

巨大的金融科技投入为商业银行的数字化转型提供了有力支撑。作为衡量商业银行数字转型投入的重要指标，2020年，我国商业银行在金融科技方面的投入继续增加至2000亿元以上，增速达20%，其中国有商业银行在金融科技中资金投入相比更多，2020年投入占比46%，比2019年的41%增长5个百分点①。在2020年，四大行中中国工商银行在数字化转型上的投入最多，超过238.19亿元，中国建设银行其次是，投入超过221亿元，中国农业银行为183亿元，中国银行为167.07亿元，股份制龙头招商银行为119.12亿元②。

由移动通信、大数据、云计算、人工智能、区块链等技术所催生的数字金融新业态，包括移动支付、互联网理财、互联网借贷、互联网保险等新兴模式，给传统金融领域的经营带来巨大冲击，前人的研究也证明了数字金融的发展会给商业银行的盈利能力、创新能力等带来影响，而对数字金融冲击下影响商业银行数字化转型行为的相关研究却很少。因此，用理论研究与实证研究相结合的方法，研究数字金融对商业银行数字化转型行为的影响具有非常重要的意义。

一方面，数字金融的迅猛发展引发了传统金融领域的一系列变革，数字金融对商业银行的各方面经营都带来了不小的冲击，但这也在一定程度上驱动着商业银行的创新与转型，现有研究更多侧重对商业银行存

---

① 数据来源：《2020年中国金融科技报告》。
② 数据来源：2020年中国银行、中国建设银行、中国农业银行、中国工商银行、招商银行年报。

贷汇、资产负债端等方面的影响，而在数字金融对商业银行数字化转型行为影响上的研究较少，且在影响商业银行数字化转型行为上的研究多为定性分析，相关定量分析的研究较少，本研究聚焦研究数字金融对商业银行数字化转型行为的影响，是对数字金融以及商业银行数字化转型理论体系的补充。

另一方面，从实践层面来看，银行业是我国金融板块很重要的组成部分，研究数字金融迅猛发展对商业银行数字化转型行为的影响，对比数字金融对商业银行产品数字化转型行为与组织数字化转型行为影响的差异，对比规模大小不同的银行数字化转型行为影响的差异，以及同群效应渠道下影响效果，这对商业银行加快金融科技的应用，增加与金融科技公司的外部合作，采取差异化的数字化转型策略，维持商业银行的持续竞争力具有重要的实践意义。

该项研究的边际贡献有三个方面。其一，丰富数字金融与商业银行数字化转型理论的研究。在有关技术变革环境下企业创新转型的研究中，很多学者对企业内部因素对其自身创新转型行为决策的影响进行了研究，较少研究外部环境因素对其创新转型的影响，本研究认为，企业所处的外部环境以及外界环境条件的异质性，也可能会对企业的创新转型产生影响。商业银行处在数字金融蓬勃兴起的外部环境中，银行所面临的外部机会、威胁都将发生变化，这会对其创新转型的行为决策产生影响；并且由于各地区数字金融发展水平存在差异，商业银行所面临的外部环境压力也存在差异，因而其创新转型行为决策也将有所不同，这都在一定程度上丰富了数字金融与商业银行数字化转型方面的研究。其二，为商业银行数字化转型相关影响机制的研究提供新的视角。我国商业银行数字化转型仍处于初级阶段，商业银行成功转型经验较少，鉴于此，本研究引入同群效应理论，研究数字金融对商业银行数字化转型行为的影响是否会受同行转型的影响，是主动创新，还是被动模仿？这为商业银行数字化转型相关影响机制的研究提供了新颖的角度。其三，推进研究方法的拓展。现有数字金融对商业银行数字化转型行为影响的相关研究，多为定性分析，定量分析研究很少，且对商业银行数字化转型行为如何测度的相关研究也很少。本研究对商业银数字化转型行为进行了较好的测度，并利用定性研究与定量研究、理论研究与现状研究相结合的方法进行了问题的深入分析。

第二节 文献综述

一 关于数字金融及其衡量的研究

（一）数字金融及其优势

数字金融泛指传统金融机构与科技公司利用移动通信、人工智能、大数据、区块链、云计算等数字技术实现融资、支付、理财、投资和其他新型金融业务的模式。数字金融的定义与"互联网金融""金融科技"比较类似，又有一定区别，数字金融定义相对较宽泛与中性，互联网金融更侧重于互联网企业的金融业务，而金融科技对信息技术、IT技术的侧重更多[①]；2013年余额宝诞生，因而学界、业界通常将2013年当作数字金融的元年。郭峰和王靖一（2020）研究发现数字金融在2010—2014年快速发展，2014年后随着监管的加强，数字金融发展速度虽然有所回落，但仍保持较快增长，即使在疫情之后，仍然保持着可观的增速；研究还发现近几年，数字金融区域间差异收敛速度相对前些年有所减缓。黄益平和黄卓（2018）认为数字金融在我国之所以能够发展如此迅速，其自有的普惠、共享、开放属性，以及其技术优势发挥了很大作用，但在数字金融快速发展的同时，也应该注意其带来的风险。

学界在数字金融对其他领域影响方面也有诸多研究。邱晗和黄益平（2018）研究数字金融对商业银行经营绩效的影响，数字金融对商业银行的影响与利率市场化对商业银行的影响比较类似，在数字金融的冲击下，商业银行依靠传统存贷业务的揽储成本与难度都将提高，对负债端的冲击将最终带来资产端风险偏好的大幅提升。傅秋子和黄益平（2018）研究数字金融对农村金融的影响，实证结果表明数字金融对农村的生产性

---

① 参考黄益平和黄卓（2018）的研究，在我们研究的后面部分，我们并不区分数字金融和互联网金融、金融科技之间的细微差别，而统一用数字金融来进行研究。

与消费性信贷影响相反，数字金融会降低农村生产性信贷的需求，增加消费性信贷的需求。谢绚丽（2018）研究数字金融对创新创业的影响，实证结果表明，数字金融普惠指数三个子维度覆盖广度、覆盖深度、普惠金融都可以促进创新创业。易行健和周利（2018）将数字金融对居民消费水平的影响进行了实证检验，实证结果表明数字金融可以显著提高居民的消费水平，相比较高收入群体，数字金融对农民等低收入群体、中西部地区等欠发达地区正向提升作用更为显著。

现有研究表明，数字金融的发展在降低信息不对称性、增加企业与个人获得信贷支持可能性、加快经济发展等方面具有优势地位。Anh-Tuan Doan（2017）认为数字金融可以为用户提供低成本、高效率的金融服务，同时数字金融还可以促进一国经济体普惠金融的发展。Chunxia Jiang（2013）的理论表明数字金融大大降低了信息的不对称性，而且与传统金融服务相比，新兴的数字金融更具包容性、便捷性。Jianan Yin（2017）的研究认为数字金融的应用可以降低商业银行的运营成本，并且可以整合社会闲散供给与需求。Leonardo Becchetti（2016）也证实数字金融的出现可以帮助拓宽信贷客户信息搜集渠道，从而提高了企业、个人获得信贷支持的可能性，同时数字金融提供商的出现也可以帮助资金需求者与资金供给者加深对数字信贷市场的认识，为数字金融市场提供更多的潜在客户。N Gennaioli（2012）研究发现数字金融依托多种技术可便于了解客户多样化、个性化的需求，这有助于平台为客户提供更加精准的产品推送。

（二）数字金融对传统金融的影响

数字金融快速发展的同时，给传统金融领域也带来了很大的影响。在改进传统金融的研究中，沈悦和郭品（2015）的实证结果表明数字金融的发展有很强的技术溢出效应，可以显著提升银行的全要素生产率。但数字金融对不同类别商业银行影响差异较大，对股份制商业银行影响最大，其次是城商行、农商行，而对国有商业银行影响较小。战明华等（2018）研究证实数字金融会影响私人部门的储蓄决策、公司部门的筹资决策，进而会影响银行信贷渠道中货币政策传导机制的作用。

但是，现有研究也表明数字金融的发展对传统金融领域也存在一些负面影响。王聪聪等（2018）研究发现，数字金融具有加快金融运行效率、降低信息不对称、增大目标客户覆盖面等方面的作用，但在数字金融快速发展的同时，也应当关注金融监管、金融体系稳定、金融风险等问题。周仲飞和李敬伟（2018）认为数字金融虽然拥有弥补长尾群体融资缺口、降低运营成本、加快运营效率等优势，但由于传统金融监管体系自身的命令与控制特性，没有办法从根本上解决数字金融快速发展带来的内外生风险问题，这会给金融监管带来很大挑战。

（三）数字金融发展水平的衡量

对数字金融的衡量，一直为学界所关注，现有研究中主要有以下几种衡量方式。郭峰和王靖一（2018）基于支付宝平台大数据构造出"北京大学数字普惠金融指数"指标，该指标包括广度、深度、程度三个子层次，通过该指标可以看出我国不同城市、不同省份数字普惠金融发展的趋势与空间特征。我国数字金融发展水平在2011—2018年呈现出快速发展的态势，且在地域上呈强烈收敛性，这表明我国地区间数字金融发展水平差距在缩小；2021年该指标更新补充了2019—2020年相关数据，该指标的时效性得到增强，国内学者在研究数字金融时多引用该指标。沈悦和郭品（2016）采用"文本挖掘法"[①]，通过搭建初始词库，包括支付结算、资源配置、财富管理等维度，利用"主成分分析法"[②] 构造出互联网金融指数，该指数也可以在一定程度上衡量数字金融发展水平。此外，某些单一指标，如第三方支付规模、网上银行交易规模等，也可以一定程度衡量数字金融的发展水平，刘笑彤和杨德勇（2017）将第三方支付交易的规模与移动支付交易规模的比值当作互联网金融指数的代理指标来进行相关的研究。

二 关于数字金融对商业银行数字化转型行为影响的研究

（一）商业银行数字化转型行为

在影响商业银行数字化转型行为因素层面，谢治春和赵兴庐（2018）

[①] 文本挖掘法：从文本数据中获取有价值的信息与知识，并进行文本分类和聚类。

[②] 主成分分析法：Principal Component Analysis，是一种多变量统计方法，是最常用的降维方法之一，通过正交变换将一组可能存在相关性的变量数据转换为一组线性不相关的变量，转换后的这组变量叫主成分。

指出由于数字金融快速发展、利率市场化等因素，传统金融体系面临的外部环境正在逐步发生变化，为了维持持续竞争力，商业银行应该主动加快数字化转型，以应对外部环境的变化。Hidayat WY（2012）研究发现在全球化进程浪潮中，商业银行不仅要面临本国同行的市场竞争，还要面临外资银行的竞争，因而商业银行有必要加快自身产品、业务流程方面的数字化转型速度，以提升自身的竞争力。

在商业银行数字化转型优势层面，王鹏虎（2018）研究发现商业银行的数字化转型可以帮助自身节约成本，突破时空限制，给客户提供更好的服务体验，并且可以帮助银行摆脱过去单纯依靠营业网点的扩张来增加盈利的模式。曾刚（2015）也证实银行的数字化转型可以催生银行金融产品的创新、获客模式的创新、组织结构的创新，因而商业银行应该主动加大数字化创新资金投入，增加与科技公司的合作，以加快自身数字化转型。沈仁康（2016）则认为商业银行要想提高自身的核心竞争力，应丰富获客场景，深挖数据价值。肖宇和李诗林（2020）研究了疫情下商业银行依靠数字化带来的优势，认为数字化转型不仅减少了线下接触风险、方便了客户业务的办理，并且有助于商业银行压缩存量贷款余额风险敞口，还对商业银行的数字化转型有一定的深化作用。Douglas W. Arner（2015）研究证实银行的数字化转型不仅可以为客户提供更高效的服务，还可以依靠大数据技术从现有与潜在客户中挖掘大数据样本，为个人与企业提供更加精准化的产品与服务。

在商业银行数字化转型次序层面，王俊寿（2021）对后疫情时代商业银行业务数字化转型顺序进行了排序，信用卡往往作为商业银行数字化转型的最先尝试，之后是互联网消费信贷、互联网理财、互联网保险等。

(二) 数字金融对商业银行数字化转型行为的影响

数字金融为商业银行的创新转型提供了新的动力，大大丰富了金融领域的业态，在这一外部背景下，对于数字金融影响商业银行数字化转型行为的研究内容也在不断扩充与完善。数字金融的蓬勃发展对商业银行既是挑战也是契机，数字金融在分食传统商业银行业务的同时，也在倒逼驱动商业银行的数字化转型。

在产品数字化转型层面，郭晓蓓和蒋亮（2020）指出数字金融会首先冲击商业银行的存、贷、汇等业务，商业银行的揽储成本、揽储难度都会提高，为了应对盈利水平的下降，商业银行会推出更多的数字化产品。谢治春（2016）通过实证研究发现，数字金融会对商业银行的盈利造成负面冲击，商业银行会通过丰富数字化产品来提高盈利能力。Philippon T（2016）指出科技公司会利用自身的技术优势涉足金融业务，并且会对商业银行的客户来源形成侵占，增加技术威胁，这两方面因素都会驱动银行的产品数字化转型。PWC. Blurred Lines（2016）证实数字金融在不同发展阶段对商业银行的影响也是不同的，过去数字金融主要是提高商业银行运行效率，提高银行信息收集处理能力，而现在，数字金融更多地体现为给予商业银行全新的产品运营模式支撑。

在组织数字化转型层面，张德茂和蒋亮（2018）认为数字金融会加快商业银行营业网点的转型，实现物理网点向电子银行、手机银行、开放式银行、数字化银行的跨越。韦颜秋和黄旭（2017）研究发现数字金融短期内会增加商业银行的经营不稳定性，但从长期来看，数字金融可以通过加快商业银行组织创新转型来提高自身经营稳定性。Puschmann T（2012）以花旗银行数字化转型为例，详细剖析了数字金融对花旗银行数字化转型的影响，金融危机后，众多科技巨头和创始企业开始蚕食银行的市场份额，过去依靠并购维持增长的模式很难长久维持下去，在这一背景下，花旗银行加快组织架构调整，增加更多的数字化部门以应对客户行为与竞争格局的变化。Raza S. A.（2013）则认为数字金融对商业银行既会存在负面冲击也会有正面的影响，业务与客户减少的外在压力都会驱动银行的组织管理上的创新转型。

（三）数字金融影响下商业银行数字化转型应对

国外学者研究发现，在数字金融影响下，商业银行会开启自身的数字化变革。Vojislav Maksimovic（2015）对BBVA银行进行案例分析发现，BBVA银行早在2012年就已经成立了专门的数字金融部门，以加快传统业务的数字化转型，向建立开放性银行迈出重要一步，BBVA银行通过成立数字化金融商务区，以加快自身的数字化转型速度。YUE M 和 LIU D（2017）指出在金融科技的冲击下，商业银行在组织架构上将被重塑，传统业务部门会逐渐被压缩，商业银行数字化部门将会增多。

国内学者同样发现商业银行会加快创新转型来应对数字金融的冲击，商业银行会加快业务数字化转型。吴朝平（2020）等研究发现如今很多科技平台正在抢占着银行的市场份额，银行应当主动出击，加快业务处理流程的数字化，提高经营效率。王鹏虎（2019）指出银行应加快业务流程数字化转型，数字化的应用可以实现自动化、批量式、低成本的业务处理，提速降本，以提高商业银行运行效率。王炯（2018）也认为传统商业银行作为支付中介，应当采用更多数字技术优化支付流程，带给客户更好的服务体验。

商业银行应加快产品数字化转型。陈国红（2019）研究发现数字金融快速崛起与发展，商业银行面临的外部压力也在发生变化，银行所面临的外部机会、威胁都将发生变化，商业银行会首先创新更多金融产品来抢占市场份额。丁蔚（2016）表示余额宝的诞生在很大程度上冲击着银行的吸储能力，为此商业银行应该主动应变，丰富获客场景与金融产品，改善服务模式。程华和程伟波（2017）的研究也认为商业银行为了应对数字金融的冲击，可以搭建"银行+互联网金融"的合作模式，将线上与线下数字化转型相结合，优化线下服务，优化网点布局，增大金融科技的应用，搭建"一站式"直销 App 银行，加快产品数字化创新。李璠（2017）研究证实了数字金融的发展会对商业银行的盈利能力、盈利结构产生影响，为此商业银行应主动加快产品数字化转型来增加盈利能力，改善盈利结构。

商业银行应坚持差异化转型路线。梁璋和沈凡（2013）运用 SWOT 模型[①]分析了数字金融驱动下各类银行转型方向，他们认为规模不同、资金实力不同的银行应根据自身实际，采取差异化转型策略，大型国有银

[①] SWOT 模型：一种综合考虑企业内部优势与劣势、外部环境的机会与威胁，并进行系统评价，从而选择最佳经营策略的方法。

行、股份制商业银行应向闭环生态型、开放生态型转变；小型城商行、农商行应向细分市场型、垂直分工型方向转变。

三 现有研究评述

国内外众多学者对数字金融、银行数字化转型、数字金融对银行数字化转型行为的影响等问题提出了各自的见解，但在微观企业或者银行数字化转型方面的研究仍较少，存在比较大的拓展研究空间；且与数字金融对商业银行数字化转型行为影响相关的研究多为定性研究，实证分析的相关文献较少。基于此，本研究从理论、现状分析与实证分析相结合的维度来研究数字金融对商业银行数字化转型行为的影响，这有助于有针对性地采取措施来加快我国商业银行的数字化转型。

第三节 数字金融背景下商业银行发展面临的挑战与转型选择

一 数字金融背景下商业银行面临的转型挑战

（一）支付结算面临数字化变革的挑战

作为支付结算工具，第三方支付平台早在1998—2005年就开始出现，支付宝、首信易、财付通等最早一批第三方支付平台的陆续成立，开始为线上渠道提供第三方支付服务。2010年，中国人民银行发布《非金融机构支付服务管理办法》，并且为满足条件的第三方支付平台颁发经营业务许可证，这在第三方支付平台发展历程中具有重要意义，管理办法的出台促进了第三方支付平台的合规发展、合法经营。自2010年开始，第三方支付的发展跃上一个全新的发展阶段，并开始与网络购物、线下扫码等结合，支付场景变得更加多样。如图1.1所示，2016年后，我国第三方支付规模呈现快速增长的态势，在2021年，第三方移动支付交易总规模超过288亿元，第三方支付平台的高效率、便捷、安全等诸多优势，使我国第三方支付市场迅猛发展，并且处于国际领先地位。

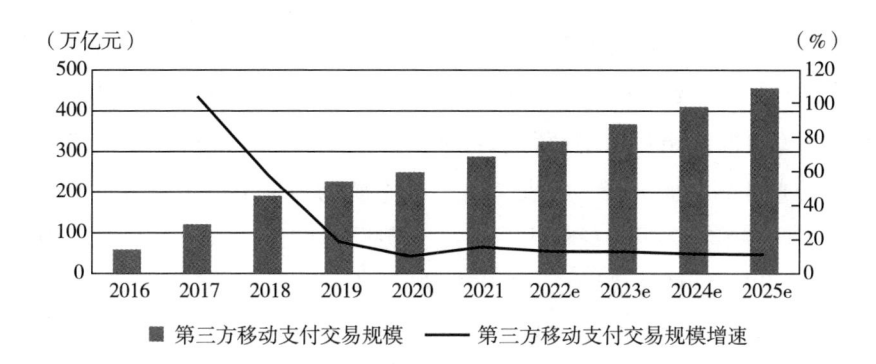

图 1.1　2016—2025 年中国第三方移动支付交易规模及增速

资料来源：艾瑞咨询。

当电商平台采用第三方支付来进行交易时，将会分流银行一部分活期存款。电商平台如淘宝、京东、苏宁易购等平台具有交易保障功能，一笔交易从下单到最后确认收货往往需要一定期限（1—14天不等），所以平台会滞留大量短期尚未完成交易的资金。这部分资金依照规定将转入合作银行，平台为了获得更高的收益，会将一部分活期存款转成定期存款，因此，这将会分流商业银行一部分的活期存款。

作为商业银行的传统收入来源，支付结算业务主要从收取手续费获得盈利，但这一收入来源在数字金融时代受到极大冲击。互联网的快速发展为客户的支付结算提供了更加便利的发展平台、更为高效的结算方式，这大大提升了支付结算的效率，多样化的支付结算场景也为客户的支付结算提供了更好的服务体验。这在一定程度上可以看出，商业银行在数字金融发展的冲击下，支付结算领域亟需进行数字化变革。

（二）存款理财面临分流的竞争威胁

商业银行最主要的负债来源是存款业务。银行存款规模、存款利率都会影响到银行的利润，当银行存款利率定得过高，银行利息支出就会相应增加，而且高息揽储也会扰乱同业秩序；而当银行的存款规模过小，则不能应对随时的支取变现以及贷款投资需要。我国在2015年6月24日取消了银行存贷比不能高于75%的规定，但存款数量对一家商业银行的收益依然有很大影响；一方面，数字金融快速发展后，市场上出现了众多的金融理财产品,特别是短期货币市场基金类产品,其风险低、收益率相对较高、投资门槛低、随时赎回等特点,吸引了很多年轻群体,这导致一部分商业银行活期储蓄的转移;另一方面,客户购买各类"宝宝类"理财产品,而这些"宝宝类"产品本质仍是货币市场基金,最终仍投资于商业银行,虽然商业银行存款来源没有变化,由于多了平台中介的加入,银行的资金成本却上升了很多。

以余额宝为例,余额宝是支付宝推出的余额增值服务,可以随时用于网购与转账,2020年年末前,余额宝净资产份额长期保持1万亿元以上的份额,余额宝收益率也长期高于银行同期存款利率,七日年化收益率在2014年达到高点,达6.77%,远超市场同期收益率;2021年来,受多种因素影响,余额宝收益率降至2%左右。余额宝相对较高的收益率,随时支取等优势会对商业银行超短期、短期理财产品造成冲击,很多小额储户会将原本储于商业银行的存款投向余额宝,使得商业银行在短期存款与理财产品方面也在面临分流的竞争威胁。

如表1.1所示,蚂蚁金服平台目前已与多家银行、资产公司、保险公司展开合作,推出了各类理财类产品。通过一步步发展,蚂蚁集团理财业务持续扩张,如图1.2所示,截至2020年6月,蚂蚁平台促成的资产管理规模数量超4万亿元,以蚂蚁金服为代表的数字金融平台正在以迅猛发展的态势对商业银行的存款理财业务带来冲击。

表1.1　　　　　　　　　蚂蚁集团业务规模

服务类型	平台业务规模	金融机构合作伙伴	国内市场排名
微贷科技平台	消费信贷:17320亿元	约100家银行	第一
	小微经营者信贷:4217亿元		第一
理财科技平台	资产管理规模:40986亿元	约170家资产管理公司	第一
保险科技平台	保费及分摊金额:518亿元	约90家保险机构	第一

资料来源:蚂蚁集团招股书。

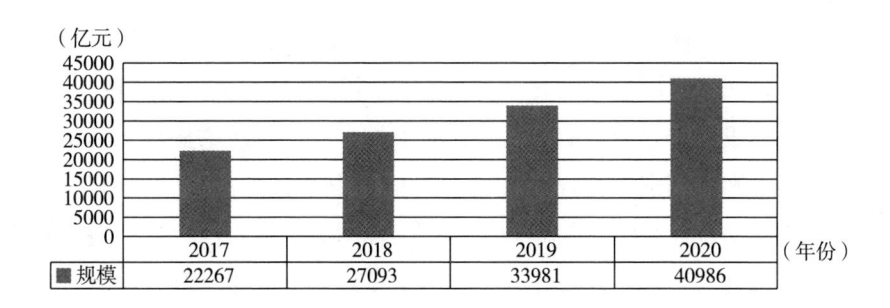

(亿元)	2017	2018	2019	2020
规模	22267	27093	33981	40986

图 1.2　蚂蚁集团平台促成的资产管理规模

资料来源：蚂蚁集团招股书。

面对数字金融快速发展等多重要素的冲击，传统商业银行也面临着吸储难度增大、各类金融理财产品市场被分流等难题；从流动性角度来看，商业银行的金融理财产品存在一定投资期限，且银行理财产品多为封闭式基金，不能随时申购与赎回，封闭式基金往往流动性不强，不能随时变现，相对而言，众多互联网理财产品多采用 T+0 交易，流动性较强；从投资门槛来看，商业银行理财投资存在一定门槛，投资起点金额一般为 5 万元、10 万元，而互联网理财投资门槛相对较低，最低 1 元即可达到投资门槛，这可以吸引到众多长尾客户；从运营成本来看，虽然商业银行已在增大线上理财业务的推广，但商业银行的理财业务的推介在很大程度上仍依赖线下网点柜台，线下人力成本、物理成本、维护成本较高，而线上平台依托大数据等技术，根据用户风险偏好程度、投资理财需求、资金实力即可推送适合的理财产品，运营成本大幅降低，且互联网平台的搭建，使得理财产品的选择更加方便快捷，用户足不出户即可选择适合的理财产品。

（三）贷款融资模式面临挑战

网络融资依托数字平台而出现，包括众筹、小额借贷、供应链融资等模式。众筹指大众筹资，利用互联网平台募集资金，募集资金用于多个方向，我国现有众筹平台有京东众筹、造点新货、小米有品众筹等；小额借贷是指个人与企业进行的数额比较低的贷款，特点是额度小、无抵押、无担保；供应链金融是指商业银行将核心企业与上下游企业联系在一起，进而供应金融产品和金融服务的融资模式。我国信贷资源很久以来一直处在供不应求的局面，并且在我国间接融资主导的金融市场情况下，商业银行主导资金信贷流向、中小微企业融资难的困境难以破解，这样容易带来信贷资源流向不合理的局面。由于自身规模、资信状况等问题，中小微企业和银行信贷业务边缘化群体难以从商业银行获得信贷支持，网络贷款融资平台具有自动化、批量式、低成本、高效率等优势，数字平台可以对潜在信贷用户进行智能评判、审核、放贷、收款等一系列操作，无须采用商业银行电话、走访等传统方法，这种参与度高、成本低廉的优点利好尾端用户的同时，也在冲击传统商业银行的信贷模式。

数字金融对商业银行贷款业务的影响主要在贷款业务量、贷款渠道两个方面：如图1.3所示，2016—2021年，商业银行贷款总量虽然逐年上升，但其增长速度却在波动中下降，传统贷款办理渠道较为单一，商业银行主要依靠银行客户经理与客户在网点进行业务办理的模式。在这种情况下，银行信息获取方式较为单一，无法全面动态掌握客户信息。传统贷款获客场景也较为单一，商业银行在客户生活产生贷款需求时，银行无法及时设计提供贷款渠道来满足客户需求，现有贷款品种相比也较为单一，而数字金融平台则具有选择多样化、办理便捷化、场景多元化等诸多优势，因而数字金融对商业银行小额贷款具有一定程度的分流作用。

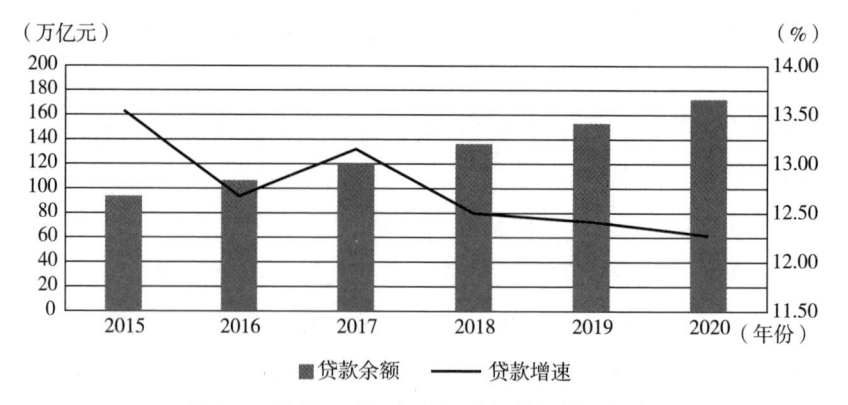

图 1.3　2015—2020 年人民币贷款余额及增速

资料来源：中国人民银行。

(四) 盈利渠道维系艰难

长期以来,我国银行业务板块垄断程度较高,我国商业银行盈利来源主要依靠存贷款利差,然而这一盈利模式在数字金融快速发展时代很难长久维持。数字金融依托信息技术,极大程度上提高了资源配置效率,也抢夺了商业银行一部分的盈利空间。如表1.2所示,数字金融主要在资产端、负债端、中间业务端给商业银行带来影响;在资产端,数字金融会分流商业银行的贷款,各类网络融资平台、小额借贷平台的出现冲击着商业银行的盈利来源;而在负债端,数字金融主要在第三方支付结算、互联网理财等方面分流商业银行存款,这在前文都已经详细阐述;数字金融对商业银行中间业务的影响主要体现在支付和代理类业务,如果采用传统支付模式,商业银行可以获得其中90%以上的手续费收入,而如果客户采用第三方支付选择银联支付,就只能获得70%左右手续费收入,收入减少;代理类业务以基金代销、保险代销为例,商业银行传统的基金代销费率在0.4%—1%,保险代销费率在2%—4%,而通过数字金融平台代销,手续费费率约降为0.2%—0.5%,因此数字金融的发展会降低商业银行中间业务收入中的代理业务收入。

表1.2　　数字金融对商业银行的影响渠道与机制

影响渠道	影响机制	主要外部数字平台
资产端	分流银行贷款	腾讯微众银行微粒贷、苏宁任性贷、蚂蚁借呗、宜人贷、京东白条、百度有钱花、360借条等
负债端	分流银行存款	蚂蚁集团余额宝、招财宝、腾讯零钱通、理财通京东金融理财、陆金所、度小满理财、平安财富宝宜人财富等理财平台
中间业务端	分流银行支付类、代理类业务等	支付宝、微信支付、平安壹钱包、联想拉卡拉、汇付天下、YEE-PAY易宝支付等

资料来源:根据公开资料整理所得。

(五) 中介地位直接遭受冲击

在我国金融体系中,商业银行扮演着金融媒介作用。银行业作为信用体系的枢纽,可以发挥依靠自身规模经济,通过信用中介作用来降低整个社会的融资成本的功能。而在数字金融快速崛起的背景下，传统商业银行的金融中介功能弱化，数字金融依托云服务、大数据分析等技术革新了信息传导模式，这在很大程度上降低了传统银行业由于借贷双方的信息不对称性带来的交易成本。数字金融时代，数据获取、数据分析、数据交互技术逐渐成熟，数字金融平台依据自身即可为资金供求方提供配对渠道，云计算、人工智能等技术可以帮助平台快速完成贷款审核、评级、定价等全流程工作，大幅提高了信贷市场的效率与透明度，并且大大降低了交易成本。数字金融的快速发展，冲击着商业银行信用中介地位的同时，也在加速金融脱媒的进程，主要表现在支付脱媒、融资脱媒、中间业务脱媒。支付脱媒主要原因是第三方支付的快速发展，形成对传统支付业务的侵占，如图 1.4、图 1.5 所示，支付宝、微信支付两者在移动支付市场份额合计超过 94%；融资脱媒主要因为数字科技公司大数据、云计算等技术极大地提高了融资效率，数字科技公司可以对客户进行精准定位与营销，使得资金脱媒越来越明显；中间业务脱媒是指用户通过手机 App 即可完成理财、生活缴费等一系列业务操作，客户脱离银行即可办理业务，商业银行中间业务直接遭受冲击。

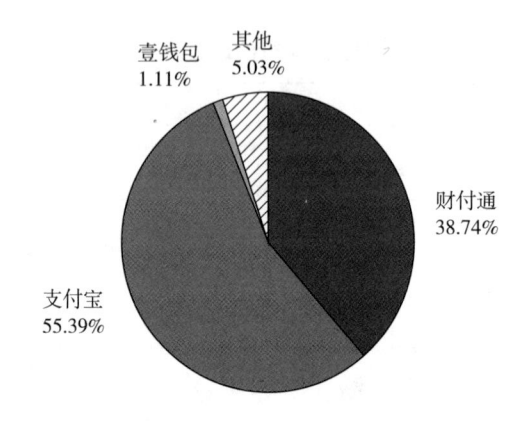

图 1.4　2020 年 Q2 中国第三方移动支付市场竞争格局

资料来源：艾瑞咨询。

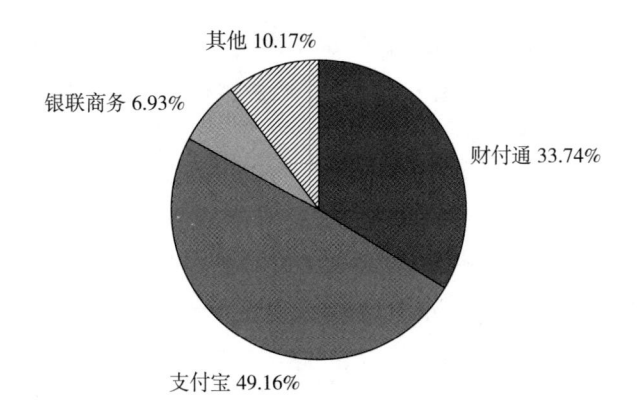

图 1.5　2020 年 Q2 中国第三方综合支付市场竞争格局

资料来源：艾瑞咨询。

（六）运营模式亟待转型

现在很多科技公司已不再将业务局限于定位在第三方支付平台上，开始依托自身技术、平台、资源等优势积极向综合化平台转型，并不断侵占商业银行的各项业务，造成银行客户分流，对商业银行传统运营模式带来巨大冲击。长期以来，商业银行的运营模式还是更多依靠线下渠道来完成，需要较多的人力、物力投入，且业绩容易受网点地理位置等因素影响。银行营业网点往往需要设置现金柜员、普通柜员、会计主管等岗位来支撑线下网点的运营，信贷业务的办理往往也需要经过复杂、繁琐的现场交易才能完成，受时间、地点、人员等因素限制较大，服务效率较低；且商业银行运营成本与其业务量成正比，业务量较多时需要配备更多的人力、物力资源；从信息获取与处理来看，银行体系的信息获取系统较为封闭，效率相对较低，而数字金融平台的出现则颠覆了这种模式，数字金融平台依托成熟的互联网技术，各项交易转移至线上即可完成，大大降低了运营成本，数字金融平台依靠互联网技术即可进行办公的特性，使得数字金融平台边际成本大大降低，运营成本相对比较固定，当业务扩张时，平台运营成本也不会有太大增长；在信息获取处理方面，数字金融平台表现更为出色，云存储、云计算、大数据等技术的成熟，使得数据处理更加标准化、效率化，使得数字金融平台在数据信息获取处理层面处于领先地位。综上所述，数字金融给商业银行的运营模式带来很大冲击，如图 1.6 所示，商业银行营业网点数量正在逐年萎缩，商业银行运营模式亟待转型。

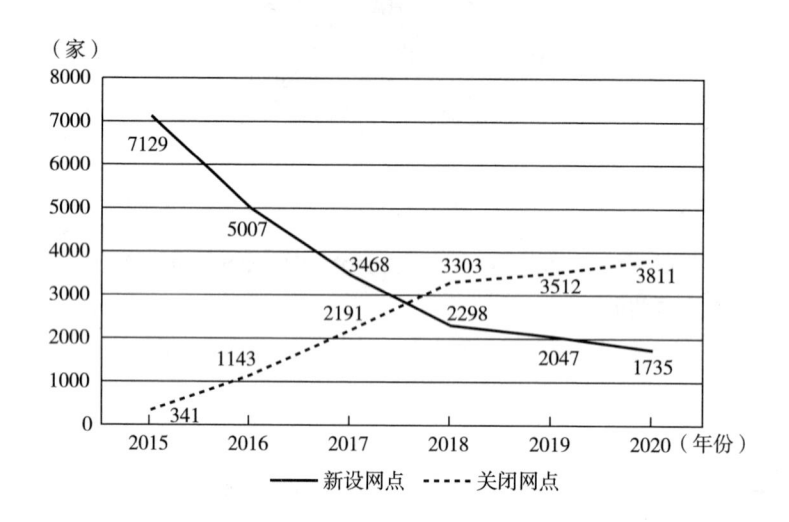

图 1.6　商业银行营业网点变动趋势

资料来源：银保监会网站。

二　数字金融影响下商业银行的战略应对选择

我国数字金融正在飞速发展，在世界范围内走在前列，同时，数字金融的快速发展，也为商业银行在战略认知层面、组织层面、产品层面经营发展提供了更多机会，使得商业银行纷纷开始数字化转型谋求发展突破。

（一）认知数字化转型影响——战略走向纵深

一方面，数字金融快速发展的浪潮下诞生了众多金融科技公司，金融科技公司凭借其技术优势正蚕食着商业银行的市场份额；另一方面，数字技术的巨大优势为企业的创新转型提供了技术支持，金融科技公司的迅猛发展也让商业银行看到了数字金融发展的趋势不可逆转，这些都让商业银行在战略上更加重视数字金融的应用与顶层战略目标的制定，加快自身的认知数字化转型。国有商业银行、股份制商业银行等大型银行在数字化转型认知上更具前瞻性，制定了数字化转型战略目标，重视数字化人才梯队的建设；城商行、农商行等小型银行也在积极立足自身特色，探索符合自身发展的数字化转型之路。

首先，国有商业银行。在 2021 年的战略布局上，工商银行提出"建设数字工行""建设科技强行"的战略目标，并且把"数字金融创新"摆在了全行更重要的位置，在安全、场景、生态、开放、智慧五方面加快自身的数字化转型；在 2021 年，农业银行提出"增加金融科技应用，加快数字化转型"的总体战略目标，在全行推行数字金融"iABC"的规划；建设银行提出将"数字化转型"作为全行的三大战略之一，并且实施了"科技自立自强"的具体战略；中国银行也在积极加快自身的数字化转型，提出"数字中银+"的数字化转型策略；交通银行提出建设"数字化新交行"的战略，并且制定了《金融科技人才队伍建设规划（2020—2024 年）》，来加快数字化人才梯队的建设；邮储银行结合自身实际，提出新一轮"大数据五年（2020—2024 年）"的规划，今后将依托大数据平台，加快自身平台的数字化。

其次，股份制商业银行。招商银行在 2021 年提出"实现数字银行质变"的战略目标，加快数字金融本体质变，在战略目标上，招商银行实现了从追求量变到质变的转变；浦发银行也在整体战略布局上加快客户经营、产品、组织管理、技术等全方位的数字化转型，提出"全景银行""金融联盟"的战略目标；兴业银行提出将"数字金融作为发展的核心驱动力"的战略目标，推进开放银行、数字银行、智慧银行的建设；中信银行提出建设"一流的数字化银行"的战略目标，并且积极推进"四大后台"的数字化驱动，在数字化组织、数字人才、数字技术、资源配置四个维度加快自身的转型；平安银行提出向"数字银行""开放银行"的战略规划。

再次，城商行和农商行。与大型银行相比，城商行、农商行数字化转型行为受数字金融影响相对较小，在数字化转型战略制定上，中小银行大都根据自身发展需要而定，更具差异性、特色化。如北京银行在 2021 年提出全方位加快科技化、特色化、敏捷化的转型目标，并且重视金融科技的运用,加强与金融科技公司的合作等;上海银行提出"一体两翼"的转型目标,并且将全方位推行数字化转型当作上海银行今后发展规划的主线方向;宁波银行也在积极探索符合自身的数字化转型之路,推动全行数字化转型与管理升级的协同发展;重庆农商行提出"加快数字化转型、打造科技强行"的战略目标,将数字化转型当作全行发展的"新引擎";北京农商行立足首都特色,高度重视数字化转型,用数字化转型来推动本行全方位的赋能升级。

(二)组织数字化转型影响——组织加快转型

数字金融平台依据自身即可为资金供求方提供配对渠道。云计算、人工智能等技术可以帮助平台快速完成贷款审核、评级、定价等全流程工作,大幅提高了信贷市场的效率与透明度。商业银行数字技术的应用还压缩了营业网点与人员数量,自动化、批量式的业务处理模式也大大降低了商业银行的运营成本,由此可见,数字金融的发展也驱动了商业银行在组织管理方面的敏捷转型。商业银行特别是国有商业银行、股份制商业银行等大型银行都在调整自身的框架结构,增设更多的金融科技管理部门、业务部门,成立附属金融科技子公司,来加快组织的数字化转型。

第一,建立和发展金融科技子公司。在数字金融的影响下,商业银行与金融科技的关系越来越紧密,为了加快自身的数字化转型,近几年商业银行纷纷成立自己的金融科技子公司。现阶段成立金融科技子公司的商业银行还集中于规模较大、资金实力雄厚的国有银行、股份制商业银行,成立时间也较为集中,这也在一定程度上体现着数字化转型中的同群效应,具体金融科技子公司的成立情况见表1.3。

表1.3　　　　　　　　金融科技子公司成立情况

序号	公司名称	注册资本	成立日期	注册地	定位
01	兴业数金	5亿元	2015.12	上海	全面承载兴业银行的数字化转型工作
02	招银云创	6500万元	2016.02	深圳	利用云计算、人工智能、区块链等技术为招商银行数字化服务领域提供服务

续表

序号	公司名称	注册资本	成立日期	注册地	定位
03	光大科技	1亿元	2016.12	北京	以"光大+互联网"战略发展规划为核心,谋求资源共享,提升光大银行数字化转型水平
04	建信金科	16亿元	2018.04	上海	以金融科技助推建行数字化转型,以数字金融整合建行集团资源
05	民生科技	2亿元	2018.05	北京	为民生银行、企业用户提供智能化、共享式、数字化的金融科技服务
06	龙盈智达（华夏）	2100万元	2019.05	深圳	为华夏银行提供数字经营、数据管理、新技术与产品的数字化服务
07	北银金融科技	5000万元	2019.05	北京	为北京银行、企业与用户等提供数字化服务
08	工银科技	6亿元	2019.05	雄安	定位为工商银行数字金融发展的助推器,加快工商银行的数字化转型,加快"金融非金融"生态场景的建设
09	中银金融科技	6亿元	2019.06	上海	促进更加开放智慧包容的数字创新体系的建立,助力中国银行成为业内靠前的数字金融平台
10	交银金融科技	6亿元	2020.11	上海	服务交通银行与外界数字生态深度交融,推动交行数字优势向竞争优势转化
11	农银金科	6亿元	2020.07	北京	定位以数字创新为战略目标,为农业银行提供一流的数字化支撑

资料来源：轻金融。

第二，实施银行组织架构数字化转型。数字金融对商业银行多方面的数字化转型都产生了影响，在组织架构方面，商业银行也发生了诸多变化，大型银行如国有银行、股份制商业银行，在组织架构数字化转型方面进度更快、变革更为成熟，而中小银行也在立足自身，积极变革，但转型尚处于初步阶段。

工商银行早在2019年就已经搭建起了"一部三中心一公司一研究院"的数字化组织框架，到2020年，工商银行数字化组织框架进一步完善，继续成立大数据智能中心、信息安全中心等数字化部门；邮储银行在2020年设立西安研发中心，从而基本形成了"1+4+N"（总行软件研发中心、4个分中心、N个分行研发中心）的数字组织框架；交通银行也在积极推进组织层面的数字化框架变革，2020年11月，随着交银金融科技子公司的成立,交通银行正式形成了"一部四中心一公司一研究院"的数字化组织框架。

中小银行也在立足自身加快组织层的数字化转型,年报显示,宁波银行成立金融科技部,统筹全行数字化战略的推进,形成了"十中心"的数字化组织框架与"三位一体"的金融科技研发中心体系,并在各业务部门都设置了 IT 部门,在各分行部门都成立了金融科技部门板块,加速推进数字金融与银行的融合发展;北京银行也在顶层设计上加快数字化转型,正式形成了"一部两中心"的数字化组织框架。

(三)产品数字化转型——丰富渠道

数字金融平台依靠互联网技术即可进行办公的特性,使得数字金融平台边际成本大大降低,运营成本相对比较固定,当业务扩张时,平台运营成本也不会有太大增长;在信息获取处理方面,数字金融平台表现更为出色,云存储、云计算、大数据等技术的成熟,使得数据处理更加标准化、效率化,数字金融平台在数据信息获取处理层面处于领先地位,这驱使商业银行更加重视线上平台的搭建与线上金融产品的丰富,商业银行数字技术的应用对于获客场景、支付清算、零售服务等方面的创新转型具有重要意义。

2017 年 12 月,中国银联联合多家商业银行联合打造了 App "云闪付", "云闪付" 凭借操作便捷的特点,用户黏性得以不断增强,截至 2020 年底,云闪付 App 用户数已经超过了 3 亿。云闪付可提供包括二维码、便民服务、理财信贷、快捷支付在内的多样化服务场景,且未来商业银行支付场景将进一步向交通、医疗、教育、政务等不同领域扩展、渗透。招商银行一直推行"双 App 并行"(招商银行 App 与掌上生活 App)的策略,两款 App 在定位上存在差异:招商银行 App 主要定位于"线上网点",通过线上即可完成多数线下营业网点业务操作,并且可以为客户提供多样化场景服务,包括生活缴费、购物支付、财富管理、便民服务、交通出行等,为客户提供更多元化的零售服务体验;掌上生活 App 主要定位于"消费金融",持续为用户推出多样化的消费金融产品,提升招商银行流量经营与零售体系化的能力。建设银行手机 App 突出

"智慧"的内核,依靠大数据为用户提供差异化的服务推送、个性化的理财产品,重点打造"惠生活"的移动手机平台,并且进一步丰富互联网技术的应用,不断引入面部识别、指纹识别、语音识别、语音菜单导航等功能;在理财产品上,建设银行推出以智能投顾为核心的平台"龙财富";在微信银行功能上,建行推出"微生活""悦生活""信用卡"等服务板块,与手机银行的功能互为补充。

第四节 研究假设与实证设计

一 研究假设

(一) 数字金融对商业银行转型存在正面影响作用

在有关技术变革环境下企业创新转型的研究中,很多学者从企业内部因素对其自身创新转型行为决策影响进行了研究。企业自身拥有的资源优势,可以帮助企业的创新转型;企业内部的管理框架、治理机制、组织文化都会对企业的创新转型产生影响;还有研究表明管理层背景及认知水平、企业间的竞争与合作都会对企业的创新转型产生影响。

同样,企业所处的外部环境以及外界环境条件的异质性,也可能会对企业的创新转型行为产生影响。本研究认为,商业银行处在数字金融蓬勃兴起的外部环境中,银行所面临的外部机会、威胁都将发生变化,因而这会对其创新转型的行为决策产生影响;并且,由于各地区数字金融发展水平存在差异,商业银行所面临的外部环境压力也存在差异,因而其创新转型行为决策也将有所不同。

一方面,数字金融的发展定义了外部威胁水平,外部威胁压力会给商业银行的数字化转型行为带来影响。根据企业战略管理理论,企业战略制定的出发点是适应环境,市场竞争环境是企业无法控制的,因而如要适应时刻变化的环境,企业就要适时调整相应的战略,并且内部组织架构要和企业战略要求相匹配。近年来,数字金融业态蓬勃发展,对商业银行存、贷、中间业务带来很大冲击,商业银行盈利能力、中介地位也都受到数字金融一定程度的削弱,数字金融也正在颠覆商业银行传统的运营模式。因而，当商业银行面对数字金融的冲击时，会制定相应的数字化战略，革新自身的数字化组织管理框架，推出更多的数字化产品来抢占市场，商业银行也会加强与数字科技公司的合作，应用更先进的数字技术。

另一方面，数字金融的发展也定义了外部机会水平，外部环境中存在的机会也会对商业银行的创新转型行为带来影响。企业的核心竞争力理论认为，企业的资源配置与整合效率的提高可以带来企业竞争力的提升。资源是一家企业竞争力基础的资产，分为内部与外部资源，企业的核心竞争力可以帮助企业在本领域的市场竞争中获得更大优势，而且可以帮助企业带来新的利润增长点，实现持续发展。数字金融的发展赋予了商业银行创新转型更多机会，数字金融的发展为商业银行提供了可以学习的数字技术，互联网平台的应用也帮助了商业银行金融产品的推介，商业银行数字化部门的设置也可以帮助提升银行绩效，因而商业银行为维持持续竞争力，在数字金融的赋能下，会驱动商业银行进行创新转型以应对市场的变化。

数字经济时代，微观企业核心竞争力理论、组织理论、战略管理理论等对企业的渐进式转型具有指导式意义。商业银行作为微观主体，当受到外部冲击与威胁时，会做出相应战略应对，调整自身组织与经营模式，以适应环境变化；同样，当发现外部环境存在机会时，也会去学习数字技术，拥抱数字金融，这都会驱动商业银行组织、产品、认知战略等维度数字化水平的提升。因此，本研究提出：

假设1：数字金融对商业银行的数字化转型行为有正面影响作用。

（二）数字金融对商业银行转型的影响存在规模差异性

在我国，当企业组织框架满足一定条件时，企业规模对创新转型有正向提升效果，企业规模越大，创新转型能力越强（周黎安和罗凯，2005）。聂辉华等（2008）也认为适度的市场竞争与较大的市场规模都有利于企业的创新转型。数字金融快速发展的情况下，众多金融科技公司与商业银行展开竞争，市场竞争加剧，国有商业银行、股份制商业银行等自身规模较大，推测其数字化转型影响效果更为明显。

"大而不倒"理论认为大型企业倒闭会对社会经济带来巨大冲击,政府会采取措施最大程度防止此类企业的倒闭。基于此理论,相比小型银行,大型银行倒闭风险、破产重组风险更低,且风险抵御能力更强,在数字金融驱动下,随着商业银行数字化转型进程的推进,商业银行面临的风险与不确定性都将会提高,此时大型银行数字化转型的步伐会更快。

尹美群和盛磊通过实证研究发现,对于资本密集型企业,当期资本投入对企业当期创新提升更为明显,企业创新能力的提升也会激励未来资本的更多投入。在数字金融的影响下,大型银行资本实力更加雄厚,数字化转型提升效果将更加明显。

综上所述,在数字金融影响下,大型银行资金实力雄厚、金融科技投入更多、风控能力成熟、人才吸引力强、公司治理机制完善,因而在数字化转型上更有优势,而中小银行,如城商行、农商行等,受制于资金、风控、技术、人才、战略等因素,在数字化创新转型上与大型银行存在较大差距,在数字金融的影响驱动下,大型银行可以更好利用自身优势,加快自我转型创新。基于该思路,本研究提出:

假设2:数字金融对商业银行数字化转型行为影响存在规模差异性。

(三)数字金融对商业银行转型的影响存在同群效应渠道

同群效应是指群体中个体的决策行为会受到同一层次水平周边个体决策行为的影响,同一群体内部的竞争与模仿、信息交流可以帮助优化个体决策行为,在这种情况下,同一群体决策行为具有很强的一致性,这种一致性是当个体处于信息不对称情况下的理性行为。通常情况下,同群效应来源于决策时外界的不确定性与信息不充分,这驱使个体在做决策时更倾向于模仿与复刻同群中其他个体决策行为,以面对外界环境的不确定性,所以同群效应指的是个体行为会受到群体"平均"行为特征的影响。

基于同群效应的学术研究,企业在投资融资决策(Leary 和 Roberts,2014)、公司治理(Bouwman,2011)、创新转型(陈庆江,2021)等方面均会受到同一层次其他个体行为决策的影响,已有文献证明,企业的行为决策具有很强的趋同性。基于该思路,本研究认为数字金融对商业银行数字化转型行为的影响可能受到同类型银行的影响。

同群效应的影响机制包括三个方面。一是社会学习（Social Learning）。社会学习是指个体去学习身边同层次个体行为的过程。当外界环境变化，企业面临的不确定增大时，企业会学习合适的参照对象来应对外界环境中信息的不对称性，个体面临的不确定越大，企业学习的驱动力越强。而且，后学习者可以通过学习先进入者的经验技术帮助自身进行决策（Paunov C.，2016）。数字金融的快速发展，使得商业银行面临的市场竞争越来越激烈复杂，因此，商业银行需要在业务模式、风险控制、组织管理、运营渠道等方面重新调整以适应外部环境中数字金融的冲击，这一调整过程的风险成本、不确定性可以通过学习已经数字化转型成功或数字化转型步伐靠前银行的经验与技术来最大程度上降低；同时，数字技术的快速发展与应用加快了学习速度，进而数字金融对商业银行数字化转型行为影响的同群效应渠道更加明显。二是网络外部性（Network Externalities）。当企业大规模应用某项技术、新产品时，它的应用价值对于后使用者将会提高（Chang 和 Park，2005），这主要是因为新技术、新产品等的广泛应用可以在群体内部构成一种标准化、专业化的规范。在网络外部性的形成扩散过程中，新的企业可以更轻松地获取到该新兴技术或者产品，这可以降低其应用成本，从而可以加速新技术或者产品服务的扩散。数字金融具有明显的网络外部性与溢出效应，能够帮助提升商业银行的经营效率、增强商业银行的创新能力，当商业银行数字化转型逐渐成为主流，相关技术、规范不断完善，市场上将会出现大量模仿者加入数字化转型的行列，同群效应最终可以帮助商业银行加快数字化转型。三是制度同构压力（Institutional Isomorphic Pressure）。组织制度学派认为，微观个体的行为策略会受到制度同构的影响。

在数字金融背景下，为了降低风险性，商业银行会选择去模仿大环境下同类银行的行为决策，进而形成同群效应，同群效应主要包括以下三类。首先是强制性同构，组织部门造成的正式或者非正式压力，压力形式可能是法令法规、劝导或者邀请。"数字金融"多次出现在政府文件中，中国人民银行、银保监会也制定了多项政策来推动商业银行的数字化转型,这一制度下,当大多数商业银行都有数字化转型意愿或者正在数字化转型时,此时选择相同行为决策就可以保障其社会合法性。其次是模仿性同构,当微观个体对于核心技术与组织管理创新难以突破时,就会去学习群体中步伐靠前的个体,模仿其他个体的决策行为与组织结构,从而形成一种模仿性压力。这不仅能够降低转型创新成本,还能更快突破核心技术,数字金融时代,传统商业银行对全新的运营理念并不熟悉,此时通过模仿同类别商业银行的数字化转型中的技术、管理、产品等,可以帮助自身的创新转型,降低数字化转型风险与成本。最后是规范性同构,个体为了得到自身经营发展需要的支持,需要去遵守群体内部形成的行业秩序约束,因此,当外界环境变化形成新的行业秩序后,内部个体需要重新调整其战略框架与其相匹配。在数字金融影响下,商业银行面临的竞争格局发生了很大变化,银行业的商业模式、服务理念、组织框架、新兴技术正在发生颠覆重塑,在新的约束性规范下,商业银行需要调整自身的框架结构,由此形成的同群效应会加速商业银行的数字化转型。

综上所述,在数字金融的影响下,商业银行在外部环境中面临的机会与威胁都在发生变化,此时商业银行可能会选择模仿同行的转型行为以面对外部机会与威胁。为此,本研究提出:

假设3:数字金融对商业银行数字化转型行为影响存在同群效应。

二 实证模型设计

(一) 数字金融对商业银行数字化转型行为影响的基准回归

为考察数字金融对商业银行数字化转型行为的影响,本研究构建了以下实证模型,式1.1为验证数字金融对商业银行产品数字化转型行为的影响,式1.2为验证数字金融对商业银行组织数字化转型行为的影响。

$$P(product_{i,t=yi,t}) = \frac{e^{-\lambda_{it}}\lambda_{it}^{y_{it}}}{y_{it}!}, \ (y_{it}=0,\ 1,\ 2,\ 3,\ 4,\ 5) \tag{1.1}$$

$$S(structure_{it=yi,t}) = \frac{e^{-\lambda_{it}}\lambda_{it}^{y_{it}}}{y_{it}!}, \ (y_{it}=0,\ 1,\ 2,\ 3,\ 4,\ 5) \tag{1.2}$$

$$\lambda_{it} = \exp(\alpha_0 + \beta_1 DIFI_{it} + \beta_2 control_{it} + u_i + u_t + \varepsilon_{it}) \tag{1.3}$$

Product 为产品数字化转型行为，*Structure* 为组织数字化转型行为，i 为银行个体标识，t 为年度标识，u_i 为银行个体效应，u_t 为时间效应，ε_{it} 为随机误差项，*DIFI* 表示数字金融发展水平，*control* 为控制变量。由于本研究假设数字金融对商业银行数字化转型行为有正面提升作用，因此，本研究预测模型中 β_1、β_2 显著为正。

据此，我们构建了平衡面板数据，根据陈强（2014）的论述，商业银行数字化转型构建方法是对年报中产品、组织数字化行为的计数，其取值为非负整数，此时采用普通线性回归会产生误差，因而其合适应用的模型为面板泊松回归估计模型。本研究依次进行面板泊松固定效应回归与面板泊松随机效应回归，之后进行豪斯曼（Hausman）检验，根据豪斯曼检验结果选择是使用面板泊松固定效应还是随机效应。

（二）数字金融对商业银行数字化转型行为影响的规模差异性

我们将商业银行依据规模大小，分为三组分别进行回归，分组为国有银行、股份制商业银行、中小型商业银行（城商行、农商行），回归方法与基准回归保持一致，采用面板泊松固定效应回归，并汇报发生率比值 irr（incidence-rate ratios），通过比较发生率比值 irr，来判断数字金融对规模大小不同的商业银行数字化转型行为影响的大小差异。

（三）数字金融对商业银行数字化转型行为影响的同群中介效应

关于等级因变量的中介效应检验，我们参考温忠麟（2014）的研究方法，来研究同群效应作为中介变量在数字金融与商业银行数字化转型行为之间发挥的作用。

如果核心解释变量 X（数字金融）对被解释变量 Y（商业银行数字化转型）的作用机制是通过变量 M（同群效应）传导实现的，则变量 M 就是中介变量。中介传导机制存在需满足以下几个条件：一是数字金融 X 与商业银行数字化转型行为 Y 显著相关；二是数字金融 X 与中介变量 M 同群效应也显著相关；三是在基准回归基础上，加入中介变量 M 同群效应，数字金融 X 与商业银行数字化转型行为 Y 依旧显著或者显著性水平降低，即可证明数字金融 X 分别在 M 同群效应的渠道下起到了中介传导的作用机制。

由于因变量为等级变量的中介效应检验过程中,存在回归方程尺度不一致的问题,本研究参考方杰与温忠麟(2017)、刘红云(2013)的方法,将回归系数做标准化处理,进而进行 Sobel 检验。

$$Y' = i_1 + cX + e_1 \tag{1.4}$$

$$M = i_3 + aX + e_M \tag{1.5}$$

$$Y'' = i_2 + c'X + bM + e_Y \tag{1.6}$$

当因变量为连续变量时,中介效应检验可以直接用系数乘积法 ab 或者系数差异法 $c-c'$ 来验证,但在本研究中,因变量为计数变量,所以本研究使用面板泊松回归。在中介渠道数字金融—同群效应—数字化转型的检验中,公式 1.6 中系数 b、c' 以及公式 1.4 中系数 c 是以泊松回归为量尺,而公式 1.5 中系数 a 是以线性回归为量尺,为了具有可比性,以及为了计算中介效应,需要对系数做标准化处理,将回归系数做等量尺化。本研究参考 MacKinnon 和 Dwyer(1993)、MacKinnon(2008)的做法,具体标准化方法如下所示:

第一步:回归分析。

首先,Y 对 X 的面板泊松回归,求出 c 的估计值及其标准误 SEc。

其次,M 对 X 的线性回归,得出 a 的估计值及其标准误 SEa。

再次,Y 对 X 和 M 的面板泊松回归,得出系数 b、c' 及其对应的标准误 SEb 与 SEc'。

第二步:系数标准化。

首先,求标准差与方差,X 与 Y 的标准差与方差可以由原始数据得出,M 的标准差与方差公式如式 1.7 所示:

$$\text{Var}(M) = a^2 \times \text{Var}(X) + \frac{\pi^2}{3} \tag{1.7}$$

其次,回归系数与标准误标准化处理见公式 1.8 至公式 1.14(MacKinnon,2008)。

$$c^{std} = c \times \frac{SD(X)}{SD(Y')} \tag{1.8}$$

$$a^{std} = a \times \frac{SD(X)}{SD(M)} \tag{1.9}$$

$$b^{std} = b \times \frac{SD(M)}{SD(Y'')} \tag{1.10}$$

$$c'^{std} = c' \times \frac{SD(X)}{SD(Y'')} \tag{1.11}$$

$$SE(b^{std}) = SE(b) \times \frac{SD(M)}{SD(Y'')} \tag{1.12}$$

$$SE(c^{std}) = SE(c) \times \frac{SD(X)}{SD(Y')} \tag{1.13}$$

$$SE(c'^{std}) = SE(c') \times \frac{SD(X)}{SD(Y'')} \tag{1.14}$$

再次，Sobel 检验。

根据刘红云（2013）的研究，当中介模型的被解释变量为等级变量时，系数乘积法优于系数差异法，经过上述标准系数化处理后，将 a^{std} 与 b^{std} 相乘得出 ab^{std}，并根据公式 1.15 计算出 ab^{std} 的标准误 $SE(ab^{std})$，最后计算 Sobel 检验统计量的值，Sobel 检验公式如式 1.16 所示：

$$SE(ab^{std}) = \sqrt{(a^{std})^2 (SE(b^{std}))^2 + (b^{std})^2 (SE(a^{std}))^2} \tag{1.15}$$

$$Z = \frac{ab^{std}}{SE(ab^{std})} \tag{1.16}$$

根据公式 1.17，在满足正态分布假设条件下，查找置信区间，最后继续检验 Sobel 值 ab^{std} 的显著性水平即可。

$$(ab^{std} - z_{\frac{\alpha}{2}} \times SE(ab^{std}),\ abstd + z_{\frac{\alpha}{2}} \times SE(ab^{std})) \tag{1.17}$$

三　变量选取与处理

我们以 2011—2020 年我国各类别商业银行为研究对象，考虑到商业银行年报披露完整性、连续性，最终选取 34 家商业银行作为研究对象，包括 6 家国有商业银行①、9 家股份制商业银行、19 家其他银行（城商行、农商行）。商业银行层面数据来源于各家商业银行年报、巨潮资讯网、银保监会官网、wind 数据库等；数字金融发展水平数据来源于北京大学数字金融研究中心编制的"北京大学数字普惠金融指数（2011—2020）"；商业银行规模数据来源于 wind 数据库，商业银行所在注册地经济发展水平数据来源于国家统计局网站。

（一）被解释变量：商业银行数字化转型行为

数字经济时代，作为前沿研究课题，有关微观主体数字化转型行为的度量，一直被学界所关注。现有研究仍集中于定性与理论研究（黄益平和黄卓，2018；陈冬梅，2018；王春英和陈宏民，2021），何帆、刘红霞（2019）根据"是否存在数字化转型"设置"0-1"虚拟变量，但该方法无法反映数字化转型水平高低；易露霞和吴非（2021）采用文本分析法（textual analysis），选取相关能反映数字化转型的词汇进行相应处理分析，此方法能从认知层面反应数字化转型，但数字化转型维度仍较为单一，无法较为全面地展现数字化转型水平。

本研究参考北京大学数字金融研究中心"商业银行数字化转型指数"的构建方法与谢绚丽和王诗卉（2021）对商业银行数字化转型行为衡量的方法，将商业银行数字化转型行为分为"组织数字化转型""产品数字化转型"两个维度。

商业银行的组织数字化转型行为。参考谢绚丽和王诗卉（2021）的做法，提取分析各家商业银行年报中的管理框架图或是年报中对商业银行组织、管理数字化转型的描述来判定，关注商业银行管理框架中："数字金融业务部门：数字金融部（或互联网金融部、金融科技部等）""数字金融管理部门：金融科技委员会（金融技术创新办公室等）""金融科技子公司""软件开发中心""金融科技研究院"五个部门的成立情况。如果该银行当年没有成立任何一个相关部门，则该变量为 0，五类部门均

---

① 本研究中的 6 大国有银行包括中国农业银行、中国建设银行、中国工商银行、中国银行、中国交通银行、中国邮政储蓄银行，与银保监会 2019 年银行分类一致。

有设置则为 5，变量数值越大，商业银行组织数字化转型行为越明显。

商业银行的产品数字化转型行为。参考谢绚丽和王诗卉（2021）的做法，提取分析各家商业银行年报中有关数字金融产品开发行为的描述，具体关注"手机银行""微信银行""互联网理财""互联网信贷""电子商务"这五个维度的数字金融产品开发情况。如果该银行在当年年报中没有涉及开发任何一项产品，则该变量为 0，五种产品均覆盖该变量则为 5，变量数值越大，商业银行产品数字化转型行为越明显。

（二）核心解释变量：数字金融发展水平

数字金融发展水平数据来源是北京大学数字金融研究中心发布的"北京大学数字普惠金融指数（2011—2020）"，该指数在数字金融研究领域被广泛采用（沈艳和谢绚丽，2018；邱晗和黄益平，2018；傅秋子等，2018），该指数由北京大学数字金融研究中心联合蚂蚁集团研究院团队，利用蚂蚁金服海量交易数据进行构建，可以对我国数字金融发展水平进行较好的衡量。"北京大学数字普惠金融指数（2011—2020）"在总指数基础上，还包括数字金融覆盖广度指数（2011—2020）、数字金融覆盖深度指数（2011—2020），普惠金融数字化程度（2011—2020），本研究核心解释变量选用数字金融总指数，并用子指数作为代理变量进行模型的稳健性检验。

（三）控制变量

为了最大程度上克服遗漏变量带来的模型误差问题，增强模型的精确度，我们引入银行层面的控制变量，包括：商业银行资产规模（*asset*）、总分支行员工总数（*employees*）、分支机构数量（*branch*）、上市情况（*list*）、商业银行与数字金融平台合作与否（*cooperation*）；同时引入地区层面控制变量：商业银行总行注册地经济发展水平（*local GDP*）。

资产规模（*asset*）。商业银行的资产规模是转型发展的底蕴，是业务发展的重要基石，商业银行规模越大，资金实力越雄厚，会有更多的科技资本投入，而小型商业银行因为自身规模比较小，科技资源相对比较薄弱，信息科技、风控管理能力相对弱势，势必会影响到自身的数字化转型速度。

员工数量（*employees*）。商业银行员工数量越多，运营成本会更高，这会造成商业银行经营效益降低。企业行为理论认为，企业是以盈利为目的的组织，当一家企业的收益低于预期收益时，将会引起企业问题追寻行为。

当企业的实际收益与预期收益相差越多，企业寻求问题缘由与解决措施概率越高，从而企业会启动自身创新行为与战略转变等行动，以应对外界市场变化。因而当商业银行运营成本提高，带来银行效益降低时，这在一定程度上会驱动银行的数字化转型。

分支机构数量（*branch*）。一方面，商业银行分支机构数量越多，人员薪酬、地面租金等成本就会提高，会影响商业银行经营效益，进而影响商业银行的数字化转型；另一方面，商业银行分支机构数量过于庞大，会降低商业银行运转的灵活性，这也会在一定程度上影响商业银行的数字化转型。

是否上市（*list*）。一方面，商业银行上市后可以完善公司内部控制，这可能会促使商业银行在组织管理框架方面加快自我创新转型速度；另一方面，商业银行上市后可以提升公司战略认知水平，更快顺应数字化潮流，这些都对商业银行的数字化转型具有显著正向影响。

数金合作（*cooperation*）。商业银行与数字科技公司平台的合作可以帮助商业银行引进更先进前沿的数字技术，有助于商业银行丰富线上场景的应用，加快金融产品、金融业务、运营模式等的创新，最终帮助商业银行加快自身的数字化转型。

当地经济发展（*local GDP*）。商业银行注册地地区经济发展水平可以为商业银行的创新转型提供一个良好的外部条件，如果当地地区经济发展水平较高，商业银行的客户资源会更加丰富，同时由于金融的聚敛效应，经济越发达，该地竞争将会更加激烈，为了维持其竞争力，商业银行数字化转型的驱动力会更强；而该地经济越发达，该地科技公司也会更多，这可以帮助商业银行与科技公司开展更多的合作，因而在理论上，当地经济发展水平可以提升商业银行数字化转型水平。

信科董事、高管数量（*background*）。商业银行董事会、高管团队作为公司领导层，其信息科技专业与工作背景可能对公司战略制定产生影响，信科董事、高管数量越多，商业银行数字化转型行为可能更加明显。

各变量的名称及具体测量方法见表 1.4。

表 1.4 变量说明

变量	变量名称	测量方法
被解释变量	产品数字化转型	来源于各银行年报，基于商业银行五类数字金融产品开发情况
	组织数字化转型	来源于各银行年报，基于商业银行组织管理部门成立情况
解释变量	数字金融发展水平	来源于北京大学数字金融研究中心发布的"北京大学数字普惠金融指数（2011—2020）"
中介变量	组织同群	同类别商业银行中，不包括本行，其他商业银行组织数字化转型的平均数
	产品同群	同类别商业银行中，不包括本行，其他商业银行产品数字化转型的平均数
控制变量	当地经济发展	商业银行总行所在地 GDP，数据来源于国家统计局
	分支机构数量	商业银行在当年分支机构数量，数据来源于各银行年报、银保监会
	员工数量	商业银行在当年员工数量，数据来源于各银行年报、银保监会
	是否上市	如果该家商业银行当年在 A 股或 H 股上市则为 1，没有计 0
	数金合作	若该商业银行在当年与互联网企业进行了数字金融方面的合作、收购、投资则为 1，没有计 0
	银行资产规模	商业银行总资产，数据来源 wind 数据库
	信科董事、高管数量	计数商业银行董事会与高管团队中教育背景或者工作经历，具有信息科技背景的人才数量

（四）变量的描述性统计

被解释变量、核心解释变量、中介变量以及各控制变量的具体描述性统计结果如表 1.5 所示：被解释变量中产品数字化转型与组织数字化转型的最小值均为 0，最大值均为 5，但产品数字化转型的均值 1.987 要大于组织数字化转型均值 1.676，这表明商业银行产品数字化转型行为要比商业银行组织数字化转型行为更加明显；核心解释变量数字金融发展水平的最小值为 4.089，最大值为 5.773．均值为 5.255，标准差为 0.409，表明地区间数字金融发展水平差异较小。

表 1.5　　　　　　　　变量的描述性统计

变量	变量名称	最小值	均值	最大值	标准差	中位数
被解释变量	产品数字化转型	0.000	1.987	5.000	1.613	2.000
	组织数字化转型	0.000	1.676	5.000	1.406	1.000
解释变量	数字金融发展水平	4.089	5.255	5.773	0.409	5.381
中介变量	组织同群	0.000	1.714	4.290	1.219	1.560
	产品同群	0.000	2.238	5.000	1.588	2.538
控制变量	当地经济发展	0.138	1.657	3.799	0.936	1.450
	分支机构数量	3.417	9.926	35.450	6.033	10.385
	员工数量	4.769	16.850	36.360	7.538	12.307
	是否上市	0.000	0.644	1.000	0.480	1.000
	数金合作	0.000	0.529	1.000	0.500	1.000
	银行资产规模	0.051	3.942	30.110	6.166	1.118
	信科董事、高管数量	0.000	2.817	7.000	1.744	3.000

第五节　数字金融对商业银行数字化转型行为影响的实证检验

一　实证结果及分析

（一）基准回归结果

对于假设 1，我们基于数字金融对商业银行数字化转型行为影响进行了面板泊松回归。此模型包括了 2011—2020 年 34 家商业银行样本，样本覆盖范围包括 6 家国有商业银行、9 家股份制商业银行、19 家其他银行（城商行、农商行）；估计结果如表 1.6 所示。

表 1.6　　　数字金融对商业银行数字化转型行为的影响

变量	(1) 产品数字化转型	(2) 产品数字化转型	(3) 组织数字化转型	(4) 组织数字化转型
数字金融发展水平	0.008*** (0.001)	0.018*** (0.003)	0.006*** (0.001)	0.016*** (0.004)
当地经济发展	-0.025 (0.060)	-1.181*** (0.334)	-0.004 (0.066)	-0.826** (0.339)
分支机构数量	-0.002 (0.006)	0.027 (0.034)	0.002 (0.007)	-0.004 (0.033)
员工数量	0.003 (0.006)	0.064 (0.058)	0.000 (0.007)	0.041 (0.062)
是否上市	0.026 (0.131)	-0.090 (0.185)	0.215 (0.149)	-0.075 (0.208)
信科董事、高管数量	0.161*** (0.046)	0.236*** (0.091)	0.219*** (0.051)	0.139 (0.096)
数金合作	0.432*** (0.165)	0.061 (0.183)	0.365** (0.179)	0.052 (0.200)
银行资产规模	-0.002 (0.008)	-0.019 (0.050)	-0.005 (0.009)	-0.024 (0.051)
观测值	340	340	340	340
银行数量	34	34	34	34
Log likelihood	-374.11	-276.39	-347.82	-256.39

注：括号中为标准误，*表示在10%水平显著，**表示在5%水平显著，***表示在1%水平显著。

从表 1.6 可以看出，数字金融对商业银行数字化转型行为影响存在显著正相关关系，产品数字化转型与组织数字化转型维度均在1%水平下显著，证明假设1成立。回归结果（1）汇报了产品数字化转型维度的面板随机效应泊松回归，回归结果（2）汇报了产品数字化转型维度的面板固定效应泊松回归，两者均在1%置信水平下显著为正，这表明数字金融发展水平越高，商业银行产品数字化转型可能性越大；回归结果（3）汇报了组织数字化转型维度的面板随机效应泊松回归，回归结果（4）汇报了组织数字化转型维度的面板固定效应泊松回归，两者均在1%置信水平下显著为正，这同样表明数字金融发展水平越高，商业银行组织数字化转型可能性越大。

对于固定效应与随机效应的选择，我们分别在模型（1）（2）之间、（3）（4）之间进行 Hausman 检验。Hausman 检验结果的 p 值均为 0.0000，这显著地拒绝了原假设，在模型选择上面板泊松固定效应优于面板泊松随机效应，因此应该采用面板泊松固定效应回归。由于面板泊松回归的系数无法直接解释结果，基于回归结果（2）的发生率比值（incidence-rate ratios）来看，当变量数字金融发展水平提高一个单位，被解释变量产品数字化转型行为将会增加1.79%；基于回归结果（4）的发生率比值（incidence-rate ratios）来看，当变量数字金融发展水平提高一个单位，被解释变量组织数字化转型行为将会增加1.61%；从发生率比值（incidence-rate ratios）也能看出，数字金融对商业银行产品数字化转型行为的提升作用要大于对组织数字化转型行为的提升效果。

（二）银行规模的异质性分析

我们将商业银行依据规模分为三组，国有商业银行、股份制商业银行、中小型商业银行（城商行、农商行），分组进行回归，（1）、（2）列数据汇报了国有商业银行的实证结果，（3）、（4）列数据汇报了股份制商业银行的实证结果，（5）、（6）列数据汇报了中小型商业银行（城商行、农商行）的实证结果。通过对表 1.7 的发生率比值（incidence-rate ratios）的研究发现，无论是在产品数字化转型行为，还是组织数字化转型行为的维度，数字金融对国有商业银行的数字化转型行为正面影响效果最大，对城商行、农商行的数字化转型行为正面影响最小，且对产品数字化转型行为的提升作用要优于对组织数字化转型行为的提升作用。

表 1.7　　　　　　　　　银行规模的异质性分析

变量	(1) 产品数字化转型	(2) 组织数字化转型	(3) 产品数字化转型	(4) 组织数字化转型	(5) 产品数字化转型	(6) 组织数字化转型
数字金融发展水平	0.032** (0.013)	0.020* (0.011)	0.016** (0.008)	0.015** (0.008)	0.014*** (0.005)	0.011* (0.006)
irr	1.032	1.020	1.016	1.015	1.014	1.011
银行层面控制变量	控制	控制	控制	控制	控制	控制
地区层面控制变量	控制	控制	控制	控制	控制	控制
固定效应	控制	控制	控制	控制	控制	控制
观测值	60	60	90	90	190	190
银行数量	6	6	9	9	19	19

注：括号中为标准误，*表示在10%水平显著，**表示在5%水平显著，***表示在1%水平显著。

（三）同群效应的中介影响

表 1.8 汇报了数字金融对商业银行数字化转型行为影响的中介效应检验结果，回归结果（1）列数据为基准回归结果，数字金融的系数在1%的水平上显著为正，这表明数字金融的发展显著激励了商业银行的产品数字化转型行为；回归结果（2）列数据说明数字金融的发展正向提升了产品同群效应；回归结果（3）列数据中，产品同群效应的系数在1%的水平上显著为正，验证了产品同群效应是数字金融对产品数字化转型行为影响的中介因素；在控制产品中介效应的基础上，回归结果（3）列数据中数字金融系数依然显著，说明产品同群效应是部分中介效应。

表 1.8　　　　　　　　商业银行数字化转型的中介效应

变量	(1) 产品数字化转型	(2) 产品同群	(3) 产品数字化转型	(4) 组织数字化转型	(5) 组织同群	(6) 组织数字化转型
数字金融发展水平	0.018*** (0.003)	0.014*** (0.003)	0.014*** (0.004)	0.016*** (0.004)	0.015*** (0.003)	0.014*** (0.004)

续表

变量	(1) 产品数字化转型	(2) 产品同群	(3) 产品数字化转型	(4) 组织数字化转型	(5) 组织同群	(6) 组织数字化转型
产品同群效应			0.323*** (0.116)			
组织同群效应						0.170 (0.200)
银行层面控制变量	控制	控制	控制	控制	控制	控制
地区层面控制变量	控制	控制	控制	控制	控制	控制
固定效应	控制	控制	控制	控制	控制	控制
观测值	340	340	340	340	340	340
银行数量	34	34	34	34	34	34

注：括号中为标准误，*表示在10%水平显著，**表示在5%水平显著，***表示在1%水平显著。

回归结果（4）列数据为基准回归结果，数字金融的系数在1%的水平上显著为正，这表明，数字金融的发展对商业银行的组织数字化转型行为有显著的正向影响；回归结果（5）列数据中，组织同群效应的系数在1%的水平上显著为正，这说明数字金融的发展正向提升了产品同群效应；回归结果（6）列数据中，组织同群效应的系数不显著，验证了组织同群效应不是组织数字化转型行为的中介因素；因此假设2部分成立，数字金融对商业银行的数字化转型行为存在产品同群效应中介渠道，不存在组织同群效应渠道。

通过上述系数标准化公式的简单计算，可以求出Sobel检验的Z值为2.619，大于1.96，通过了显著性水平为5%的检验，说明在数字金融对商业银行的数字化转型行为影响过程中，产品同群效应发挥了部分中介的作用。

产品同群效应与组织同群效应渠道机制的差异，这和商业银行数字化转型不同方向的特征有关；商业银行的产品数字化转型行为对自身效益的提升时滞更短、联系也更为密切，而商业银行的组织数字化转型行为对银行的效益提升时滞更长、影响也更为间接，组织数字化转型成效相比产品数字化转型成效更慢；当身边同类型的同行都在推出各类数字产品的时候，市场竞争将会更加激烈，这会驱动商业银行加快自身的数字化转型以应对市场的变化；而当同类型银行在加快组织数字化转型的时候，由于组织数字化转型对市场份额的影响相对有限且时滞较长，所以组织同群效应的中介渠道不显著，部分地支持了假设2。

二 稳健性检验

（一）内生性问题的处理

数字金融的发展与商业银行可能存在反向因果等内生性关系，本研究参考邱晗和黄益平（2018）、谢绚丽（2018）的做法，采用第三方支付规模作为数字金融发展的工具变量，进行工具变量两阶段最小二乘法进行估计，回归结果如表1.9所示，结果依旧保持稳健。

表1.9 工具变量调整后的实证结果

变量	(1) 产品数字化转型	(2) 组织数字化转型
数字金融发展水平	0.015*** (0.001)	0.010*** (0.001)
银行层面控制变量	控制	控制
地区层面控制变量	控制	控制
固定效应	控制	控制
观测值	340	340
银行数量	34	34

注：括号中为标准误，*表示在10%水平显著，**表示在5%水平显著，***表示在1%水平显著。

（二）更换解释变量

基准回归核心解释变量选取的是"北京大学数字普惠金融指数

（2011—2020）"总指数，为了确保研究结论的稳健性，本研究选取"北京大学数字普惠金融指数（2011—2020）"的覆盖广度子指数（2011—2020）、使用深度子指数（2011—2020）当作替代变量分别进行回归，实证结果如表1.10所示，回归结果不受变量选取影响。

表1.10　更换解释变量后的实证结果

变量	（1） 产品数字化转型	（2） 产品数字化转型	（3） 组织数字化转型	（4） 组织数字化转型
覆盖广度	0.022*** (0.004)		0.017*** (0.004)	
使用深度		0.004* (0.002)		0.006*** (0.002)
银行层面控制变量	控制	控制	控制	控制
地区层面控制变量	控制	控制	控制	控制
固定效应	控制	控制	控制	控制
观测值	340	340	340	340
银行数量	34	34	34	34

注：括号中为标准误，*表示在10%水平显著，**表示在5%水平显著，***表示在1%水平显著。

选取解释变量为覆盖广度，数字金融对商业银行组织数字化转型行为与产品数字化转型行为影响均在1%的置信水平下显著为正；选取解释变量为使用深度，数字金融对商业银行产品数字化转型行为影响在10%的置信水平下显著为正，数字金融对商业银行组织数字化转型行为影响在1%的置信水平下显著为正，回归结果支持了本研究结论。

（三）更换模型

我们参照陈强（2014）的研究，当模型存在过度分散时，即存在方差大于期望的情况时，此时可考虑面板负二项回归。如表1.11所示回归结果表明，当模型换为面板负二项回归时，数字金融对商业银行组织数字化转型行为与产品数字化转型行为影响均在1%的置信水平下显著为正，回归结果支持本研究结论。

表 1.11　更换模型后的实证结果

变量	(1) 产品数字化转型	(2) 组织数字化转型
数字金融	0.018*** (0.003)	0.016*** (0.004)
银行层面控制变量	控制	控制
地区层面控制变量	控制	控制
固定效应	控制	控制
观测值	340	340
银行数量	34	34

注：括号中为标准误，*表示在10%水平显著，**表示在5%水平显著，***表示在1%水平显著。

（四）考虑特殊年份影响

考虑到新冠疫情可能会对样本选取的代表性和回归结果的准确性带来影响，如表 1.12 所示，本研究在剔除了 2020 年的数据后，回归结果依旧支持结论。

表 1.12　剔除 2020 年数据后的回归结果

变量	(1) 产品数字化转型	(2) 组织数字化转型
数字金融	0.019*** (0.004)	0.017*** (0.004)
银行层面控制变量	控制	控制
地区层面控制变量	控制	控制
固定效应	控制	控制
观测值	340	340
银行数量	34	34

注：括号中为标准误，*表示在10%水平显著，**表示在5%水平显著，***表示在1%水平显著。

第六节 研究结论及政策建议

一 研究结论

本研究以 2011—2020 年不同类型商业银行为研究样本,验证了数字金融对商业银行数字化转型行为的影响关系,并将同群效应引入,进一步探究了同群效应在数字金融影响商业银行数字化转型行为中的中介作用。此外,本研究还以银行规模为依据,对商业银行数字化转型行为影响进行了异质性分析。最后,为了减轻模型的内生性与可能存在的反向因果关系,本研究采用了工具变量法、更换解释变量、更换模型、剔除部分样本等多种方法来验证结论的稳健性。本研究结论总结如下。

第一,数字金融会对商业银行数字化转型行为造成显著的正向影响。从本研究的实证结果来看,无论是在产品数字化转型维度,还是组织数字化转型维度,数字金融都可以加快商业银行的数字化转型,这表明数字金融的发展对于商业银行的创新转型具有重要意义,商业银行与外部科技公司不是零和博弈,两者更多的是竞争合作的关系。

第二,相对于组织数字化转型,数字金融对商业银行的产品数字化转型行为的激励效果更为明显。由于产品创新对商业银行的绩效提升更为迅速直接,而商业银行组织转型存在激励不足、反应迟缓等不利因素,所以数字金融对商业银行在组织与产品层面数字化转型行为的影响存在差异。

第三,同群效应在数字金融对商业银行产品数字化转型行为中起中介作用,而在组织数字化转型中,渠道机制则不明显。当数字金融快速发展,身边同类型的同行都在推出各类数字产品,这时候市场份额竞争将会更加激烈,因而外部环境会驱动商业银行加快自身的数字化转型以应对市场的变化;而当同类型银行在加快组织数字化转型的时候,商业银行反应往往滞后,驱动力不足,所以组织同群效应的中介渠道不显著。

第四,数字金融对大型银行数字化转型行为影响更为明显。数字金融影响下,大型银行如国有商业银行、股份制商业银行,资金实力雄厚、人才技术吸引力强、公司治理能力强，数字化转型更有优势，而中小银行，如城商行、农商行等，受制于资本、风控、技术、人才等因素，在数字化转型上与大型银行还有一定差距。

二 加快推进商业银行数字化转型的政策建议

第一，继续加快组织数字化转型，从保守停滞走向共享创新。数字金融天然具有互联网金融"普惠、创新"的基因，这和传统商业银行偏保守、封闭的企业文化形成鲜明差异。为了应对数字金融的挑战，商业银行应该加快自身组织革新，以适应数字化转型的趋势。

"线上"与"线下"运营模式深度融合。未来开放式银行的大趋势下，商业银行营业网点的重要性大大降低，但是数字技术仍然无法完全取代营业网点，现阶段营业网点仍具存在意义。商业银行应该加速"线下"网点的数字化转型，如在授信审批方面，由过去依靠人工审批转向更多由线上自动审批的方式来进行，这可以大幅提高业务处理速度与效率；另一方面，商业银行也要丰富"线上"业务，通过构建"金融+非金融"体系，利用"线上"优势丰富获客场景，开拓数字业务。

加快组织架构调整。商业银行组织架构对商业银行的创新发展具有重要影响，商业银行只有调整自身的架构，将数字金融与自身更好地进行融合，才可以适应数字金融时代竞争格局的变化，增强自身竞争力。商业银行应该在业务层、管理层相应地设置金融科技部门，如可在管理层设置"金融科技办公室""金融科技委员会""金融技术创新办公室""金融科技研究院"等，在业务层设置数字金融部、"金融科技子公司"、"软件开发中心"等。

推进IT架构调整。数字金融影响下，商业银行数字化业务在迅速增加，这对商业银行的IT架构也提出了更高要求，分布式架构的运用正在逐渐成为主流，商业银行应该继续提升自身IT架构的灵活性、开放性，同时也要扩大分布式IT架构在全平台的运用比例，构建更多的基于大数据、云计算、区块链等技术的大规模数字化基础设施等。

第二，继续加快产品数字化转型，增强客户黏性。数字金融的发展正在快速驱动商业银行数字化转型，很多科技公司凭借其技术优势、平台优势正在和商业银行展开竞争，分流了一部分客户；商业银行为留住客户，增强客户黏性，也应在产品方面继续提升客户体验。

统一银行框架，丰富线上产品。商业银行应顺应数字化趋势，将更多的银行产品放在线上渠道，这可以提升服务效率，丰富获客渠道；同时也应该对业务进行整合，形成手机银行统一业务平台，通过手机 App 即可办理支付、理财、信用卡、生活缴费等业务；丰富场景建设，整合场景、融入场景、自建场景，通过"金融+非金融"的场景应用服务，依托大数据等挖掘客户需求，加快产品、业务创新速度。

提升客户数字化体验。增强客户黏性，不仅要靠数字化产品的创新，也要注重客户体验的提升，商业银行应该应用更多如大数据、区块链、智能 AI 等成熟数字技术，通过人脸、指纹识别即可完成手机银行的登录、支付等，同时也应该加强银行智能风控的管理，为客户提供金融级别的安全服务。

第三，大型银行与中小银行应采取差异化数字化转型战略。在数字金融影响下，大型银行资金实力雄厚、风控能力成熟、人才技术吸引力强、公司治理能力完善，因而在数字化转型上更有优势，而中小银行，如城商行、农商行等，受制于资金、风控、技术、人才战略等因素，在数字化转型上与大型银行存在较大差距。大型银行应该充分利用数字化转型的优势，在数字化转型战略顶层设计上走向纵深，如在 2021 年，工行提出建设"科技强行""数字工行"的目标，建行将数字化转型作为公司"三大战略"之一，农行提出"加快金融科技应用，再造一个农业银行"的战略目标，中行实施"数字中银+"数字化转型战略，通过战略的制定，商业银行可以理清自身发展方向，增强数字化转型的全局性与积极性；四大行在金融科技上的投入纷纷破百亿，而中小型银行在金融科技上刚刚起步，科技投入的分化注定了在业务上的差距。大型银行资金实力雄厚，应该继续增加金融科技上的投入，科技投入对数字技术的研发使用、数字金融市场的刺激具有重要意义，如 2020 年工行在金融科技上的投入超过 238 亿元，建行为 221 亿元，农行、中行、招行也纷纷破百亿。大型银行对科技型人才更加重视，应该继续加快科技型人才的引进与培养，重视科技人才、IT人才队伍的建设，"科技人才+数字化"在商业银行数字化转型中具有重要意义；大型银行数字化转型基础良好，客户基础雄厚，应该加强与科技公司的合作，学习科技公司先进技术，优势互补。

中小银行在数字化转型上起步晚，基础薄弱，基于目前科技投入与数字技术，实现弯道超越概率极低，因此中小银行应该走差异化发展路线，将数字技术与特定业务、特定地区、特定客户群体结合起来，找到自身的竞争优势，最终达到经营模式创新、服务理念优化、效益效率提升的目标，这才是中小银行数字化转型的正确路径。对于规模较小的城商行、农商行，由于技术水平相对比较薄弱，首先，在金融科技的引入上可以选择直接完全引进、自建与引进相结合、联合共建等模式；其次，中小银行在战略层面也应该走差异化发展路线，在数字化转型上保持清晰的认知与定位，摒弃简单直接的"拿来主义"，理清战略认知与自身现实基础是否相匹配，明确目标客户群体，加强自身风控合规管理；最后，应根据银行发展需要，适时调整组织框架，适时设置数字化部门，打造敏捷组织。

第四，利用好同群效应势力，完善相关法律法规。根据同群效应理论，在数字金融影响下，大型银行在数字化转型中具有更强的主动性，而中小银行在数字化转型过程中，由于面临的风险与不确定性更大，因而更多地采取模仿与跟随的策略。这就要求政府加快数字金融基础设施的建设，辅助各项技术的成熟落地与推广，重视产权保护，完善相关数字金融与商业银行数字化转型的法律法规，对中小银行给予更多的照顾与金融支持。但是中小银行长期"跟随大流"对银行本身以及对整个经济社会来说都是不利的，因为这会损害企业的创新能力，所以监管部门可以制定一些政策优惠来刺激中小银行主动加快自身数字化转型。大型银行在同群效应理论中通常扮演的是领导者的角色，因而大型银行也应该更加积极主动地拥抱数字金融、拥抱数字化转型，继续增大金融科技投入，吸引更多的科技型IT人才，增加与金融科技公司、同行的交流与合作，引进更先进的技术，承担领导者主动变革的义务。

第二章　数字金融与商业银行经营稳定性

第一节　绪论

近年来，全球地缘政治经济格局加速大调整、大分化、大重组，这一变局有一系列重要表现：全球经济、世界经济格局、新技术革命和产业结构等的变化，即将进入破局和立局的节点。新的国际金融风险不断增加，全球风险中枢显著抬升，数字经济已成为撬动各国经济增长的新杠杆和新动力。

国务院在《"十四五"数字经济发展规划》中提出，数字经济的飞速发展为生产方式的变革带来契机，较大辐射范围的数字经济也正在重新塑造全球的竞争局势。综观全球经济，高新技术云集之下，资源配置得以优化，全球要素资源得以改变。人工智能、云计算等技术，为人类的经济生活提供了新的可能。这也标志着第四次技术革命的推进，社会生产方式正在进入数字经济时代，数字技术发展迅猛，在社会发展进程中展现出强大的生命力，比如在近三年的疫情中，以数字技术为基础的健康码和行程码发挥了巨大作用，使得疫情被及时阻断成为可能。同时，基于数字技术，金融领域催生出了包括新型电子商务、移动互联网和数字经济等在内的多种全新产业模式，也为金融向数字化转型发展提供了新机遇，数字技术不断融入金融发展，从而形成了特色鲜明的数字金融，数字技术与金融业的结合是金融发展的必然趋势。

我国进入了新发展阶段，数字金融持续强力发展，与金融科技持续融合，不断催生出新的数字金融业态，金融服务效率进一步提升，这在相当程度上影响着中国的金融市场体系和发展格局。虽然金融科技这一概念最早出现在美国，事实上，中国的金融科技发展进程在世界上却是名列前茅。根据零壹智库，2017—2021年，全球超过50个国家和地区申请了金融科技专利，其中专利申请数量最多的3个国家分别是中国、美国和日本，专利申请数量分别是3.75万件、2.78万件和0.73万件；国内各大金融机构不断加大对金融科技的重视，提高科技研发投入，比如中信银行在2017年就提出了"科技兴行"的战略发展规划。在未来，以金融科技为重要支撑的数字金融必然成为金融业未来发展的新蓝海。在学术界，大多数研究把2013年作为数字金融的元年，这一年余额宝功能的推出，使得在短短几年时间里，数字金融市场已与广大人民群众的生活密不可分，中国的移动支付更是令世界刮目相看，同时也促进了经济的快速发展。

数字金融作为数字经济产业的支柱之一，一方面，有着降低金融服务准入门槛、优化金融服务体验、缓解信用和融资约束从而改善社会就业创业等诸多优势；另一方面，在金融市场甚至在银行市场中。数字金融具有高效便捷等特点，降低了银行的运营与管理成本。数字金融为普惠金融的发展提供了便利，商业银行原有的信息不对称现象得以好转，有利于商业银行的各项业务发展，同时也扩大了商业银行的业务范围，因此商业银行都积极拥抱数字金融，进行自我改革。值得注意的是，数字金融面向的不仅是商业银行，而且是整个市场，在给商业银行带来经营利好的同时，也不可避免地会带来其他问题，比如数字金融产生之初，由于降低了信息不对称性，使得社会大众的流动资金有一部分流入了其他互联网金融平台，影响了银行的资金来源，提高了资金使用成本，在一定程度上抢占了商业银行的市场份额，直接影响到了银行的生息能力，因此给商业银行带来的风险需要综合考量分析。

值得注意的是，数字技术下的金融行业发展并未出现实质性的变革，因而传统运作模式下的风险依旧存在（黄浩，2018）。相反，一旦产生新的数字金融风险，会比以往的风险传播范围更广，在高速传播之下，极有可能触发新的风险类别。因此，数字金融在过去虽然取得了一系列成果，但我们也需要应对其给金融机构带来的诸多挑战。中国的金融市场数字化整体上还不成熟，不同类别的金融机构数字化能力差距较大，金融机构和从业者的数字化思维还不够系统先进，尤其是对银行业而言，作为金融体系的关键组成部分，商业银行在引导数字化转型过程中，要全盘统筹，把控风险，构建好数字技术与传统银行协同融合转型的稳健格局。我国仍将按照自己的时间表深化和加大金融业改革开放步伐，建立现代金融体系，以高质量金融支持经济高质量发展；商业银行应着眼于中国经济金融的可持续发展，适应数字金融新趋势，未雨绸缪，持续关注经营风险。

2021年政府工作报告指出"加快数字化发展，打造数字经济新优势，营造良好数字生态，建设数字中国"，一方面，长期以来，我国金融业态较为单一，业务种类不丰富，这不利于金融风险的防范，因此数字科技的进步使得以大中型商业银行为代表的传统金融机构能够开拓业务服务种类，扩大经营范围；另一方面，数字金融却可能在其他领域对商业银行经营稳定造成不良影响，在此大背景下，发展数字金融具有更为突出的时代价值和现实意义。从理论层面看，当前国内相关领域的研究大多停留在理论分析的层次，本研究进一步从实证角度分析了数字金融对商业银行经营稳定性的影响，丰富了国内对数字金融这一新兴领域的研究。对我国数字金融发展的研究可以为商业银行的健康稳定发展提供一定的理论思考，也丰富了国内对数字金融发展与商业银行等金融机构的运营关系之间的研究。从实践层面看，商业银行是整个金融系统中最重要的一环，银行稳定对于金融稳定的重要性不言而喻。数字金融这些年发展迅速，不可避免地会产生各种附加影响，给金融系统带来一定的风险，数字金融在蓬勃发展的同时，讨论其产生的一些负面影响，也有助于我国传统金融机构更好地应对这些可能存在的不利影响，避免自身经营风险的提高而导致系统性金融风险的增大。在未来，银行业发展之路充满巨大的不确定性，面对即将发生的历史性巨变，银行的经营管理哲学、战略思维和创新活力能否适应以及如何适应数字金融浪潮产生的影响，对银行稳定甚至金融稳定就显得尤为重要。

本研究的边际贡献有三个方面。其一，国内外许多学者对数字金融诸多方面的关联影响和发展等提出了自己的见解，比如对农村金融发展、社会消费、城乡收入差距、银行经营效率等等，但是关于数字金融创新发展对商业银行经营稳定的研究依然较少。其二，结合近十年来的数字金融发展和商业银行经营的变化情况，从正反两方面以及影响转变等方面动态综合分析了数字金融对商业银行稳定的影响机制，理论分析相对较为完备，具有较高的时效性。其三，通过阅读较多文献，我们从一个全新的角度探究数字金融对商业银行经营稳定性的影响，采用了非利息收入占比作为数字金融发展对商业银行经营稳定性影响的中介变量，并对其进行了实证分析与检验，从这个路径研究了两个变量之间的影响关系。

第二节　文献综述

一　数字金融的相关研究

黄益平和黄卓（2018）将数字金融定义为基于数字技术的传统金融机构与互联网公司或金融科技平台进行投融资、支付以及其他新型金融业务模式。数字金融的定义在一定程度上与"金融科技""互联网金融"具有一定相似度。但由于不同金融类型的方向不同，相比之下，数字金融的概念的适用更广泛。黄益平和陶坤玉（2019）发现中国的传统金融服务缺少供给，金融监管力度相对包容，同时现代数字技术飞速发展，使得数字金融也能够快速发展。张勋等（2019）通过分样本实证分析，发现数字金融在经济相对落后的地方发展更为迅速，且明显提高了家庭的可支配收入，对这些地区的贫困人民而言效果更为显著，数字金融激发了低资本家庭的创业意识，提供了创业机会，扩大了创业面，从整体上提高了社会发展包容性。钱海章和陶云清（2020）等研究发现，中国的数字金融的覆盖广度和使用深度都在持续快速上升，而且近年来在经济欠发达地区的覆盖广度增长更为显著，但对于使用深度，西部与东部地区的差距在逐渐拉大。黄益平（2021）认为数字金融最早可以追溯到2004年年底支付宝的第一次上线运营，但目前大多数研究都把2013年金融属性更强的余额宝功能的出现作为数字金融的元年。而且由于数字金融的新兴属性，监管层面力度或技术水平还不够，需要持续推动监管创新。王喆、陈胤默、张明（2021）提出，包括数字金融在内，互联网金融和金融科技也常常用来描述基于数字技术的新兴金融业态和金融创新活动。对于这种新型金融业态，目前还没有统一规范的定义。邹静和张宇（2021）分析了数字金融在我国的发展状况、当下的热点领域以及未来发展的趋势，发现数字金融在中国的发展速度很快，但与国外的研究重点有所区别，国外更侧重于区块链、数字化转型和金融包容领域，国内则侧重于减贫和对实体经济的支撑。王勋和黄益平（2022）等认为数字金融提高了金融服务效率，原本信息不对称带来的逆向选择和道德风险给金融交易造成了较大障碍，而数字金融恰恰能够降低信息不对称，将金融服务触达之前难以服务的中小微企业和低收入人群，给普惠金融提供了高效的路径。

二　商业银行经营稳定影响因素的相关研究

Chan、Greenbaum 和 Tharor（1986）从银行拥有信息优势的角度出发，来确定信息对银行稳定的影响。一方面，他们认为银行扮演着信息处理者的角色，可以重复利用自己拥有的贷款人的相关信息来获得租金收入，信息优势越明显，就能够获取越丰厚的租金，从而使得银行稳定性越高。另一方面，银行的经营环境中，更大的利率波幅或更强的银行竞争会损害信息重用性，导致信息盈余减少，资产质量下降，使得银行稳定性降低。邹薇（2007）认为银行要拥有高偿付力即充足的流动性来保持银行的经营稳定，她使用三个银行的危机指标（银行存款、银行对非政府部门的贷款和银行的外币负债）构建了衡量银行稳定性的 BSSI 指数，该指数将银行的流动性风险、信贷风险和汇率风险统一起来，用时间分析法测度中国的银行体系稳定性。张筱峰、王健康等（2008）使用宏观经济法来测度中国银行的体系脆弱性，使用 Logit 模型分别从宏观经济层面、中观金融层面、微观银行层面进行研究，认为国家信用对商业银行稳定有一定的积极作用，保持有效的投资消费增长力对维持银行体系稳定十分重要，此外，不良贷款率、费用收益比率、存贷比等指标对银行稳定的影响比较显著。耿同劲（2008）认为在发展中国家，政府和银行之间的信息不对称也会使得商业银行面临严峻的道德风险，同时商业银行的脆弱性是不可能被消灭的，可以通过强化经营管理和内控水平来降低银行脆弱性。Berger 等（2009）研究发现，在竞争的环境下，商业银行会设法绕开监管机构来提高市场占有率，这会提高系统性金融风险，降低银行系统稳定性，但竞争会促使银行提高自己的经营管理能力，这也降低了那些管理能力较强的银行的风险。

孙清和蔡则祥（2009）从分析金融体系因素的角度研究其对银行稳定的影响，结果表明在市场和银行本身主导的金融体系都可以降低银行的危机发生概率，提高银行稳定性；同时，银行处于金融环境过渡时期时，更容易发生危机，业务状况不够成熟，分业经营有利于提高银行甚至金融市场的稳定性。孙安琴（2011）通过多期模型研究银行的风险资产流动性如何影响银行的持有风险资产行为，从而影响其经营稳定性，研究发现，银行的风险资产流动性会改变其经营行为，甚至会使得银行选择增加风险，降低稳定性，但危机期间的影响效果可能是相反的。张金清（2011）认为根据商业银行的稳定内涵，商业银行经营稳定与破产概率之间的关系十分清晰：破产概率越小，商业银行经营稳定性越低，商业银行的破产临界点是净资产小于零。谭政勋和黄东升（2012）通过实证研究发现信息披露在一定程度上有利于商业银行的稳定，中国商业银行随着信息披露制度的不断完善与信息披露内容的扩充，更加注重审慎经营，稳定性不断提升。政府对商业银行的过度保护不利于投资者对信息披露的敏感度，影响银行的决策，不利于银行体系的稳定。王家华和王瑞（2015）通过构建商业银行稳健性指数，测度了国内 16 家大型商业银行的稳健性水平，把它们分为三类银行并实证分析了影子银行业务对银行经营稳定的不同影响，研究发现影子银行规模对国有银行和股份制银行的影响趋势呈 U 形分布，与城商行之间不存在显著的影响。赵耀腾（2019）通过替换变量法研究发现商业银行的资产证券化业务不利于银行的经营稳定，而内部控制水平有利于提高商业银行的经营稳定性，同时他还发现，银行的内部控制水平越高，资产证券化给银行经营稳定带来的不良影响就越小。

三 数字金融对商业银行经营稳定影响的相关研究

Lapavitsas C. 和 Dos L.（2008）提出商业银行利用大数据和 IT 技术丰富了数据维度，通过扩大数据源缓解信息不对称程度，将数据细化并通过运算扩展其用途，从而降低商业银行破产风险。Jane-Raung Lin 和 Huimin Chung（2012）研究发现，商业银行的传统业务中存贷款业务占据着绝对地位，商业银行可以通过提高业务分散化程度来增强银行的抗风险能力，这样银行的盈利能力受到利率波动和信用波动的影响就会减小。研究结果表明，商业银行想要更好地应对金融风险，可以将自身的银行业务加以分散，确保收入渠道的多样化，从而提高银行经营稳定性。宋首文和代芊等（2015）认为在新形势下，商业银行的风险管理对银行的经营稳定起着举足轻重的作用，银行必须思考如何与互联网金融融合发展，指出了传统商业银行在向互联网银行转型发展的路上如何能够有效突破自我，打造先进的风险管理战略思维。刘忠璐（2016）发现互联网金融的发展改变了商业银行风险管理模式，提高了经营效率，补偿了其给银行盈利带来的冲击，降低了商业银行的破产风险。Drasch 和 Schweizer（2018）认为金融与科技在不断融合，数字化使得银行服务在向着新技术驱动化的方向转变，银行业发生着巨大变化：从与其他互联网金融平台的完全竞争关系转换为合作发展关系，彼此建立合作联盟，银行和金融科技可以开展全面的合作研究，提高商业银行在数字金融服务领域的市场占有率。Jagtiani 和 Lemieux（2018）认为传统商业金融机构对部分用户的"排斥"使得他们转向互联网金融产品，这使得数字金融与商业银行形成了互补关系，因此短期内互联网金融产品大多只向金融服务匮乏的领域渗透，对大型商业银行的冲击较小。邱晗、黄益平等（2018）发现金融科技的发展一定程度上促进了金融市场的利率市场化，余额宝等金融平台吸收了较多的闲散资金，商业银行被迫通过同业拆借的途径获取更多资金，改变了银行的负债端结构，这会导致银行获取资金的成本上升，从而使得银行倾向于获得更高风险的资本，但额外成本却未转移，银行的净息差也会下降。李海峰（2019）认为互联网的发展和数字化趋势对推动金融发展十分重要，是国家提出的普惠金融发展中必不可少的一环，商业银行应该持续推动数字金融服务，积极转型升级，有效解决低收入群体的金融服务需求。吴朝平（2019）提出商业银行未来的零售业务要重视数字化营销，以客户为中心，推进零售业务的全面数字化转型，推进数字科技的广泛应用。

申创和赵胜民（2020）通过 GMM 实证分析发现，利率市场化和非利息收入会降低商业银行的净息差，但他们的影响途径不同，且对不同类型的商业银行的影响效果也不同，对地方性银行冲击最大，对国有行最小。梁涵书和张艺（2021）研究发现，数字金融虽然在一定程度上对商业银行经营稳定产生了不良影响，但随着监管的不断介入，这种负向影响会逐渐被数字金融带来的正向影响所覆盖。数字金融产品的多样性可以给商业银行的业务开展带来一定启示，推动银行间征信系统的完善，减少信息不对称，降低信息成本，同时数字金融本身带来的冲击反而能够倒逼商业银行提高业务能力和经营能力，转型升级，促进稳定发展。付争和王皓（2021）研究发现数字金融在一定程度上可以降低银行的金融服务成本和交易成本，但银行也要考虑由此带来的其他风险溢出，数字金融能够在金融包容发展过程中，有利于保证银行的资产质量维持在一定水平。余静文和吴滨阳（2021）使用 84 家商业银行的数据，用 Z 值和拨备覆盖率衡量银行风险，发现数字金融的发展有利于降低商业银行的系统性金融风险，对国有银行和股份制银行的影响小于股份制银行机构，数字金融可以强化风险识别和控制，解决客户征信不足的问题，促进银行决策科学化。刘孟飞（2021）分析了银行系统性风险的来源机制，通过金融科技对商业银行经营稳定与系统性风险的多维度的理论与实证分析发现，快速的科技水平发展使得风险监管水平和风险处理能力无法匹配，整体上提高了银行业的系统性风险，不利于商业银行的经营稳定。

任碧云和郑宗杰（2021）构建了金融科技发展指数，从银行信贷的角度通过实证分析研究了金融科技与商业银行融合发展之间的关系。研究结果表明，金融科技有利于商业银行降低经营风险，不同的银行应用科技的调整角度有所区别，对不同商业银行的效果存在差异。

四　现有研究评述

综上所述，随着数字金融的快速发展，其与商业银行的联系日益紧密。国内外许多学者对数字金融诸多方面的关联影响和发展等提出了自己的见解，比如对农村金融发展、社会消费、城乡收入差距、银行经营效率等等，主要存在两种观点：一种观点认为数字金融的发展会提高银行的风险承担，降低银行的经营稳定性；另一种观点则认为数字金融有利于商业银行的经营稳定。但整体来说，直接对数字金融发展和商业银行经营稳定性之间影响关系的研究尤其是实证研究较少，实证研究主要是在金融市场的大环境下进行某一金融产品的研究，由于全国范围内数字金融发展存在不同程度的差距，因而这一研究具有一定的局限性，而且几乎没有对其传导机制的相关研究。因此，为弥补现有研究的不足，我们选用了39家上市银行以及中国银行业协会公布的8家大型商业银行近十年的数据，选择采取非利息收入占比来反映银行的业务分散化程度，以此作为数字金融发展对商业银行经营稳定性影响的中介变量，采用理论分析与实证分析相结合的方法，进一步研究数字金融与商业银行经营稳定性的关系。

第三节　数字金融与商业银行经营稳定性关系的理论基础

一　数字金融的特质

2015年国家公布的《中国数字金融发展报告》中提出，数字金融是互联网和金融有机结合的产物，具有服务模式多样化、成本低廉、发展迅速、信息不对称度低、参与者众多等特点，数字金融的发展离不开信息技术与传统金融行业的深度结合。数字金融的定义中明确指出，持牌金融机构运用数字技术，通过数据协作、融合打造智能化的金融生态系统。在这一系统中，传统金融行业能够利用信息技术为客户提供个性化的金融服务。各种数字货币、互联网贷款、数字支付等金融业态应运而生。田地等（2022）提出，在广义上，数字金融被定义为数字技术引起的金融服务创新，能够给金融业带来新的商业模式变革、新的技术应用与产品服务，从而提升金融业的资源配置效率。也有学者定义了数字金融能力：在数字时代背景下，个人或家庭使用数字金融产品和服务以满足自身经济利益的能力。但使用最为广泛的是黄益平教授的数字金融定义：泛指传统金融机构与互联网公司利用数字技术实现融资、支付、投资和其他新型金融业务模式。

数字金融的领域相对较广泛，它融合了数字技术、互联网技术和移动支付等一系列新兴技术，但它又不是简单的"互联网+金融"，它具有如下的特质。

其一，革新性。数字金融的革新性体现在自我革新和效应革新两方面。一是数字金融所依托的新一代通信技术，人工智能、大数据和区块链等技术，本身的更新迭代速度就很快，同时也要不断根据金融环境与货币政策做出新的调整；二是数字金融对整个金融行业产生显著的革新性，其独特的产生方式与运行方式对经济发展产生颠覆性的影响，这种革新性甚至在我们自己日常的金融服务过程中就体现得淋漓尽致，比如商业银行业务的办理，就在方式、地点、效率等方方面面发生着改变。

其二，双面性。双面性是指数字金融产生的影响既有积极的也有消极的。一方面，数字金融能够产生很多积极效应，比如通过先进的数字技术可以给商业银行等传统金融机构提供更加丰富的市场信息，降低信息不对称风险，提高金融服务效率，增强信贷能力，推进金融市场的利率市场化进程，培养金融从业者的全新战略思维。另一方面，数字金融也会产生不利于金融经济领域的影响，甚至有一些是其自身优势带来的，比如由于其高效性，当面临金融冲击时，其传播快、范围广的特点反而可能加剧风险传递，甚至产生系统性金融风险。除此之外，数字金融一定程度上降低金融服务的门槛，使得资金去向更加多元，细化到具体领域，就可能会对商业银行的收益产生不良影响，因此双面性是数字金融的一个显著特征。

其三，包容性。数字金融在全世界尤其是发展中国家进展迅速，其自身携带的金融包容属性对我国发展意义重大。包容性不同于普惠性，后者强调服务宽度，前者还强调服务深度，并且包容性的适用空间更广阔，它可应用于全球金融市场的概念中。与金融包容对应的是金融排斥，金融排斥现象在发达国家非常普遍，这不利于整个金融系统的稳定性。金融包容有利于将发展中国家的金融力量注入全球金融市场中，扩大金融开放度，同时数字金融提供的金融包容性有利于提升商业银行的资产质量，有利于商业银行的经营稳定。

其四，普惠性。普惠金融是指立足平等原则和可持续原则，以可负担为社会各阶层中有金融服务需求的群体提供金融服务，数字金融的普惠功能是其最重要最核心的属性之一，它有两方面的表现，一是对中小微企业的支持，二是对老百姓甚至农民群众的支持。中小微企业难一直是社会讨论的主题之一，中小微企业是民营企业的主体，而民营企业每年给国家贡献的税收和 GDP 体量又相当庞大，是我国的税收收入的主要来源之一，又是就业和创新高地，中央多次强调要毫不动摇地支持民营企业的发展。中小微企业之所以融资难融资贵，主要原因是银行获客难、风控难，不知道哪些企业急需资金，知道了急需资金的企业后又可能无法准确对其进行信贷评估。传统商业银行一般是通过核查借款方的财务数据、抵押物或关系型客户来给其融资，但这样往往效率低、成本高，数字金融可凭借其技术优势来获取足够的信息，降低交易成本和搜寻成本，从而很好地缓解这种难题。可以说，数字金融是普惠金融的强力支撑。

其五，异质性。数字金融的异质性是指它对不同对象、不同地区、不同行业所表现的属性或效果有所差异，其自身不同维度的属性对研究对象所造成的影响也有所区别。比如，数字金融对经济发达的东部地区和相对落后的西部地区的经济促进效应不同，对不同属性的商业银行的经营稳定性影响不同,从数字金融自身出发的覆盖广度、深度、业务类型等不同属性对城乡收入差距的影响也不尽相同。

二 数字金融的发展优势

首先,数字技术服务与金融业领域天然适配。从传统金融机构角度看,互联网发展改变了零售银行客户的行为和预期。由于传统金融机构难以全面覆盖各类消费场景,很多潜在客户逐渐转移到线上消费场景。虽然当前各大银行纷纷采取行动,部署线上业务,成立金融科技子公司,但由于缺乏线上场景介入及相关数据积累,如果没有整体的数字科技发展战略,则容易形成"大数据孤岛"。但不可否认的是,传统金融行业由于长期的线下积累,大量的数据可以在信息技术中实现价值最大化。传统金融机构能够利用信息资源优势,从而在新的信贷、支付及投行等业务中挖掘更大的盈利空间,这也体现了传统金融行业与互联网信息技术的深入融合。

其次,数字金融赋能实体经济。金融的首要任务是支持实体经济的发展,我国进入经济新常态发展阶段,实体经济发展尤其是个别领域遇到瓶颈,企业经济效益下降,甚至一些企业因此逐渐脱离了自己的主要业务领域,转而进入金融投资领域,这与近年来国家一直提倡的推动实体经济向前向好发展的理念相悖,将对社会发展十分不利,同时实体经济与虚拟经济的紧密联系可能会导致我国系统性金融风险的陡增。

数字金融的发展能够提升金融服务效率,对于在实体经济中传统金融无法实现的业务范畴,比如融资,数字金融能够更好地解决。究其企业偏向金融投资的原因,大多是实体经济的收益低于金融领域,或者想通过金融储备来应对可能发生的经营危机,而数字金融恰恰有助于缓解这两大难题。数字金融能够通过先进的数字技术与互联网技术解决企业与银行之间的信息不对称问题,数字金融的"技术溢出"拓宽了商业银行等传统金融机构的信息获取渠道,增加了信息获取方式,从而对企业的整体经营状况有更全面的了解,这样就能够更准确地对企业进行投融资业务,保证企业稳定经营的资金供给;同时由于对企业的全面信贷评估,能够降低信贷成本,激励促进企业进行固定资产投资和研发投入,进行更高程度的生产扩能。陈春华等(2021)研究发现,数字金融对抑制企业金融化的效果十分显著,这就表现在弱化了企业的预防性动机。

最后,数字经济巨大潜能助力重构经济格局。习近平总书记提出,要推动形成以国内大循环为主体,国内国际双循环的新发展格局。我国的经济发展要构建新格局,就要越来越重视国内需求。当前数字技术的急速发展,再加上世界范围内的疫情对经济运行造成了重大影响,我们在进入第四次工业革命的路上,应当重视配套产业的创新升级,特别是金融产业。诺贝尔经济学奖获得者希克斯研究发现英国的工业革命中有一个现象,在工业革命发生的前几十年里,虽然社会生产力极大进步,蒸汽机的技术已经十分先进,但并没有与市场联动形成完整的产业经济,且必须要配套能与之匹配的先进金融体系,才能将社会中先进科学技术应用于如铁路、纺织这样的产业。也就是说社会要进步,仅有先进的科技还不够,同时要将金融系统供给的充足的低成本资金用于投资,才能建设新的产业,推动社会向前发展。而这一切正适用于当下中国的经济发展格局,在过去的几十年里,中国更多依靠政府干预下的银行系统指导资本方向,现在经济正在从之前的要素投入型转向创新驱动型增长,银行作为中国金融系统中的最大支柱,与数字技术的融合能够催生出更加"智慧"的金融、更加先进的金融,进而依托技术优势来打造与社会发展匹配的经济格局。

三 商业银行经营稳定性及其影响因素

从现代银行诞生以来,银行经营稳定的相关问题也随之而来,全世界范围内对银行的经营稳定的讨论也日趋热烈。商业银行经营稳定性的内涵包括有效地度量银行的经营稳定,即面对各种冲击时的化解能力和弹性。张金清(2011)认为,商业银行的持续经营状态就是商业银行的稳定。Lindgern(1996)认为,较低的流动性、资本充足率和收益能力则说明银行经营是不稳定的。耿同劲(2008)指出,商业银行的内部固有缺陷表现出的外部市场高度敏感意味着银行的抗风险能力较低,由此展现出来的便是商业银行经营不稳定。商业银行的经营稳定性并不完全等同于风险承担，稳定性侧重的更多是一种状态或一种能力，它是银行自身的一种属性。参考王晰（2020）和以往其他众多学者的研究，我们认为需要从银行发展能力、银行防御能力、银行平稳能力三个大方面来界定商业银行的经营稳定性。它是商业银行在日常经营过程中，能够保持足够的流动性与较高的偿债能力，即防范内部风险的扩大，有效应对外来的冲击并能持续拥有这种能力，使得自身能够长期稳健经营的一种性质。

影响商业银行经营稳定的因素有很多，可以从宏观影响和微观影响两个层面来考察。就宏观层面而言，金融业与宏观经济调控密切相关，作为金融系统的压舱石，商业银行更是如此。近年来，经济转向高质量发展是重要的经济原则，国家层面的政策变动一直较大，比如房地产与商业银行的业务，之前是鼓励支持房地产的发展，商业银行也是将大量资金投入房地产领域并获得较高的收益，但这也会导致风险的大量累积，2008 年引爆全球金融市场的美国次贷危机就是典例。另外，当经济大环境不好的时候，经济速度放缓，企业盈利能力下降，扩展的需求降低，实体信贷的质量和额度都会不足，这会直接影响到银行的收益来源，上述因素都会直接影响商业银行的经营稳定。就微观层面而言，其影响因素主要是银行经营内部方面，包括信用风险、信息披露、资产流动性等，其中最主要的是流动性风险和信贷风险。流动性是商业银行审慎经营的基础与核心，对于维持商业银行的长期稳定持续发展极其重要；信用风险基本都反映在银行的信贷资产质量或者说信贷资产的稳定；商业银行的信息披露能够在一定程度上反映银行的经营状态，也会为投资者提供信息了解的渠道，从而能够及时地感应风险，在相对稳健的模式运转之中，这一外部监管模式能够让银行管理者做出积极的调整，促进银行的长期可持续发展。

第四节 数字金融对商业银行经营稳定性的影响机制

我们可以从正向和反向两个维度研究数字金融对商业银行经营稳定性的影响机制。正向维度，我们讨论数字金融如何通过优化商业银行经营管理模式、提高商业银行风险管理水平、改善收入来源结构等方式来提高商业银行经营稳定性；反向维度，我们考察数字金融是否会挤占商业银行市场份额，是否会通过数字网络技术对商业银行的实施风险传染等使得商业银行经营稳定性下降。基于上述分析，我们将进一步确定数字金融与商业银行经营稳定性的关系。

一 数字金融与商业银行经营稳定性的正向影响机制

（一）数字金融与商业银行经营管理模式的优化

以人工智能、大数据、云计算和区块链技术等为代表的金融科技，正在推动银行业务尤其是信贷业务向数字化和智能化方向转型，智能营销、智能风控、智能客户服务是数字金融时代信贷领域的重点改革方向和主要的应用领域，同时也是商业银行增强自身竞争力的核心之一。一方面，数字金融通过示范效应，将先进的技术和管理理念融入到商业银行经营中，改变经营模式，推陈出新，提升整体效率。同时数字金融的迅速崛起，给予长期垄断行业垄断的商业银行强烈震撼，倒逼银行升级优化其技术与服务，从而更好地进行自我强化。另一方面，数字金融带来的其他金融科技平台促进传统商业银行之间的员工流动，在一定程度上也促进商业银行内部控制的优化。吴猛（2017）提出，减少银行经营管理中的风险，提高管理效率，对商业银行稳定至关重要。

数字金融推动商业银行智能营销走向精确化，通过数据收集与处理、标签生成与补充、客户洞察、精准营销和营销数据反馈，基于海量存量数据、实时数据的处理，信贷提供方对客户进行感知预测，对存量客户进行交叉销售，将金融产品或服务嵌入场景中，大大提升营销效率。通过智能获客，银行具备了信息资源的优势，银行可以根据用户是否具有信贷需求对其进行分类，根据这些业务标签，能够增强用户与业务的适配性，从而增加银行的盈利收入。大数据等信息技术的广泛运用、银行用户的逐渐标签化等也有利于为用户提供更具适配性的服务。将人工智能、大数据等引入银行风控体系，也能够为银行的用户评级提供一定的参考，用户的信用风险系数变得更为直观。就数字化营销而言，银行与大数据结合，能够更为迅速地捕捉用户需求，从而为用户提供定制化的线上及线下服务。精准营销在数字金融的时代成为可能，云计算等信息技术的使用，使得信息资源的优势得到了充分体现，超强运算及海量存储之下，信息资源配置能够趋于最优化。传统营销模式的弊端得以解决，机器学习之下的智能营销成为数字金融行业发展的新势头。

数字金融推动商业银行智能服务。商业银行日常经营中，随着业务量增大、用户数的持续增加以及效率要求的提升，业务的发展给传统金融机构带来重大挑战。信贷市场参与者多，信贷产品纷繁复杂，而如何更好地将产品推荐给最优客户成为银行业新的议题。由于金融产品的特殊性，产品的用户黏度较低，用户关注的因素主要是收益率与用户体验。面对竞争激烈的信贷产品市场，只有抓住用户的心理，优化用户的体验，才有可能提高产品的复借率，这也成为当下各大商业银行业务的着力方向。因此，信息技术的运用能够为商业银行提供优势，在产品的申请到催收的全过程中提升消费体验，维系银行与客户的黏性，这对商业银行的发展起着举足轻重的作用。

（二）数字金融与商业银行风险管理水平的提高

数字金融带来技术层面的革新，比如大数据与云计算技术，使得商业银行的信用风险识别更加有效和准确，有助于减轻银行与借款者的信息不对称问题。首先，数字金融具有数据上的天然优势，多种风险数据的获取能够为银行的决策提供更多参考。数据优势不仅体现在来源广泛，数据的延展维度、数据粒度都得到了优化，从而更加精准地定位用户诉求。其次，传统的风险管理模式得以更新，在互联网信息技术、大数据与云计算的加持下，原有金融管理的要素能够被更为精准地测量，在这一模式之下，内外部评级体系也变得更为直观。再次，银行IT框架也得以优化。在银行的风险管控之中,数据能够被分门别类、更加迅速地传播与运算,风险管理的效率能够得到大幅度提高。最后,数字金融也优化了传统模式下的信息壁垒,实现了风险管理各流程之间的信息互通,银行风险管理的成本得以降低。由此观之,数字金融具备明显的优势,最终保障商业银行的长期平稳运行,也大幅度降低了企业破产的风险。

在传统风控模型下,商业银行等金融机构主要运用人工信审,借助中国人民银行征信中心的个人或企业征信报告、信用评分卡和信审人员的经验来判定客户的信用情况,作为是否放款的重要依据。随着社会的飞速发展,特别是在普惠金融的大背景下,个人和企业有着不同的资金需求,对资金到位的时效性也有了新的要求。在风控领域,智能风控在商业银行的发展中被多次提及,成为提高风控能力的新宠,商业银行在接入用户后,智能风控系统开始生效,对用户的信息加以甄别,能够更好更快地完成贷款审批流程。大数据、人工智能等数字技术在用户贷款监测中发挥功效,这也大大保障了信贷操作中风险系数的降低。在贷后环节,语音、语义识别等技术能够有效辅助催收。在信贷、支付和供应链等领域,先进技术带来的智能风控切切实实为包括商业银行在内的大量传统金融机构提供了保障。对比见表2.1。

表 2.1　　　　　　　　　智能风控与传统风控对比

	传统风控	智能风控
风控模型	以人工审核为主,依靠专家经验	以模型、策略体系自动分析决策为主,人工审核为辅
资料来源	公司内部资料、央行征信资料、客户提交资料	除传统风控资料来源外的第三方数据、线上线下多维度数据
数据维度	数据特征量少,以基本信息强变量为主	特征数量大于1000,以基本信息、行为特征信息为主的弱变量信息
数据关联性	数据关联度低	数据关联度高,可交叉验证
模型设定	以线性模型为主,因果关系强	以深度学习、集成学习模型为主,可应用相关关系

(三)数字金融与商业银行收入来源结构的改善

根据相关研究,2015年开始,中国商业银行的盈利增长能力后劲不足，都迫切找寻新的盈利增长点。一直以来，大多数商业银行都以传统的业务模式作为主要利润来源，即主要通过存贷款利差收入获取盈利，这种盈利模式较为单一和稳定，与西方发达国家的商业银行的收入结构差异较大。自1980年开始，金融科技创新以及金融环境变化使得西方发达国家的银行业进行重大改革，非利息收入的重要性日益凸显，以寻求新的利润增长点。但最近几年宏观形势波动大，市场金融环境竞争日趋激烈，特别是随着数字金融的飞速发展和利率市场化的推进，相对单一的盈利模式所附带的诸多不利影响正在显现；对比之下，部分商业银行的收入结构中非传统业务的占比较高，例如零售产品、支付结算业务过程中收取的服务费和佣金等，这构成了商业银行非利息业务收入的主要组成部分。总体上，近年来各商业银行都在通过优化传统收入结构、拓宽新型收入渠道进而提高银行的非利息收入来实现盈利目标与收益率的稳定增长。数字化时代，新兴的数字经济业态不断挑战着传统金融行业的竞争格局，商业银行不得不加强产品创新力度，扩大利润来源，仅仅依靠单一的利息收入对商业银行的持续发展和经营稳定会产生不利。王诗卉（2021）研究发现，数字金融的发展能够对商业银行的业务产品创新和拓展收入渠道产生正向影响，提升商业银行的竞争力。多元化的收入结构成为当下商业银行发展的方向之一。本研究将着眼于商业银行的非利息业务，从而考量商业银行的经营状态。

非利息收入可以提高商业银行的风险抵御能力。商业银行发展非利息业务能够拓宽其业务经营范围，优化其业务结构，转变盈利模式，提高其经济效益，从而提升银行的整体实力，增强其抗风险能力。一方面，非利息业务能够优化商业银行的业务结构，实现利息业务与非利息业务的协调发展，实现多元化经营，既能提升银行资产流动性，也能丰富客户资源扩大银行的影响范围，增强银行的综合实力。另一方面，依据协同效应理论，非利息收入业务的逐渐开展，可以扩大商业银行的业务规模，降低其平均成本，实现规模经济效应。商业银行可以在原有传统业务的基础上，优化原有的业务，使得资源配置得到最优化。降低在硬件设施、人力资源、客户数据等方面的成本，同时借助数字金融的红利，开展多样化的业务模式，从而更好地对抗来自内外部的潜在风险。市场经济下，金融行业的波动具有连锁效应，商业银行要强化自身风险抵御的能力。

非利息收入可以广泛地纳入商业银行的业务结构中。非利息业务的引入能够优化银行原有的资产结构，更多元的收入来源，也能够在一定程度上帮助银行抵御风险。一方面，多样的资产组合使得经营的风险分散化。非利息收入不同于其他传统的业务，相关手续费与佣金的获取风险较低，因而能够在整体上降低资产的经营风险。另一方面，银行不同金融产品的组合能够优化整体结构，实现业务之间的互补，风险的分散化处理是当下商业银行常见的风险控制手段。此外，非利息业务的优势还体现在业务模式的创新性，为原有的传统业务提供新的可能，业务产品的优化、用户服务的提升，都成为银行提高风险抵御能力的应有之道。

二 数字金融与商业银行经营稳定性的负向影响机制

（一）数字金融与商业银行市场份额的挤占

在数字金融规模快速发展壮大的过程中，互联网理财产品的出现，在一定程度上改变了商业银行的理财业务。互联网理财产品与传统理财产品会进行用户的争夺，占据了原有传统理财产品的市场份额。基于互联网信息技术，用户足不出户就可以实现线上业务的办理，商业银行也节省了设立线下业务点的成本。通过移动终端，用户可以在手机等媒介上完成投资理财，完成从产品购买到赎回的全部操作。基于互联网信息分析的优势，产品与用户在精准营销之下，具有更高的适配性，也能够较好地满足用户的定制化需求。互联网理财产品的优质服务体现在能够提供定制化服务，一对一的线上服务更加契合用户的诉求。《2018年中国投资者幸福感调查报告》显示，投资者幸福指数的提升在一定程度上得益于互联网金融产品的使用，消费互联网金融产品的用户，成为金融领域中幸福比例最高的消费人群。由此观之，互联网金融产品成为越来越多金融产品消费者的新选择，也在一定程度上改变了金融市场的格局。同时，商业银行的媒介作用变得不再显著。传统商业银行以"存贷利差"

的方式进行营利,对于一些大型国有银行而言,其具有相对繁杂的层级结构,因此客户的业务办理往往涉及多个流程,这也一定程度影响了客户的服务体验。而对于那些相对偏远的地区,银行的网点分布不合理,因而让银行的媒介作用大打折扣。相较于传统的商业银行业务模式,互联网金融产品的出现,无疑弥补了传统业务的不足,互联网金融平台的出现,让互联网的媒介作用不再凸显,客户通过线上平台就可以进行业务的办理,无论是个人投资还是企业融资,在相对便捷的处理流程下,业务办理的速度提升,客户的满意度也有所提高。社会大众的流动资金越来越倾向于脱离银行,去寻求别的路径来保证资金的相对不贬值,这对银行的资金来源造成了较大影响,也直接影响到了银行资产的生息能力。

在这一背景下,互联网理财产品出现了规模替代效应,主要得益于互联网平台操作的快捷与价格的市场化。银行间市场涌入大量资金,银行就需要设法从其中获取新的资金,同业负债等批发型融资比例上升,而银行间市场利率由市场决定,高于存款利率,并且战明华(2020)等发现数字金融对利率渠道具有放大效应,长此以往,资金会不断流入银行间市场,并以市场化的利率价格重新进入银行体系,银行吸收资金的成本也进一步增大,生息资产收益率下降,净息差降低。净息差能够作为衡量银行盈利能力的直接指标,且净息差越高,银行的盈利能力越强,净息差的下降直接导致了银行经营风险的提高。另外,互联网金融平台的发展导致银行的净息差出现下降,这也反映了银行负债端上升的成本并未向下游转移。从风险来看,银行会为了更大的利益空间而选择增加经营风险。在数字金融发展日新月异的今天,为了弥补更大的负债,高风险高回报的资产类型更受商业银行青睐。商业银行净息差水平在一定程度上能够反映商业银行贷款定价能力,已有的经验证据显示,净息差的下降会影响商业银行的垄断能力,尤其是贷款定价能力,从而影响银行经营稳定性。

(二)数字网络技术与商业银行的风险传染

数字金融发展到一定阶段,就会产生一定的优势与不足,经营效率提升的同时,银行的风险管理也会面临更多的挑战(吴晓求,2015)。在操作上，互联网交易平台的引入会带来风险的隐患，原有交易系统的稳定性被改变，系统安全性降低。互联网信息技术的快速与及时性也会增加操作的风险，一旦出现操作失误，将会出现更严重的偏差。在技术风险上，商业银行的互联网交易平台在建构上处于初级阶段，因而容易遭受互联网病毒、黑客等的侵袭，一旦客户的信息被盗用，可能会引起大规模的客户情绪恐慌；在法律风险层面上，互联网融资相对不成熟，一些非法集资会混淆其与互联网融资的概念，从而混淆消费者视听，消费者一旦在非法平台泄露个人信息，资金的安全将得不到保障，对正常的互联网金融秩序也将产生不良影响；在信用风险层面，银行为有借贷需求的客户找寻到互联网金融产品，平台仅根据线上的用户评测，难以接触到真实、全面的用户信息；在流动性风险层面，互联网金融大多遵循 T+0 的交易模式，一旦出现挤兑，一旦互联网平台的资金被大规模转移，那么商业银行将出现连锁反应（杨才然和王宁，2015）。商业银行与互联网技术的结合体现了行业的创新性，但不可避免地会受到新的风险的冲击，商业银行的经营管理也面临更多的挑战。因而如何处理好新形势下的新风险，值得我们深思。

三 数字金融与商业银行经营稳定性关系的延伸分析

为了更加全面地分析数字金融对商业银行经营稳定的影响机制，以上角度的影响机制还可以从其他方面来剖析，比如非利息收入对商业银行的稳定也有不利的一面，非利息收入可能会加大信息不对称程度，银行流动性风险也会提高。数字金融的创新性使得非利息业务具有异质性，非利息业务的不断更新使得相关的信息披露和监管政策不能及时到位，从而给投资者带来信息不对称的劣势，一旦发生项目兑付问题，会引起投资者恐慌，进而引发流动性风险。对商业银行而言，保持稳定的前提更多是要保证银行的利润源，丰富健全的收入结构和体系，保证可观的利润来缓解可能随时发生的经济动荡，甚至是附带的流动性问题，因此商业银行非利息收入对其经营稳定而言还是相当重要，整体上有利于商业银行的经营稳定。

另外，数字金融导致的商业银行市场份额被挤占的情况也一直在弱化，根据相关调查，商业银行与数字科技企业和其他互联网金融企业之间已从最开始的几乎完全竞争的关系转变为竞争与合作并行，2015年以来，越来越多的金融机构尝试与数字科技企业开展业务合作，他们之间的合作推动了金融机构快速弥补其技术短板，推动其发展模式的战略转型，同时有助于科技企业借力金融机构的行业经验和资金，更好地发挥其技术优势，助力金融机构创新业务模式。沈悦和郭品（2015）提出，商业银行为互联网企业提供线下资源及清算结算支持，互联网企业为商业银行提供线上数据及客户流，实现资源共享与业务互补，进而改善商业银行效率。

从数字科技企业角度看，不同于传统科技服务企业仅对金融传统业务进行升级的服务模式，数字科技企业可以实现线上线下海量数据的整合分析，利用互联网的信息资源优势，能够打破传统的商业银行盈利模式，并通过开展更为精准的用户营销，做到"以用户为中心"，对客户做更精准的筛选及服务匹配，帮助金融机构实现金融服务效率和效益的双重提升。同时，数字科技企业资金规模有限，无法与金融机构的雄厚资本抗衡，通过银行资本及资金的优势，可扩大业务覆盖的规模。对数字科技企业而言，通过与银行等金融机构开展合作，调动商业银行的运营和市场资源，有助于数字科技企业创造流量和转移流量成本，用数字技术服务金融机构，实现真正意义上的"各美其美，美美与共"。总之，数字金融之于商业银行的经营稳定可能受到多方面的影响，以上分析是在几个主要方面进行阐述，需要通过进一步的实证来确定其综合影响。

第五节　数字金融与商业银行经营稳定性关系的实证分析

一　实证模型设计

（一）样本选取与数据来源

根据研究内容和需要，研究的样本银行选择了47家商业银行，并选取其 2013—2020 年的面板数据作为样本数据，数据均为年度数据，样本总数为 47 组，共计 376 个观测值，构建非平衡面板模型，来实证分析数字金融对商业银行经营稳定性的影响。这 47 家银行包括 6 大国有银行（工商银行、建设银行、中国银行等）、9 家全国性股份制商业银行（平安银行、中信银行、招商银行等）、22 家城市商业银行（宁波银行、郑州银行、徽商银行、哈尔滨银行等）以及 10 家农村商业银行（青农商行、江阴银行、渝农商行等）。研究数据来源于 wind 数据库、同花顺 iFind 数据库、国泰安数据库以及部分银行的年度报告，还存在极少量的遗漏数据无法获得。

选择这 47 家银行是基于以下四点原因：一是这些银行均在中国银行业 100 强榜单内，品牌价值高，资产总额体量大，能够较好地代表银行业水平；二是样本具有普遍性，其中不仅包括了工农建中交邮六大国有商业银行，也包括了大型股份制银行以及大小型的城商行和农商行；三是分布地域广泛全面，基本覆盖了国内各个省份，契合各地的经济发展状况；四是这些银行的财务数据披露较为完善，数据可获得性强。

（二）相关变量解释

变量名称及解释如表 2.2 所示。

表 2.2　　变量名称及解释

变量类型	变量标识	变量名称	变量解释
被解释变量	lnZ	Z 指数	［（平均总资产收益率+权益资产比）/总资产收益率标准差］取对数
解释变量	$lnDFI$	北大数字金融指数	北大数字金融指数（2011—2020）取对数
控制变量	$lnSIZE$	银行规模	总资产取对数
	ROE	净资产收益率	净利润/平均股东收益
	LDR	存贷款比例	贷款总额/存款总额
	CIR	成本收入比	营业费用/营业收入
	RDA	吸收存款增长率	吸收存款增加额/上年吸收存款额
	$IBAR$	生息资产收益率	年化利息收入/生息资产平均余额

首先,被解释变量。近年来,在讨论关于商业银行经营稳定性的文章或案例分析中,被使用最多来代表商业银行经营稳定性的指标就是 Z 指数。Z 指数自 1952 年由 Roy 提出后,被众多文献作为全面度量商业银行经营稳定性的指标(Goyeau 和 Tarazi,1992;Boyd、Nicolo 和 Jalal,2006;Laeven 和 Levine,2009;Uhde 和 Heimeshoff,2010;Michalak 和 Uhde,2012;Salah 和 Fedhila,2012)。相比于银行资本充足率和风险加权资产等指标,从整体来看,用 Z 指数来测度银行经营稳定性有明显的优势。它构建于数据与统计基础之上,避免了构建指标过程中会经常出现设置不恰当以及可信度低的问题;它能够综合评估风险积累对银行经营稳定性的影响,因此为了尽可能全面准确地描述数字金融发展对商业银行经营稳定性的影响,参考国内学者高蓓(2016)和国外学者 Salah 和 Fedhila(2012)、Michalak 和 Uhde(2012)等的研究,我们使用 Z 指数作为衡量商业银行经营稳定性的指标。

Z 指数测量的是银行的破产风险的倒数,银行的稳定与破产风险联系紧密,Z 指数越高,银行破产风险越低,银行的经营稳定性就越高,反之同样成立。它是总资产收益率、权益资产比和方差的比值,能够把盈利指标、杠杆及盈利的波动性联系起来,权益资产比代表了银行的杠杆率,它描述了银行资本结构;资产收益率与企业资产利用效果成正比。总资产收益率和权益资产比可以更加全面地衡量银行的经营风险。Z 指数的计算公式如下:

$$Z = \frac{\mu_{ROA} + k}{\sigma_{ROA}}$$

参考其他相关的文献研究(张健华,2012;赵耀腾,2019),本研究同样采用三年滚动窗口方法计算 Z 指数,我们采用 2011—2020 年的年度数据,通过计算 2011—2013 年、2012—2014 年……2018—2020 年,共 8 个年份跨度的数据。再根据 Z 值的计算公式,在每个年份跨度内,分别根据 ROA、CAR 的平均值以及 $\sigma(ROA)$ 计算 Z 值。为消除异常值问题,在数据的处理过程中对每个 Z 值取自然对数。

其次,解释变量。解释变量衡量的是数字金融发展水平,参考其他文献，我们采用最新的数字普惠金融指数，其中编制了全国 31 个省①（直辖市、自治区，简称"省"）、337 个地级以上城市（地区、自治州、盟等，简称"城市"），以及约 2800 个县（县级市、旗、市辖区等，简称"县域"）的指数。该指数刻画了中国不同地区数字普惠金融的发展趋势：中国数字普惠金融总体上表现出了很强的地区收敛特征，同时也展现了很强的空间集聚性和空间异质性。我们采用省级和城市级指数，时间跨度为 2013—2020 年，使用每家银行注册地所在省份对应的数字金融指数，该指数同样进行取对处理。

再次，控制变量。一是银行规模（$SIZE$）。银行规模用银行资产总额取自然对数来体现。银行规模是银行整体实力的综合体现，也在一定程度上代表了银行的抗风险水平。银行较大的资产规模具有一定的说服力，对于债权人能产生正向的积极作用。银行资产规模稳定增长也能够增强债权人对银行的信心，这也意味着银行在面对风险时具有更好的管控能力。大规模资产的银行往往拥有相对完备的业务体系，但值得注意的是，银行规模不是与风险管理能力成正比。因而对于大规模的商业银行而言，更要提升对风险的警惕，在日常的业务管理中预估潜在的风险，从而加强自身发展的稳定性。银行发展稳定性是一个相对复杂的指标，银行规模只是其中一个变量，有待研究进一步论证。

二是净资产收益率（ROE）。ROE 这一指标能够衡量银行对净资产的运用率，也能够在一定程度上显现银行的盈利水平。ROE 的提升体现了银行在业务操作中能够较好地利用净资产，也是其稳健运营的重要因素之一。但与此同时，较高的净利润也会带来一定的风险，这可能容易让银行放松对潜在风险的警惕，因而风险防控意识显得尤为重要。净利润的提升会降低投资者对银行高风险承担行为的监督激励，不利于商业银行长期稳定发展。银行推出高风险高收益的业务，以此来延续较高的盈利水平，这也在一定程度上加大了经营风险出现的可能性。

三是存贷款比例（LDR）。存贷比为贷款总额与存款总额的比值。存

---

① 鉴于数据可得性，不包括台湾、香港和澳门地区。

贷款比例高，则说明银行具有较多的贷款总额，加之银行的存贷息差，因此这一比例与商业银行的盈利水平成正比。其优势在于银行的经营稳定性得到提高，其不足是银行的贷款总额越多，银行的流动资产就越少。

四是成本收入比（CIR）。不管是监管还是行业研究，成本收入比都会作为衡量银行效率的一个重要指标来看待。它在一定程度上反映了商业银行的成本管理水平，宏观层面上，成本收入比过高可能说明银行的全面成本管理理念和全面成本管理体系存在缺位；微观层面上，其可能反映了银行的成本管理主体缺少多样性，激励考核机制不完善以及外部监督机制的不健全，这可能导致银行只顾眼前利益而忽视以后可能产生的经营风险，从而影响稳定性。

五是吸收存款增长率（RDA）。一方面，存款是商业银行生存和发展的基础，是其运行和获取收益的根本，能否吸收到资金存款关系到银行职能的发挥。另一方面，存款数额也在一定程度上与银行实力挂钩，银行存款的增多能够促进银行的稳健运行，因而商业银行将竞争的着力点转到存款的吸收上，这也顺应了金融自由化的浪潮。吸收存款增长率一定程度上反映了一家银行未来的发展前景和市场预期，这都对其经营稳定产生了较大影响。

六是生息资产收益率（$IBAR$）。生息资产收益率体现了生息资产的获利能力和收益贡献水平。生息资产收益率的高低受借入准备金的成本的影响，与此同时，中央银行再贴现率、商业银行的资金流动性都是生息资产收益率的影响因素。生息资产收益率高，一方面可能反映了银行的投资策略相对激进，从而说明银行风险较高；另一方面也可能是银行业务比如一些城商行的债券投资做得较好且占比较高，或银行的资产质量较高，从而反映该银行状况相对更稳定，因此需要实证来进一步分析。

研究数据主要来源于同花顺和国泰安数据库，部分缺失数据源自于各商业银行年报，还存在极少部分数据无法获得。

（三）模型设定

面板数据要考虑到两方面的维度，一个是时间维度，另一个是截面维度。这样一来，更多的样本能包含其中。能够按照时间序列创建，并且具备多重共线性，从而更好地把握变量的关系，使各变量间的关系更稳定准确。依托面板数据可以创建如下模型：固定效应模型、随机效应模型、混合效应模型。其中第一种模型建立在差异固定的不同个体间，个体不会随着时间点的改变而改变。随机效应与之类似，只是个体随机分布；混合效应则在多重共线性下，认为个体间几乎无差异。考虑到研究对象，我国上市商业银行的发展在规模、经营类型、地域上都有不小的差异，因而，混合效应回归模型不在考虑范围之内。随机效应模型和固定效应模型被运用到研究中，并遵循 Hausman 检验的结果。

我们构建的反映商业银行稳定性和数字金融之间关系的基准模型如下：

$$\ln Z_{it} = \beta_1 \ln DFI_{it} + \beta_2 \ln IZF_{it} + \beta_3 ROE_{it} + \beta_4 LDR_{it} + \beta_5 CIR_{it} + \beta_6 RDA_{it} + \beta_7 IBAR_{it} + \mu_{it}$$

其中，$i = 1, 2, \cdots, 47$，表示上市商业银行个数；$t = 2013, \cdots, 2020$，代表样本数据的时间。

二 实证分析

（一）描述性统计分析

描述性统计分析结果主要包含各变量的观测值、均值、最大值、最小值、标准差和中位数（见表 2.3）。

表 2.3　　　　　　　　主要变量描述性统计结果

变量名称	观测值	均值	标准差	中位数	最小值	最大值
$\ln Z$	376	4.556	1.312	4.735	-2.18	7.182
$\ln DFI$	376	5.611	0.272	5.628	4.79	6.068
$\ln SIZE$	376	27.525	1.653	27.21	24.37	31.138
ROE	376	14.074	3.955	13.586	1.5	27.314
LDR	376	69.727	13.526	69.66	28.67	111.223
CIR	376	30.515	6.837	30.27	0.28	66.47
RDA	376	13.671	7.864	12.118	-6.365	45.313
$IBAR$	308	4.752	0.605	4.705	3.38	6.27
$NPLR$	376	1.378	0.432	1.37	0.39	3.26
PC	376	245.84	85.228	223.39	114.05	556.84

资料来源：Stata16.0 软件处理得出。

衡量商业银行经营稳定性的 Z 值最大值为 7.182，来源于交通银行 2017 年的数据，最小值为 -2.18（由于 Z 值是采用三年滚动法计算，所以 lnZ 产生了一个负值），来源于徽商银行 2020 年的数据；标准差为 1.312，说明不同银行经营稳定的水平存在差异，国有行的稳定性相对更高。

数字金融指数最高为 6.068，来自于浦发银行 2020 年的数据，最低为 4.79，来自贵阳银行 2019 年的数据，标准差为 0.272，这说明不同商业银行之间的数字金融发展差距并不大，且可能受地区影响较大，金融发展最超前的北上广深的数字金融可能发展也相对迅速，经济发展水平相对落后的地区数字金融发展就相对缓慢。

吸收存款增长率最大值为贵阳银行 2016 年的 45.313%，最小值为中信银行 2017 年的 -6.365%，这可能与不同银行的经营发展理念和某年的重大战略决策相关。

存贷款比例最大值为浦发银行 2020 年的 111.23%，最小值为邮储银行 2013 年的 28.67%，标准差为 13.5，说明不同商业银行之间的存贷比差异较大，这跟银行自身定位关系密切。国有大行由于对利差收益的追求没有一些股份制银行强烈，其更倾向于吸收更多存款，而非投资经营，所以这个指标相对更低。

拨备覆盖率的标准差最大，为 85.228，最高覆盖率为 556.84%，最低仅为 114.05%，说明不同商业银行用来应对可能出现的高风险账款的准备金差异很大，其财务风险控制能力差距很大。

（二）Pearson 相关性检验

表 2.4 展示了核心被解释变量、核心解释变量及其他相关变量之间的皮尔逊相关系数，它反映了变量彼此之间的相关程度。

表 2.4　　　　　　　　核心变量的相关系数矩阵

变量	(1)	(2)	(3)	(4)	(5)	(6)	(7)	(8)
(1) lnZ	1.000							

续表

变量	(1)	(2)	(3)	(4)	(5)	(6)	(7)	(8)
(2) lnDFI	0.241	1.000						
(3) ln$SIZE$	0.095	0.435	1.000					
(4) ROE	-0.145	-0.7293	-0.017	1.000				
(5) LDR	0.073	0.556	0.357	-0.466	1.000			
(6) CIR	-0.068	-0.143	-0.053	0.017	-0.333	1.000		
(7) RDA	0.131	-0.346	-0.336	0.289	-0.399	0.030	1.000	
(8) $IBAR$	-0.238	-0.502	-0.346	0.265	-0.170	0.087	0.227	1.000

资料来源：Stata16.0 软件处理得出。

如表 2.4 所示，数字金融指数与商业银行经营稳定性指标呈显著的正向相关关系，控制变量中，银行规模、存贷款比例和吸收存款增长率与商业银行经营稳定呈正相关关系，净资产收益率、成本收入比和生息资产收益率与商业银行经营稳定负相关。变量之间的相关系数都不高，基本都在 0.4 以下，这说明它们之间不存在多重共线性问题。

（三）基准回归分析

首先，要根据 Hausman 检验的结果来确定是采用固定效应模型还是随机效应模型，Hausman 检验结果为 $P=0.0276$，因此我们选用固定效应模型进行实证检验。

表 2.5 中分别展示了随机效应和固定效应两种效应的实证分析结果，基准回归结果显示，在两种效应模型下，数字金融（DFI）对商业银行的经营稳定性（Z 指数）都具有显著的正向促进作用，尤其在固定效应模型中，数字金融指数与商业银行经营稳定指数的相关系数为3.592，在 5%的显著性水平为正相关，这说明数字金融的发展有利于提高商业银行的经营稳定性。从表 2.5 中可以看出，除了净资产收益率和成本收入比与商业银行经营稳定性无明显相关关系之外，银行规模、存贷款比例、吸收存款增长率和生息资产收益率都与经营稳定呈负相关关系。

表 2.5　　　　　　　　　　基准回归实证结果

	（1）随机效应 lnZ	（2）固定效应 lnZ
ln*DFI*	1.168** (0.509)	3.592*** (1.109)
ln*SIZE*	-0.044 (0.055)	-1.213* (0.701)
ROE	0.019 (0.031)	0.063 (0.044)
LDR	-0.008 (0.007)	-0.037*** (0.013)
CIR	-0.009 (0.010)	0.029 (0.021)
RDA	-0.014 (0.010)	-0.032*** (0.012)
IBAR	-0.280** (0.134)	-0.523** (0.232)
cons	1.324 (3.068)	21.542 (15.397)
N	308	308
R-sq	0.101	0.137

注：***，**，*分别表示在1%、5%、10%水平显著，括号中为标准误，N代表样本个数，下同。

首先，规模越大的银行，虽然业务可能更加成熟，经营更加稳健，但是从市场发生金融冲击的角度考虑，规模更大的银行的组织体系更加庞大复杂，当发生金融冲击时，由于数字金融传播速度快，这会导致运行体系层级多的大型商业银行在信息传递中的时滞效应更强，难以全面系统、快速准确地做出决策来应对金融冲击，而小银行则是"船小好调头"，更容易迅速有效地做出反馈来减小损失。另外，数字金融主要是基于先进的数字信息技术，而规模更小的银行其业务更多地分布在县域或农村，对数字金融带来的信息优势可能更加不敏感，这也使得冲击有限。其次，存贷款比例是银行的贷款总额比存款总额，存贷比越高的银行，其贷款业务占比就越高，而充足的存款量对银行的稳定性至关重要，贷款业务的风险跟经济大环境以及行业状况变动紧密相关，存在较大的不确定性，所以存贷比过高不利于商业银行的经营稳定。再次，吸收存款增长率不利于商业银行的经营稳定，虽然存款对银行的经营稳定十分重要，往往吸收存款增长率更高的银行是一些可能正处于发展上升期的银行，其经营能力相对薄弱，业务领域不广泛，多元化盈利水平不高，这时候只能首先依靠吸收大量存款来扩张资本，所以吸收存款增长率高的银行其稳定性可能更低。最后，从数据角度分析，在平均生息资产收益率最低的银行中，中国银行、中国工商银行、中国建设银行、中国农业银行和中国交通银行国有五大行的名字赫然在列，大概有以下原因：一是国内很多巨型国有企业的贷款几乎都来自于国有大行，由于政策性原因这些贷款利率往往很低，甚至相对于基准利率都是打折的；二是国有大行按揭贷款占比较高，按揭贷款利率相对较低，而且存量中还有很多按揭贷款也是根据基准利率打折的；三是国有大行的文化更偏向稳健，其领导的国家干部身份使得对收益率要求相对较低，但对客户的信用要求较高，过去八年的数据也印证了国有大行的不良生成率更低一些，而由于中央政府的信用担保，国有大行的稳定性却更高。所以综上分析，虽然规模更大的银行可能受到数字金融冲击的直接影响更大，但由于这些银行依托中央财政资金支持或依靠实力强大的央企比如中信集团等，其经营稳定性往往能够得到保障。

三 基于非利息收入占比的中介效应分析

为了适应瞬息万变的中国利率市场格局，商业银行要实现经营理念的迭代升级与经营模式的不断变革。商业银行的产品及服务要能够顺应用户在新形势下的新需求。其中非利息收入业务的发展，能够为商业银行收益的多元化开展带来裨益。考虑到非利息收入的特性——波动性、周期性较强，商业银行的边际收益会受到非利息收入的影响，二者呈现反比关系。这样一来,非利息收入的持有也会为商业银行的运作带来更多的风险可能。因而,对于商业银行而言,可以利用非利息收入改善传统的营利模式,提供更多元化的增收渠道,将非利息收入与传统业务相结合,将经营风险进行分散化处理。与此同时,也要警惕非利息收入存在的风险隐患,严格把控银行在经营管理上的风险,但后者的影响会通过数字金融的新技术来弱化,从而使数字金融对商业银行经营稳定性起到正向的促进作用。对于规模较小的银行而言,套期保值、金融期权等方式,不仅提供了多种非利息收入的渠道,也能够在一定程度上降低银行的业务风险。另外,理财、投行业务的开展,也有利于银行进行直接融资,这样一来风险得以分散,操作稳定性得以保障。由此观之,非利息收入在银行整体收入中的占比,在一定程度上与银行的风险系数挂钩,要利用非利息收入为银行的稳健发展谋福利。

由于传统的逐步检验回归系数法受到了更多的挑战,因此本部分使用逐步检验回归和 Sobel 回归检验法两种方法来依次进行中介效应的实证检验,回归结果如表 2.6 和表 2.7 所示。

表 2.6 逐步回归检验中介效应实证结果

	(3)	(4)	(5)
	$\ln Z$	NIRR	$\ln Z$
$\ln DFI$	3.592***	10.212*	3.117***
	(1.109)	(5.497)	(1.121)
NIRR			0.043***
			(0.013)
$\ln SIZE$	-1.213*	4.725	-1.209
	(0.701)	(3.616)	(0.735)
ROE	0.063	0.110	0.060
	(0.044)	(0221)	(0.045)
LDR	-0.037***	0.067	-0.041***
	(0.013)	(0.066)	(0.013)
CIR	0.029	0.074*	0.044*
	(0.021)	(0.127)	(0.026)

续表

	(3)	(4)	(5)
	lnZ	NIRR	lnZ
RDA	-0.032***	-0.055	-0.033***
	(0.012)	(0.062)	(0.013)
IBAR	-0.523**	-0.771	-0.477**
	(0.232)	(1.152)	(0.234)
cons	21.542	-172.232**	21.542
	(15.397)	(81.259)	(16.609)
N	308	308	308
R-sq	0.137	0.385	0.183

从表2.6可以看出，在第（1）列回归和加入中介变量"非利息收入占比"的第（2）列回归中，数字金融指数的系数分别为3.592和3.117且均在1%的水平上显著为正，这说明数字金融提高了商业银行经营稳定性。在第（3）列回归中，数字金融指数的系数为10.212且显著为正，说明了数字金融提高了商业银行的非利息收入占比，以上的三步回归的检验结果表明，"数字金融通过商业银行的非利息收入占比进而提高其经营稳定性"的中介机制是成立的。

表2.7　　　　　　　　Sobel检验中介效应实证结果

	(6)	(7)	(8)
	lnZ	NIRR	lnZ
lnDFI	1.233**	9.98***	0.944*
	(0.529)	(3.176)	(0.530)
NIRR			0.029***
			(0.010)
lnSIZE	-0.542	2.767***	-0.134**
	(0.056)	(0.339)	(0.062)
ROE	0.021	0.178	0.016
	(0.033)	(0.196)	(0.032)
LDR	-0.007	0.201***	-0.013*
	(0.007)	(0.042)	(0.007)

续表

	(6)	(7)	(8)
	lnZ	NIRR	lnZ
CIR	-0.004	-0.199***	0.002
	(0.012)	(0.07)	(0.012)
RDA	-0.016	0.105	-0.019*
	(0.011)	(0.066)	(0.011)
IBAR	-0.317**	0.292	-0.325**
	(0.14)	(0.84)	(0.138)
cons	1.116	-126.088***	4.765
	(3.188)	(19.151)	(3.372)
N	308	308	308
R-sq	0.093	0.549	0.121
Indirect effect	0.288		
Direct effect	0.944		
Total effect	1.232		
Z	2.168		
Sobel test	0.0301/23.42%		

从表2.7可以看出，数字金融通过非利息收入占比对商业银行经营稳定性的总效应，等于直接效应0.944加上间接效应0.288，总效应为1.232；中介效应的Sobel检验P值为0.03，小于0.05，说明在95%的置信区间内中介效应成立；计算出的中介效应在总效应中占比为23.42%，并且回归检验值均显著为正，这再次验证了"非利息收入占比"在数字金融对提高商业银行经营稳定性中的中介效应。

四　稳健性检验

为了保证模型研究的可靠性与有效性，我们使用基于银行经营稳定性的代理变量进行稳健性检验，分别是不良贷款率（NPLR）和拨备覆盖率（PC）。不良贷款率指的是不良贷款总额（包括次级类贷款、可疑类贷款、损失类贷款）与贷款总额之比，这一指标映射出银行资产质量。若不良贷款率增加，反映出银行的资产质量有所下降，银行稳定性也会受到不利影响。与此同时，由于不良贷款本息回收具有较大不确定性，故而该指标的增加可能会引致商业银行流动性水平下降。因此，该指标也是影响商业银行稳定性的重要影响之一，故而我们选取这一指标作为控制变量。另外，参考其他学者的相关研究，使用拨备覆盖率来代表商业银行经营稳定性，拨备覆盖率越高，说明银行应对处置呆账和坏账的能力越强，风险承担更低，稳定性更高。检验结果如表 2.8 所示。

表 2.8　　　　　　　　　代理变量稳健性检验结果

	（9）	（10）
	$NPLR$	PC
$\ln DFI$	-0.673***	120.598**
	(0.135)	(51.342)
$\ln SIZE$	0.024	18.782
	(0.028)	(32.440)
ROE	-0.091***	15.232***
	(0.008)	(2.041)
LDR	-0.001	1.642***
	(0.002)	(0.610)
CIR	0.002	1.113
	(0.004)	(0.983)
RDA	-0.008***	1.452***
	(0.002)	(0.554)
$IBAR$	-0.017	9.058
	(0.042)	(10.734)
cons	6.021***	-1373.951*
	(0.976)	(712.831)
N	308	308
R-sq	0.428	0.230

回归结果显示，数字金融指数分别在 1% 和 5% 的水平上与不良贷款率和拨备覆盖率显著相关，数字金融指数越高，商业银行的不良贷款率

越低，拨备覆盖率越高，因此可以说明，数字金融有利于商业银行的经营稳定性。

第六节　研究结论及政策建议

一　研究结论

本研究以数字金融对商业银行经营稳定性的影响为主题，阅读梳理了较多文献，通过理论分析，从多方面多角度研究了其中的影响机制，分析了数字金融对银行稳定的正向影响和反向影响。在结合前人研究的基础上，提出了自己的创新观点，并使用实证分析完成了理论的验证。研究结论总结如下。

第一，数字金融给商业银行经营稳定同时带来了正向影响和负向影响，但负向影响近些年来在逐渐弱化，因此整体上数字金融提高了商业银行的经营稳定性，这一结论在实证分析结果和基于多重变量的稳健性检验中均得到了体现。数字金融在一开始确实在相当程度上对商业银行造成了冲击，挤占商业银行的市场份额，提高其资金成本，且不断衍生出的各种金融衍生工具给监管也造成了困难，比如P2P的爆雷，给商业银行乃至金融市场的稳定都带来了不利影响；但互联网金融平台机构与商业银行的竞争逐渐转化为彼此之间的合作，两者优势互补，达到双赢，并且数字技术也提高了监管机构的监管能力，能够更加全面地对数字金融附带的风险进行管控，数字金融带来的优势和不利影响始终在不断地平衡，朝着有利于商业银行经营稳定的方向发展。

第二，在数字金融对商业银行稳定的具体传导途径中我们发现，数字金融通过提高非利息收入占比来提高商业银行的经营稳定性。当下宏观经济下行压力大，诸多商业银行都通过提高非利息收入来缓解自己的经营业绩压力，提高非利息业务收入促进了银行的收入多元化，这是商业银行经营决策的重要突破方向和业务发展的重要着力点，有利于商业银行在面对金融风险时更好地应对流动性危机，从而提高商业银行的经营稳定性。

二 数字金融背景下保持商业银行稳定经营的政策建议

为了推进数字金融的持续健康发展,控制好数字金融对商业银行的稳定影响,保持数字金融对商业银行稳定的正向影响,防范其给商业银行带来的风险问题,我们从商业银行自身和宏观管控等角度提出如下建议,来确保商业银行经营稳定的水平。

第一,商业银行需要更加科学全面地进行风险管理。未来10年,后新冠疫情时期复杂和不确定的经济金融贸易环境将持续增加国内银行的风险暴露,是各类传统风险和非传统风险的易发和高发期。风险来源广泛,风险隐患难以提前预估与处理,风险一旦爆发传染速度极快,商业银行现有业务结构比例失衡,商业银行存在违法违规行为,这些问题的出现都要求银行必须建立在牢牢守住不发生系统性风险底线的基础上。首先,商业银行要重视资本管理,资本是银行抵御风险的多种手段中的缓冲器和最后防波堤,足够的资本意味着银行的安全保障。未来几年,为适应国际地缘政治变局,振兴受新冠疫情和贸易摩擦冲击的实体经济,强化内循环经济体系的建设,保持国民经济健康稳定发展,信贷投放力度将加大,预计整个银行业需要补充的资本金为数万亿元,国内商业银行要发挥自身的优势,通过开展管理变革,实现资本的精细化管理,不断提高资产管理的效率。面对数字金融的出现,传统商业银行更要抓住契机,实现数字化转型,利用互联网金融平台,建立起良好的发展生态,从而为用户提供定制化的一对一服务,提升用户使用体验。银行应严格遵守《巴塞尔协议》关于资本监管的规定,借助先进的金融科技手段更加精准有效地开展科学的资本管理,确保收益和风险的平衡,实现可持续发展。其次,商业银行要强化全面风险管理体制机制。健康、有效的风险管理治理架构是数字时代保障银行实现全面风险管理目标的基础。独立性和专业性是商业银行风险管理的两个核心特征,银行应按照职责全面、垂直独立、分工制衡的原则,强化商业银行董事会在风险管理中的职责,商业银行董事会要把风险管理作为自己的重大责任,将风险管理融入银行战略和绩效管理中,科学审慎地审批商业银行基本的风险管理政策。最后，商业银行要强化重点风险分类管理。借鉴国际先进银行的风险管理经验，强大而又负责任的风险管理是国际先进银行在各类金融危机中屹立不倒、行稳致远、业绩长红的重要法宝；做好重点信用风险管控，面对复杂环境，银行要加强对重点地区经济和重点产业发展趋势的跟踪和研究，建立产业预警机制。持续推进信贷结构调整、加强信贷政策制度体系建设、持续完善类信贷业务管理体系，加强房地产风险管控分类指导；强化流动性风险管理，调整业务发展和创新模式，确保银行流动性资金的安全，关注净稳定资金比例、优质流动性资产充足率和流动性匹配率等三个重要监管指标，突出对商业银行的流动性风险进行全方位的差异化监管，借助现代信息技术、互联网技术和金融科技等手段发展风险计量技术；抗击战略性风险，银行应构建一套完善的战略性风险管理流程，即识别和评估战略风险，明确银行主要面临哪一类战略性风险。

第二，商业银行要持续推进重点业务的数字化转型，包括公司银行业务、零售银行业务、金融市场业务。封思贤和郭仁静（2021）从经营战略、内部治理和市场策略三方面提出了相应对策，比如执行差异化的数字转型策略，利用好网络和技术优势，优化客户价值和业务结构。

首先，公司银行业务是传统商业银行生存和发展的基石，当前及未来相当长一段时间内公司银行业务仍然是中国商业银行的"吃饭"本钱，公司银行业务迎来了从线上化到平台化，再到生态化和开放化的重大历史发展机遇。银行要借助金融科技，加快在精准营销获客、跨业务条线的在线协同、金融场景生态切入等领域同时发力，借助数字化工厂等敏捷工作形式实现公司银行业务数字化转型战略的快速高效落地。推进公司银行战略转型，加快打造数字化公司银行经营管理体系，借助数据驱动的智能营销工具，提升营销效能，有效适应公司银行业务基础客群下沉的趋势。银行交易业务要因此不断优化，开展创新型的支付结算、贸易金融等业务形式。它属于非利息收入业务，摩根大通是交易型银行的典型成功案例，交易银行业务的提升能够在一定程度上提高银行盈利能力。其次，推进零售银行业务数字化创新，在资本约束、利率市场化、金融脱媒、长尾客户价值显现的背景下，零售银行业务数字化转型已经成为商业银行多元化布局和整体业务机构转型的重点。零售银行要能够明确目标客户定位、产品和服务定位以及区域市场定位，打造一流数字化零售银行。在保持中高端客户人群的基础上，具有强大的网络和数字技术能力的商业银行也应该借助金融科技等手段将触角延伸至长尾客户的中低收入阶层，为其提供更有针对性的普惠金融服务。强化金融科技赋能零售银行，商业银行要重点推进产品服务的线上化和移动智能化，持续改进和提升客户体验、提升获取精益客户管理能力、直击的产品创新能力、有效的渠道覆盖和良好的渠道体验能力、综合定价和稳健的风险防控能力。最后，推进金融市场业务数字化转型创新。随着境内外各类金融市场联动趋势的加强，金融市场风险的触发传染和扩散机制更加复杂多样，存在诱发系统性金融风险的隐患。未来几年，银行金融市场业务盈利和风险管理难度加大，银行要加快向提质增效和优化资产配置的方向转型。加快构筑商业银行金融同业平台，银行要通过构建体系流程，强化大同业发展理念，实施集约化和差异化经营，建立多元化盈利模式，充分利用数字金融技术，完善客户管理，强化客户"走出去"服务能力建设。随着客户对多元化产品需求的增加，银行应重视发展固定收益、外汇和大宗商品销售交易等代客业务，代客业务风险较低，属于轻资本，是银行增加客户黏性的重要方式。商业银行要强化人工智能在金融市场业务领域的应用，提高金融产品交易投资和管理水平，通过强大的客户关系管理和数据支撑体系建设，提升金融市场业务的营销和数据治理能力，银行要适应产业互联网发展大势，强化与物联网技术结合，与广大中小企业合作，加快区块链技术在贸易融资领域的应用创新。

第三，强化宏观金融风险的监测和预警，做好信息安全监管，防范系统性金融风险。金融创新不仅体现在产品的迭代升级、金融机构的不断增多、业务模式的不断升级，同时也带来了一定的风险隐患。因此要应对新形势，建立起一套相适配的风险预警机制。与此同时，相关的法律法规亟待完善，商业银行要在相关标准之下开展业务。金融管理部门也要积极发挥自身的职能，监督金融机构严格遵循财务、审计等制度，让金融业务开展更加公开与透明。中央银行在风险管控中能够起到一定的积极作用,利用预警系统,及时监管金融行业的动态,并根据国内外金融市场的变化,做出相对应的合理决策。建立有效的预警机制需要政府各个部门的交叉合作,以实现对整个金融和经济活动的监测。其次,要做好金融创新和金融科技风险的政府监管。强化对地方政府融资平台的风险监管,完善相关的法律法规建设,防范政府债务风险,资金募集和运作要有充分的信息披露,坚持风险可控的原则,积极推动政府融资渠道创新,避免地方政府过度融资。防范银行资产风险积聚,要在充分考虑偿债能力的基础上大力发展企业债、公司债等融资工具。最后,发挥监管机构对金融创新的引导和监督作用。强化审慎监管概念,一方面,要始终积极鼓励银行创新,创新是银行发展的根本动力,在互联网金融、金融科技公司和第三方金融机构迅速崛起,客户需求日益个性化、多元化、国际化,特别是金融业改革开放升级的大背景下,审批流程要不断优化,从而加快审批速度。传统的引进难以为继,银行业的自主创新是应有之义,创新不仅体现在金融产品上,更表现为全方位的管理体系、业务模式的创新。另一方面,金融监管要不断强化,不仅体现在事前监管与预警,也体现为实时的过程监管。金融创新的风险要得到合理评估,从而保障新形势下银行发展的稳定性。

此外,金融产品的监管需要分门别类,加大对有真实贸易背景的"正常类"衍生品业务的信息获取及管理,针对结构性衍生品等"关注类"金融衍生品业务,监管机构则需要在信息披露上下功夫,开展广泛而全面的风险监管;对于有投机倾向的金融衍生品,监管部门要着力核实其合法性。严格限制、规范处理。中国互联网金融协会会长李东荣指出,金融科技创新成为很多不良机构的"噱头",这种不法行为寄希望于政府的监管失利。特别是在资本、技术、人才流动更加频繁和便捷的今天,金融科技跨境监管套利的问题需引起各国高度重视。因此,政府要想构建起金融业发展的良好生态,不仅要将相关的市场管理规则落到实处,也要能够在技术层面上加强监管社会信用体系,银行业信息的公开与透明,都能够为商业银行创造有利的发展环境。

第三章　数字金融与商业银行风险承担

第一节　绪论

2004年，支付宝上线，标志着中国的数字金融由此起步，但其实2013年阿里正式推出余额宝货币基金，才意味着中国数字金融时代的到来。数字金融是一种"金融+数字科技"的新型金融业务模式。21世纪以来，中国经济快速发展，但是传统商业银行一直受到央行的严格监管，因此，其金融服务受到很多限制。而最初一批互联网金融企业在刚成立时，监管部门对其发展的规范管理一直比较放松，例如支付宝在刚成立的六年里都没有执业牌照，这使得中国的数字金融在较长一段时间都是野蛮生长的状态。近年来，随着国家对数字金融的监督力度不断加强，其发展逐渐规范化，并形成了与传统金融融合发展的局面。截至2021年6月，我国网络支付用户规模达8.72亿，较2020年12月增长1787万，占网民整体的86.3%①。截至2021年第三季度，银行共处理网络支付业务268.32亿笔，金额587.21万亿元，同比分别增长10.67%和6.45%②。2014年，中国人民银行成立专项小组，专门研究数字人民币的发行及流通。近年来，数字人民币已经在许多地方开展试点工作，截至2021年6月，其试点场景已超过130万个，覆盖领域包括政务服务以及餐饮、交

---

① 中国互联网络信息中心：第48次《中国互联网络发展状况统计报告》，2021年9月15日。

② 中国人民银行：《2021年第三季度支付体系运行总体情况》，2021年12月3日。

通、购物等生活服务①。我国数字金融在快速成长的过程中，不仅影响着中国金融整体格局的巨大转变，也收获了国际社会的广泛关注。由此可见，随着数字科技的发展，中国数字金融发展水平得到了明显提升，其发展方向也更加全面化、规范化、智能化。

改革开放以来，商业银行的间接融资一直是我国最主要的融资方式，商业银行作为实体经济最大的服务部门，不仅为企业等微观主体的发展注入活力，而且积极支持国家基建事业，为国民经济发展提供坚实保障，在我国金融领域乃至整个国民经济中都扮演着非常关键的角色。由于信用中介的功能及高负债经营的特点，商业银行是社会各经济主体风险的集散地，它们通过承担风险获取利润，也因为风险管理不当承受损失。根据央行发布的最新数据显示，截至2021年第三季度末，中国银行业金融机构总资产为339.36万亿元，占全部金融机构总资产的90.33%②，这意味着如果不合理控制商业银行风险承担，必然会牵连到整个金融领域，由此可见其重要性，它既关系着商业银行经营的成败，也牵动着社会经济金融的稳定。在数字金融发展前期，伴随着互联网的普及与数字技术的发展，数字金融帮助客户打破了传统金融工具在时间和空间上的障碍，将金融服务延伸到传统银行照顾不到的长尾客户身上，挤压了主要通过营业网点提供金融服务的传统银行的业务空间。近年来，在金融数字化的大环境下，大数据、云计算等数字技术与金融服务深度融合，为客户提供更加精准化、个性化的金融服务，倒逼商业银行进行业务转型与创新发展，形成了良性循环。目前，我国共有14家商业银行成立其金融科技子公司，还有两家正在筹备中。那么，在数字化的浪潮中，数字金融的发展会对商业银行的风险承担产生何种影响？是加剧还是减轻其风险承担？产生影响的具体机制是什么？商业银行和监管部门应如何应对？这是我们将要探究的问题。

数字金融的发展给商业银行的风险承担带来了复杂的影响。一方面，

---

① 中国人民银行：《中国数字人民币的研发进展白皮书》，2021年7月16日。
② 中国人民银行：《2021年三季度末金融业机构总资产375.68万亿元》，2021年12月15日，http://www.pbc.gov.cn/diaochatongjisi/116219/116225/4414666/index.html。

它挤占了原本商业银行在市场上的份额,加剧行业内竞争,进而加快我国利率市场化的进程,加大了商业银行资金来源的压力,迫使其大力发展零售业务、提倡"全员营销";数字金融服务的推广压缩了商业银行净利差,冲击着商业银行的资产端、负债端和中间业务等各方面业务,增加了其为追求高盈利而承担高风险的行为。另一方面,它又让商业银行的金融服务供给日益完善、不断升级,数字技术与传统产业深度融合能够降低交易成本、提升交易效率;商业银行可以利用数字技术提高数据维度,扩大数据来源,以缓解信息不对称问题,实现精准营销;数字技术带来的创新能够提升金融机构在资源分配上的有效性、增强其风险评估能力,减少风险密度,有利于提高金融稳定性,因此在数字金融的技术赋能下,商业银行的风险管理水平和整体经营效率都得以提升,从而使得其风险承担行为减少。因此,我们对数字金融对商业银行风险承担的具体影响效应及作用机制展开研究具有重要的理论与现实意义。

第一,通过分析数字金融在发展过程中对商业银行不同业务渠道风险承担的影响,进而分析数字金融对商业银行经营效益的影响,并进一步通过商业银行的收入和成本结构引出数字金融对其风险承担的作用机制,有助于明晰数字金融的发展趋势及其与商业银行之间的关系。我们采用规范分析与实证研究相结合的方式,梳理并检验数字金融对商业银行风险承担的影响方向、主要的影响途径和作用机制,为商业银行在金融数字化浪潮中的进一步发展提供理论依据,为引导数字金融技术更好地赋能商业银行转型升级、防范金融产品和服务创新带来的风险具有重要的理论指导意义。第二,国内数字金融行业在经历了飞速发展后进入了平稳发展阶段,但仍代表了未来行业的发展方向,数字金融推动普惠金融的发展,促进金融服务的智能化、线上化、便捷化,同时,其技术溢出效应在防范金融风险方面发挥着重要的作用。而商业银行在资产负债业务上很难保持原来低成本高获益的状态,其他业务也被压缩,因此融合发展道路已是银行转型升级的关键动力,但数字金融与传统商业银行在融合发展的过程中必将经历对接、竞争、协作等复杂关系的过程。因此,我们研究数字金融对商业银行风险承担的具体影响及其路径、机制对协调两者之间的关系,在新环境下商业银行实现转型升级、提升风险管理质效、维护金融系统的协调稳定与健康发展均有重大的现实意义。

该项研究的边际贡献有两个方面。一是以成本收入比来衡量商业银行经营效益,研究其在数字金融对商业银行风险承担影响中的中介作用机制。现有的文献多从银行业竞争和利率市场化的角度分析数字金融对商业银行风险承担产生的影响,比较重视外部因素的影响机制,较少文献关注商业银行内部的影响途径与机制。二是样本选取包含国有行、股份制行、城商行、农商行等64家商业银行的数据,涵盖商业银行类型更全面,而现有文献更多依据上市银行或大型银行的数据进行实证检验,很少涵盖中小型商业银行。

第二节　文献综述与理论基础

一　文献综述

(一) 关于数字金融及其影响的研究

数字金融作为一种新型金融业务模式,在经历了过去十几年飞速发展后,现已逐渐趋于平稳,随着其发展日益成熟,已经成为行业未来发展的新趋势。数字金融本质上是传统金融机构与互联网公司采用数字技术进行融资、支付、投资和其他新兴金融服务的一种业务模式。互联网金融、金融科技、数字金融之间的差别并不大,但总体上看数字金融的内涵更加全面,它是将移动互联网、人工智能、区块链、云计算、大数据等数字技术与传统金融服务深度融合发展起来的一种新型金融业务模式,这其中技术作为手段,本质还是金融,因此数字金融的涵盖内容更加全面,应用场景更加普适[①]。

短短十几年的时间,中国数字金融经历了飞速发展的时期,甚至在世界范围内处于领先地位,这主要得益于传统金融供给的不足、放松的

---

① 根据以上分析,我们在后面部分的文献综述中并不严格区分数字金融和互联网金融、金融科技之间的细微差别,而统一用数字金融来概称。

监管环境以及数字化技术的快速崛起三个重要因素（黄益平等，2019）。

数字金融经常出现在我们的生活中，扫码支付、线上投资、网购、手机银行、数字人民币等数字金融产品和服务都潜移默化地影响着我们生活和工作的方方面面。数字金融的出现也给传统金融行业带来了一定的冲击，但随着数字金融发展逐渐趋于成熟，它已经成为金融系统中非常重要的一部分，极大影响着金融市场发展和变革的方向。Lee 等（2018）指出，数字金融已经成为金融市场的主要参与者，它带来的信息技术推动着金融行业的创新，既冲击着传统金融行业，又给它们带来了提高竞争优势的机遇，因此在建立数字金融生态系统的过程中，数字金融企业的个性化利基服务、数据驱动的解决方案和灵活的组织与传统金融机构在规模经济和客户资源方面的优势同等重要，同时，传统金融机构拥抱数字金融的过程中也面临着投资管理、客户管理、监管、技术集成、隐私安全及风险管理等方面的挑战。Fuster 等（2018）通过研究美国的抵押贷款数据发现，数字金融贷款机构处理抵押贷款申请的速度比其他机构快 20% 左右，且在应对外部抵押贷款需求冲击时也能更有弹性地调整供应，借款人也会在这些机构进行更多的再融资，由此得出，数字技术创新提高了美国抵押贷款市场金融中介的效率。Zhu（2019）实证考察了数字金融在云计算、数据收集和机器学习方面的技术使机构投资者能够获得实时的可替代数据，这些数据的引入通过降低信息获取成本提高了价格效率，进而增强了对经理人行为的约束效应，有利于资本市场管理。数字金融极大地扩展了传统金融服务的范围，但在成长的过程中也要重视金融资源配置效率提升，只有两者相互融合，才能实现对金融服务水平提升的最优促进作用（瞿慧等，2021）。

在传统金融模式下，金融资源上的信息不对称导致了中小企业融资难的问题，而大型金融科技公司与传统信贷机构相比在信用评估上具有信息优势（Frost 等，2019），数字金融也能弥补传统金融机构由于时空限制而出现的金融服务漏洞，因此数字金融发展有效矫正了传统金融资源错配问题，缓解了中小企业的融资难度，减轻了它们的筹资压力，也减少了成本，进而促进了中小企业的技术创新（谢婷婷等，2021）。王馨

(2015)也基于长尾理论证明了数字金融的普惠性有助于小微企业克服融资难题,并且数字金融补充了过去金融供给的不足,使金融资源能够有效配置。数字金融在服务实体经济发展方面也发挥着重要作用,徐伟呈等(2021)研究发现,针对发展实力强且外部环境良好和发展实力弱且外部环境严苛这两种不同类型的企业,数字金融分别通过驱动技术创新和驱动资本积累的方式抑制实体企业金融化倾向,遏制其投机性动机,进而助推实体经济增长。宋晓玲(2017)基于互联网金融服务的视角,通过实证检验了数字金融在缩小城乡收入差距上作用明显,我国应积极打造多方合作的数字金融生态圈,殷贺等(2020)基于空间溢出效应进行实证检验,也得到了同样的结果。谢绚丽等(2018)分析了北京大学数字普惠金融指数与不同地区企业新增注册数的关系,发现该指数的三个子维度都对创业有明显的助推作用。由此可见,数字金融在推动普惠、支持创新、助推实体经济增长及改善社会平等方面都起到了重要的作用。

(二)关于商业银行风险承担的研究

商业银行风险承担是指商业银行承担的全部经营风险大小,对于风险承担,商业银行应该把握一个最优尺度,因为过多的风险承担会违背银行经营的安全性原则,而风险承担太少就意味着是对银行资源优势的浪费,违背盈利性原则。"承担"是一个主动性的概念,并且分析数字金融给商业银行事前的主动风险承担行为带来的影响对商业银行的经营发展更具有参考意义,因此我们主要研究的是银行事前主动选择的风险承担水平。

关于商业银行风险承担的影响因素,学术界主要从银行自身经营、行业竞争、宏观经济政策三方面展开研究。从微观层面看,商业银行自身的资产负债特征(Dell'Ariccia 等,2010;杨雪萍,2015;王夑等,2019)、资本结构(顾海峰等,2021;陈伟光等,2021)、管理者乐观(张丞等,2013)、银行创新(蒋海等,2020)等都对商业银行的风险承担具有显著作用。从行业层面看,Boyd 等(2006)进行了详细地实证检验,其中 CVH 模型预测了银行风险承担与集中度之间具有显著的负相关关系,表明银行竞争与稳定之间存在权衡关系,而 BDN 模型则预测出了两者之间的正相关关系，因此两者的权衡关系取决于特定的 CVH 模型，并不能证明银行竞争会增强商业银行的风险承担。虽然没有足够的证据表明银行竞争会直接影响银行风险承担，但众多研究表明，银行竞争在对银行风险承担中发挥着间接的调节作用，例如：竞争环境越激烈，充分的信息披露对银行风险承担的约束作用越强（黄敏等，2020），但市场竞争加剧会削弱资本监管对商业银行风险承担的约束作用（杨敏等，2020）。从宏观经济政策层面看，宏观经济波动与商业银行风险承担水平具有显著的正相关关系，即商业银行的风险承担行为呈现顺周期性（蒋海等，2018）。另外，江曙霞等（2012）利用 DLM 模型研究得出宽松的货币政策会提高商业银行的风险承担，反之能够减少，但银行表外业务扩张会削弱监管当局对银行行为的约束作用；后来，蒋海等（2021）将流动性变量引入 DLM 模型中，结果表示，伴随流动性水平增加，宽松货币政策对商业银行提高风险承担水平的刺激作用会增强。

（三）关于数字金融对商业银行风险承担影响的研究

近年来，不少学者围绕数字金融对以商业银行为代表的传统金融机构的影响展开研究。郑志来（2015）借鉴"互联网+零售"对传统零售业的影响来研究数字金融对传统银行业务的影响，提出数字金融会对商业银行的资产、负债和中间业务都产生一定程度的影响，会压缩其业务空间、抬高其资金成本。但 Jagtiani 等（2018）提出，数字金融与商业银行在业务上主要形成互补的关系，数字金融可以延伸到传统银行业务覆盖不到的领域，填补商业银行的信贷缺口。沈悦等（2015）实证检验了数字金融对商业银行的全要素生产率具有明显的提升作用，并且不同类型商业银行对数字金融技术溢出的吸收能力不同。谢治春等（2018）从两个维度分析了在数字金融驱动下商业银行的转型方向，大型和中型银行可能会选择闭环或开放生态型银行战略，而小型银行则可能选择细分市场或垂直分工型银行战略。王诗卉等（2021）从经济压力和社会压力的视角研究了外部数字金融发展对商业银行数字化创新的影响，结果表明数字金融发展对商业银行的管理数字化创新和产品数字化创新均有正向影响。由此可见，数字金融给传统银行业造成不小冲击的同时，也倒逼着商业银行进行转型发展和数字化创新，日益成熟的数字技术更是在服务和技术升级等方面给商业银行带来了机遇。

关于数字金融对商业银行风险承担的影响，学术界一直没有一致的结论。一些学者认为，数字金融对传统金融业的冲击加剧了银行间的竞争程度，这导致商业银行可能会主动选择提高风险承担水平来获得更高的利润。根据 Marcus（1984）提出的"特许权价值假说"，竞争加剧会削弱银行的特许权价值，为了保持高盈利，银行会增强风险承担。吴桐桐等（2021）指出，数字金融在迅速成长中改变了商业银行的竞争环境，尤其加剧了中小银行间竞争，进而提高了它们的风险承担。戴国强等（2014）通过模型分析得出，数字金融一方面分流了商业银行存款业务，抬高了银行融资成本，降低了其盈利能力，进而刺激商业银行提高风险承担；另一方面间接抬高其贷款利率，导致贷款者也将资金投资到高风险项目中，内外部渠道共同增加了商业银行风险承担。也有学者从利率市场化的角度出发，认为数字金融的发展推动了我国利率市场化的进程，从而推高了商业银行的负债成本，改变其负债结构，进而利息差下降，迫使银行开拓高收益资产业务，提升了资产端风险承担，进而提高了商业银行的整体风险承担（郜庆等，2018；邱晗等，2018）。另外，吴诗伟等（2015）从互联网企业金融化以及传统金融机构数字化两个角度出发考察数字金融的发展，得出前者通过压缩商业银行利差进而倒逼商业银行拓展高风险业务，而后者则会降低商业银行风险承担。李淑萍等（2020）通过实证分析表明数字金融显著加重了商业银行的风险承担，但不同系统重要性商业银行具有异质性，其中系统重要性商业银行的风险承担提高，而非系统重要性商业银行风险承担则降低。

还有一些学者认为，数字金融的发展提高了商业银行的运营能力和风险识别能力，从而会降低商业银行的风险承担水平。刘忠璐（2016）从效率、盈利、风险管理和传染四个角度探究数字金融对商业银行风险承担的作用机制，得出数字金融在发展过程中对商业银行风险管理和经营效率方面的提升抵消了其在盈利及风险传染方面的不利影响，总体上降低了风险承担。任碧云等（2021）基于商业银行信贷结构视角，对我国上市商业银行数据进行实证分析，表明数字金融和商业银行融合发展可以优化商业银行的信贷结构，缓释商业银行风险承担。Tobias 等（2019）提出，大数据技术的推广和应用便利了信息获取，增强了金融机构的信用评级能力，缓解了资金需求和供给之间的信息不对称和道德风险问题，提高了信贷决策的科学性，从而抑制了相应机构的风险承担。Cheng 等（2020）也验证了数字金融可以精准识别潜在风险，显著降低了商业银行的信用风险，并且中国国有银行的数字化发展速度要快于其他银行。余静文等（2021）指出，数字金融解决了长尾客户征信不足的难题，提升了中小商业银行的风险识别能力，减少了信息不匹配问题，降低了风险管理成本，有利于收敛系统性风险，抑制商业银行的风险承担。

另外，还有一部分学者认为，在数字金融发展的不同阶段，其对商业银行风险承担的影响不同，他们的研究结果为二者之间呈现先升后降的倒"U"形曲线关系（汪可等，2017；王升等，2021；喻平等，2021；刘孟飞等，2021），即数字金融在早期抢占市场加剧了行业内竞争，压缩银行利润，导致其风险承担行为增强，但随着数字金融的发展成熟以及与商业银行的进一步融合，其在后期有利于提高商业银行的经营效率，降低其管理成本，增强了商业银行的风控能力，抑制了其风险承担水平。

（四）现有研究评述

中国的数字金融发展非常迅速，并且处于世界领先水平，但是数字金融作为新兴的金融模式，以后还会面对诸多机遇和挑战，因此数字金融也是目前研究的热门话题。

我们通过对相关文献的梳理发现，目前关于数字金融的文献很多，并且已经有权威机构测算出了数字金融发展指数，这为本研究奠定了坚实的理论基础和精准的研究方法，但研究方向多集中在数字金融的普惠性、数字金融对创新创业的支持作用、数字金融对经济高质量发展以及对传统银行业务的影响等方面，关于数字金融对商业银行风险承担的影响的文献较少。以往文献对商业银行风险承担多用 Z 值（破产风险）或不良贷款率来衡量，而这两者更多体现的是商业银行事后所面临的风险，而不能体现其事前对于风险承担的主动选择行为。另外，根据上述文献，当前有关数字金融对商业银行风险承担的影响并没有达成一致的结论，现有的文献多从利率市场化和银行业竞争的角度分析数字金融对商业银行风险承担产生的影响，比较重视外部因素的影响机制，缺乏对商业银行内部影响渠道的关注，并且现有研究中主要依据上市银行或大型银行的数据进行实证分析，较少涉及中小型商业银行，实验数据不够全面。我们收集了我国代表性的国有行、股份制行、城商行、农商行的数据，展开以上几方面的研究，以期对现有研究进行补充和完善。

二 理论基础

（一）金融创新理论

金融创新理论源于著名政治经济学家熊彼得的"创新"，早在1912年，他在《经济发展理论》中首次提出创新的定义，指建立新的生产函数，即将生产要素重新组合放入原有的生产体系中。我国经济学家陈岱孙、厉以宁根据熊彼得对创新的定义将金融创新定义为，为追求最大利润而将金融要素重新组合进行的金融市场变革，也就是在金融领域建立一个"新生产函数"。20世纪六七十年代，大额存单、浮动利率债券、货币期货交易等一系列新技术、新工具、新市场、新服务的出现，使金融创新开始成为学术研究的重要领域。如今，数字金融迅猛发展，新型金融业务与数字技术的推广再次将金融创新理论推向高潮。

对于金融创新的原始动因，学者们持有不同的观点，因此形成了不同的流派。通过总结前人的研究，金融创新的动因理论分为三类：需求拉动、供给推动和规避监管。第一类需求拉动的创新是指在时代发展和经济环境变化的过程中，经济主体产生了以往产品不能满足的新的金融需求，因此金融机构为满足新需求而创造新的金融工具。比如在大数据时代，商业银行引入数字科技创新金融产品，满足经济实体对低成本、高匹配度的金融服务的需求。这一类金融创新理论以格林勃姆、海沃德的财富增长理论和弗里德曼的货币促成理论为代表，财富增长理论认为科技进步会增加财富积累，进而人们风险规避意愿增强促进了金融创新；货币促成理论认为金融创新的出现是由于抵制通货膨胀、利率、汇率的波动等货币方面的因素。第二类供给推动的创新是从供给角度分析的创新驱动，比如新技术的出现冲击了商业银行传统的经营管理模式，驱动商业银行将新技术应用到自身经营中进而提高其经营效率。供给推动创新的代表理论包括希克斯和尼汉斯的交易成本理论以及韩农和麦道威的技术推动理论，交易成本理论认为科技进步带来的交易成本下降证明了金融创新的实际价值；技术推进理论认为新技术的出现与推广是金融创新的主要原因，科技进步为金融创新提供了技术保障和素质基础。第三类规避监管的创新是指由于国家对金融业的监管非常严格，当金融主体发现合理规避监管的方法时，就会进行金融创新，以西尔伯的约束诱导型理论和凯恩的规避管制理论为代表，约束诱导型理论认为金融创新的目的在于摆脱金融业的内外部约束；规避管制理论认为政府管制制约了金融机构盈利，因此其为了合理规避管制、追求最大利润而进行金融创新。比如数字金融出现时间较短，各项规章制度不健全、监管覆盖不全面等都给数字金融创新提供了很大的发展空间。

综上所述，金融创新理论可以帮助我们更好地理解数字金融的发展和商业银行数字化转型的原因，进而为其如何影响商业银行经营管理、如何降低商业银行风险承担提供理论基础。

（二）长尾理论

长尾理论最早是由美国学者 Chris Anderson 在 2004 年发表的《长尾》中提出的，他分析了亚马逊等销售网站的商业模式，指出需求曲线尾部的冷门产品和市场虽然需求量小但数量很大，其带来的价值可能会超过需求曲线头部的热门市场价值，并且长尾市场具有可延展性，因此尾部市场同样关键。

长尾理论的对立面是"二八定律"，"二八定律"来源于意大利经济学家帕累托发现的社会上 20% 的人掌握着 80% 的社会财富，是指在任何情况下，事物的结果取决于一小部分因素，给公司带来 80% 价值的是前 20% 的客户，所以这一小部分才是最主要的，剩下的 80% 则是次要的。以前商业银行都赞同"二八定律"，因此，他们服务的重点对象是头部的高净值客户，而剩下的大规模长尾客户的个性化金融需求则很难得到满足。

数字金融企业并不和传统商业银行竞争他们占据的前20%客户，而是主要服务于曾经被商业银行忽视的后80%客户，数字金融可以利用大数据技术以较低成本进行信用风险评估，从大规模群体中高效筛选出符合条件的客户，并且多样化的金融产品供给也能够满足长尾客户的个性化需求，实现高精度匹配。

长尾理论从供给角度分析，就是新的供给催生出了新的需求，供给的多样性和存储量足够促成了需求曲线的形成，但是单纯增加供给并不能改变需求，而是要满足客户的特殊需求。数字金融凭借其技术优势可以有效推动客户找到满足自己需求的产品和服务，低成本、数量庞大、积少成多是数字金融能够成功占据长尾市场的关键原因。因此，当供给足够丰富时，利用一定的技术和工具，需求曲线就会呈现"扁平化"趋势（如图3.1所示，需求曲线由A移到B）。由此，长尾理论为数字金融的推广与应用帮助商业银行开拓长尾市场、增加竞争优势、有效分散风险进而降低商业银行风险承担提供了有力的理论支撑。

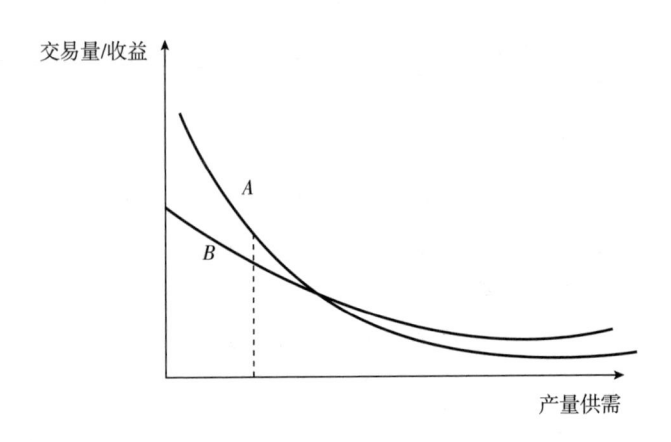

图 3.1 "长尾"需求曲线

（三）商业银行风险管理理论

商业银行风险管理是指商业银行在经营过程中，通过风险识别、度量、分析、转移和规避等一系列措施，以最低的成本保障最大安全并实现利益最大化的科学方法。

商业银行风险管理理论在不同时期也在发生转变，由资产风险管理理论、负债风险管理理论、资产负债综合管理理论，转变到如今的全面风险管理理论。资产风险管理理论出现于20世纪60年代前，当时信贷业务是商业银行的主要业务，并且需要通过资产业务赚取利润，因此它们非常重视资产的流动性、资金的使用以及风险管理，并通过资产信用评估和严格的贷款审核合理配置资产、控制风险，保证经营的安全性和盈利性。20世纪60年代以后，非银行金融机构开设存贷业务，一起竞争存款市场上的原有份额，存款保险制度的出现也降低了银行存款的流动性，导致商业银行需要大量资金，负债风险管理理论应运而生。负债风险管理理论使商业银行由被动负债转向主动负债，通过创新金融工具、调整负债结构保证了资金的流动性，弥补了资产风险管理理论的局限性，使商业银行可以将资金投入到更高收益的资产业务中，满足了商业银行的发展需要。20世纪70年代，利率自由化后利率、汇率频频波动，只是靠前两种风险管理理论已经难以实现商业银行安全性、流动性和盈利性的统一。由此，资产负债综合管理理论出现，商业银行通过调整和优化资产负债结构，实现总量平衡和风险控制，并以最低的成本实现收益最大化。20世纪80年代以后，随着经济全球化、金融自由化的发展，银行业内竞争更加激烈，金融创新产品不断增加、金融衍生工具大量涌现，商业银行面临的风险的复杂程度上升，致使商业银行风险管理的难度也大幅上升，此时出现了全面风险管理理论。《巴塞尔协议》首次提出了资本充足率的要求，还提出了资产负债表的转化风险赋值，也助推了商业银行风险管理理论的发展。《巴塞尔协议Ⅱ》提出了商业银行可以通过量化风险，进行定量和定性的研究，进而有效控制和化解风险。

在本研究中，通过风险管理理论可以更好地研究数字金融引发的金融创新对商业银行传统业务端风险承担的影响，也可以应用商业银行风险管理理论为商业银行在与数字金融融合发展的过程中的稳健经营和全面发展提出有效的建议。

第三节　数字金融对商业银行风险承担的影响途径

数字金融是大数据和互联网技术推动下金融创新的产物，它给整个行业带来了新的服务模式、产品、工具和应用，也在改变着金融服务的供给方式。不论是数字金融创新通过影响整个市场和行业情况进而影响商业银行的风险承担，还是商业银行主动融合数字金融发展并加快自身数字化转型进而影响风险承担，都不难看出，数字金融的发展势必会给商业银行及其风险承担带来深远的影响。在前人研究的基础上，我们将数字金融对商业银行风险承担的影响途径分为资产端、负债端和风控端三类展开分析。

一　资产端途径

在数字金融的发展过程中，各类网络贷款平台此起彼伏，P2P、网络众筹、消费贷款等平台的出现冲击了商业银行的资产业务，降低了信贷门槛，迫使其接受低信用等级客户、拓展高风险业务。

首先，根据前文的"二八定律"和"长尾理论"，商业银行多服务于高净值客户，而数字金融贷款机构的服务对象均是传统商业银行服务不到的长尾客户，因此部分学者提出数字金融并不会波及商业银行的核心资产业务，但是与传统商业银行的信贷业务相比，网络信贷准入门槛低、审批流程简单、贷款速度快、交易成本低，这削弱了商业银行的中介作用，开拓了新的融资渠道，挤占了商业银行的贷款业务，尤其是零售业务，加剧了银行间竞争。为了重新抢占市场、吸引客户、保持盈利性，商业银行被迫减少贷款条件，导致客户质量下降，风险承担增高。

其次，在数字化浪潮中，商业银行为了提升其市场吸引力和竞争力，正在积极塑造"综合金融服务供应商"的形象，不断更新金融服务供给模式与产品库，以适应客户的多元需求和不断衍生出的新需求。大数据、云计算、人工智能等数字技术的应用也有利于推动商业银行贷款业务智能化、线上化，提升其金融创新能力，进而刺激银行在传统信贷之外开拓新的资产业务，例如大力发展零售贷款、拓展长尾客户市场。而在资产业务边界不断移动和拓展的过程中，新的业务领域背后必然隐藏着潜在的风险，而这些业务在一开始又面临监管缺失的情况，这种主动选择也增强了商业银行的风险承担。

最后，为寻求高收益和规避监管实现信贷规模扩张，商业银行积极开展同业业务、应付账款投资和金融债券等金融市场业务会增加其潜在风险承担。与传统贷款业务相比，此类业务的市场化程度更高，其合作对象也是其他金融机构，这种业务扩张可能导致商业银行资产业务的虚假膨胀，容易形成泡沫，并且金融市场业务受市场影响波动更明显，并且一旦其中一家机构出现违约，则将会很快通过风险传染影响其他机构，形成系统性风险的概率大大增加。但此类业务的风险水平并未被准确地反映在商业银行的资产负债表内，从而导致其潜在风险承担升高。

二 负债端途径

数字金融作为一种新型金融业务模式，其刚刚出现时，阿里巴巴、腾讯等互联网公司利用它们掌握的大数据信息和技术方面的先发优势开始发展支付结算、线上投资等业务，冲击了商业银行的传统业务，其中存款业务更是最早受到冲击的那部分，但数字金融的发展也给商业银行的转型与可持续发展提供了机遇。

首先，在数字化发展过程中，数字金融的技术溢出效应为商业银行提供了技术支持，有利于推动商业银行业务升级和技术革新。借助数字技术和数据分析，有助于商业银行对客户实现精准营销，减缓理财产品供给与客户需求之间的信息不对称和道德风险问题，进而提高商业银行在财富管理方面的专业化程度，满足不同类型客户的个性化理财需求，减少了营销成本，线上化、智能化服务也为客户提供了便利，提高了市场竞争力，降低了负债业务的管理成本，提高了经营效率和盈利能力，进而降低其风险承担激励。

其次，数字金融的发展倒逼商业银行进行金融创新。金融创新既包括技术层面的创新，也包括服务模式和产品方面的更新换代，数字金融给商业银行带来的紧迫感使它们意识到了传统模式的弊端和转型的必要性，如今，商业银行积极拓展个性化理财服务，有利于发展长尾客户，优化补充了原有的负债端业务，并且树立以客户为中心的服务理念，积极借鉴数字金融的成功经验，顺应负债业务智能化、线上化的趋势，针对客户需求，主动面向客户构建综合服务平台，例如针对私人客户，商业银行可以通过手机银行代发工资、灵活理财、生活缴费、与社区商户联动等方式渗透客户消费场景；针对公司客户，商业银行可以联系上下游产业链，设计行业特点服务，丰富金融产品，构建自有平台综合服务生态圈，从而沉淀低息资金，降低商业银行负债资金成本，保证资金的流动性。

再次，金融创新拓宽了商业银行的融资渠道，通过机动融资使其获取资金的可选择空间更广，使商业银行有能力实现期限结构的匹配，以应对不断变化的市场利率以及自身的流动性需求。而主动融资的对象大多是机构投资者，没有存款保险、最后贷款人等制度保障，因此会加强对商业银行的监督，对债务人起到约束作用。强化监管有利于商业银行进行审慎投资，并抑制其风险承担。

最后，数字金融的发展有助于推动利率市场化进程，也促进了商业银行实现精准营销，使商业银行能够积累下大量的低利息存款，降低了融资的成本，减少了商业银行承担高风险的激励。

三 风控端途径

在商业银行和数字金融融合发展的背景下，数字金融带来的人工智能、大数据、区块链、云计算等技术可以帮助商业银行在内部控制和风险管理领域做到进一步优化和深化。

首先，数字金融的发展使商业银行能够充分挖掘数据资源价值，扩充风险管理的数据源，提高风险甄别和控制能力。在金融市场上，商业银行由于其信用中介的角色，长期以来积攒了庞大的客户群，掌握了大量的客户信息,但是因为缺乏先进的信息技术,客户数据没有充分调用起来,大量信息资源没有被完全挖掘利用,其价值也就难以发挥出来。而大数据、云计算、人工智能等先进技术的应用可以扩展传统数据维度,提升原有数据质量,提高数据广度、深度和精确度,商业银行在风险管理和控制领域运用数据挖掘技术和数据分析模型,有利于科学有效地对客户进行信用评估。比如,通过大数据技术,可以收集到潜在客户的基本资料、征信情况、收入结构、消费习惯等数据,并进行数据分析和处理,生成立体化、生动化的客户画像,准确甄别并反馈客户存在的风险类别以及风险水平,从而减少信息不对称问题,提高风险识别和监测能力,减少商业银行的风险承担。

其次,数字金融的技术溢出效应可以促进商业银行技术实力提升,升级银行内部风控系统,进而提高其风险管理的效率。过去商业银行进行贷后管理与动态检测常常需要人工进行数据收集与录入,这需要耗费大量的人力成本和时间,并且收集到的数据具有滞后性,无法及时反映贷后风险变动的真实情况,并且商业银行各部门之间信息共享不及时,也降低了商业银行风险监管的时效性。数字技术的应用大幅缩减了数据信息获取、录入、分析的时间,并且实现了商业银行内部各部门之间信息交互,形成完整透明的信息流,可见商业银行与数字金融的融合加速了商业银行风控模型、架构、流程等的重构,给商业银行带来了高精度、移动化、线上化的智能风控系统,该系统在实时监控到风险变化后,可以使商业银行尽快采取应变措施,提高了风险管理的整体效率,降低其风险承担水平。

综合上述理论分析,我们认为数字金融促进商业银行技术进步、业务创新和风控提效的作用更突出,而其传统业务受到数字金融冲击的情况多发生在数字金融出现的初期,主要是由于那段时间行业缺乏规范与约束。而近年来,随着国家对数字金融监管的力度不断强化、覆盖更加全面,数字金融的发展也日益规范化,并且形成了数字金融与传统金融融合发展的局面。随着商业银行和数字技术融合发展的程度不断深入,互联网理财产品的优势逐渐被弱化,例如,余额宝在近几年内年化收益率不断降低，而商业银行理财产品体系不断完善，期限配置灵活、收益率高，对客户的吸引力也在提升。另外，数字金融的技术溢出效应能够助推商业银行进行数字化转型和创新，这有利于提升商业银行经营效益，降低商业银行的营销成本和管理成本，使商业银行为实现高收益而提高风险承担的激励下降。因此我们提出：

假设1：数字金融会抑制商业银行的整体风险承担。

而从不同角度分析，数字金融对其资产端和负债端的风险承担的影响方向是不同的。从资产端看，数字金融对商业银行的替代作用使商业银行为维持原有业务规模被迫降低信贷门槛，为追求盈利而增加高风险权重的资产业务，数字金融的技术溢出作用刺激商业银行进行金融创新，使其在传统信贷业务之外开拓多元化业务，这均是提高其风险承担的行为。从负债端看，数字金融理财产品收益率不断下降，即替代作用减弱，且数字金融带来的技术创新有利于商业银行实现精准营销，沉淀低息资金，降低融资成本，主动融资的选择空间增大也会加强债权人的监管自觉性，由此，数字金融的技术溢出作用产生的影响更加明显。根据以上理论分析，我们将在后续章节中将商业银行资产端和负债端的风险承担进行量化[①]，通过实证检验数字金融对资产端风险承担和负债端风险承担的影响方向。因此提出：

假设2：数字金融会增强商业银行资产端的风险承担；

假设3：数字金融会降低商业银行负债端的风险承担。

第四节　数字金融对商业银行风险承担的作用机制

数字金融对商业银行风险承担的影响是多方面的、复杂的，在上一章中，我们分析了数字金融对商业银行风险承担产生影响的三个内部渠道以及在数字化浪潮中不同业务端风险承担的选择。商业银行是杠杆率

---

① 我们考虑到数字金融影响商业银行风险承担的风控端途径可以直接反映到商业银行整体风险承担的选择上，因此后续只对商业银行资产端与负债端的风险承担分开进行量化和实证分析。

较高的企业，其资产业务体现了其资金的使用，也是商业银行的主要收入来源，而负债业务体现了其资金的来源，利息成本也是商业银行的主要成本，因此本章从商业银行内部经营的角度，将前一章的影响途径映射到能够代表其经营效益的收入和成本上，探究数字金融通过改变商业银行经营效益进而影响其风险承担的作用机制。

一 数字金融与商业银行经营效益

（一）数字金融对商业银行收入的影响

影响商业银行收入的因素包括其业务规模、办理时效和服务质量等，多方面因素共同决定了商业银行收入水平的变化。随着数字金融的出现和推广，它会在以下三个方面对商业银行的收入产生影响。

首先，数字金融发展能够促进商业银行业务规模增长。早期商业银行受到地域限制，难以实现高效的信息交互，只能在有限的空间内开展业务，而大数据、互联网和通信技术的应用促进了商业银行线上金融业务的发展，直接扩大了商业银行的业务覆盖广度，也扩大了商业银行的客户群，这增强了商业银行的市场竞争力，提升了商业银行形象，也有利于吸收存款。另外，商业银行的业务管理能力是维持其业务规模稳定增长的基础。过去业务账目核算要靠人工完成，但随着客户量和交易量增加，人工核算的处理速度和准确度都会降低，且人工成本较高，而云计算技术的应用很好地提高了商业银行对大额、高频次业务的处理能力，区块链和移动互联技术也提高了信息交换速度，实现了信息共享。根据中国工商银行披露的数据，2020 年网络金融交易额 640.38 万亿元，是全行业务交易额的 98.7%[①]，网络金融业务占比逐年提升（见图 3.2）。根据"长尾理论"，长尾市场的价值不可忽视，完全能够比得上甚至超过头部市场的价值，数字金融的发展能够帮助商业银行进一步开拓长尾市场，促进其收入增长。

---

① 中国工商银行：《中国工商银行 2020 年度报告（A 股）》，2021 年 3 月 27 日。

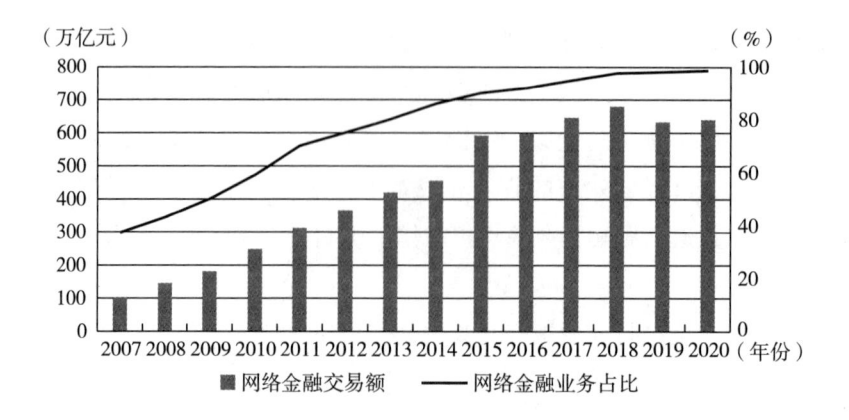

图 3.2　2007—2020 年中国工商银行网络金融发展情况

资料来源：wind 资讯。

其次，数字金融发展能够提升商业银行业务时效。商业银行业务时效提升主要包括两个方面，一是客户办理业务时效提升，二是银行处理业务时效提升。客户办理属于商业银行的前台业务，之前只能通过柜面服务办理时，每一位客户都需要付出交通时间、排队时间和业务办理时间，同时柜面服务的业务处理压力也比较大，而手机银行、网上银行、智能柜台等系统的应用至少减少了客户交通和排队的时间，简单业务都能通过智能系统完成，也减轻了柜面服务的压力。另外，这也为客户节省了时间，能够提升他们对商业银行的满意度，因此可以增加客户黏性，也有利于吸引新客户。业务处理属于商业银行中台的工作范畴，数字金融的发展有利于商业银行完善线上业务处理系统的建设，可以加强内部工作人员之间的有效沟通，信息上网也能够提高业务处理流程的透明性和清晰度。以贷款申请为例，过去需要贷款者在前台发起申请并提交资料，前台部门录入后需要中台进行复查、风险评估、背景调查等，最后放款，一系列流程下来往往需要很长时间，而现代智能的信贷审批系统可以实现客户线上申请，商业银行各部门也可以通过系统进行审核评估和放款，极大地压缩了业务处理流程所需的时间。银行处理客户申请的业务时效提升可以缩短业务周期，使商业银行在同样的时间内可以处理更多的业务。这两者都有利于提升商业银行的整体经营效率,增强其竞争力。

最后,数字金融发展能够提高商业银行服务质量。过去,客户办理业务都要去商业银行网点柜面进行办理,那时商业银行的服务质量很容易受到柜员个人状态的影响,并且当时没有智能化系统,人工工作繁重,随着工作人员劳累程度增加服务质量也会下降。如今,数字金融的发展有助于商业银行推出手机银行、电子银行、智能柜台等智能化平台,促进了服务的标准化,也减轻了柜面工作压力,提升了整体服务质量。另外,数字金融推动了商业银行整体运营的透明化,不仅使客户能够及时了解自己在银行的业务办理进度、资产情况、信用情况等,也降低了银行内部管理的难度,业务处理中数据生成、审批推进越来越自动化,智能管理系统也有助于监管部门实现对银行全量业务的合规性审计,实现内外部的有效监管与约束作用,增强客户的信任。数字金融也促进了商业银行的精准化服务能力,大数据和人工智能的应用能够使商业银行对客户需求进行精准定位,进而根据他们的潜在需求,主动提供个性化服务,这种精准化营销提高了商业银行营销的成功率,从而提高了商业银行的收入。

(二) 数字金融对商业银行成本的影响

首先,数字金融发展降低了商业银行的运营成本。传统商业银行主要通过线下网点开展业务,通过增加网点数来拓展客户群和增加业务规模。但随着商业银行业务种类不断丰富、业务规模扩大、客户数量增加,线下网点的工作强度越来越大,因此网点扩张的压力越来越重,人力成本也越来越高。ATM 机、智能柜台的出现和使用分担了绝大部分基础业务,比如客户开户、存取款等,降低了线下业务的人力需求,缩减了人力成本;手机银行等自助平台的应用使得客户在网上便可实现随时随地办理银行业务,打破了靠网点提供服务和拓展业务的局面,减少了对线下网点服务的需求,从而降低了网点的运营成本。以中国工商银行为例,其不断推动网点智能化改造,大力推进移动渠道建设,从 2015 年起,员工和机构数量都呈下降趋势,如图 3.3 所示,智能服务模式逐渐完善将会降低商业银行线下渠道的运营成本。其次，数字金融发展降低了商业银行的业务成本。传统银行过去还是人工办理业务的时候，边际业务成本就是人工成本，且随着人工劳动量提高，处理业务的效率也会降低，因而会出现随着业务量提升，商业银行规模报酬递减的情况。而由智能系统和互联网平台代替人工后，它们所能处理的那部分业务的边际成本就接近于零，这就意味着商业银行业务是随规模报酬递增的，并且数字金融提高了商业银行业务办理时效，即在同样的成本投入下可以办理更多业务，单位业务成本减少。数字金融推动了商业银行进行技术创新、产品创新，商业银行可以利用高效的数据挖掘和数据分析技术匹配客户需求与产品特点，在客户需求调查方面节约了大量人力和时间，减少了商业银行的信息采集成本和业务创新成本。再次，数字金融发展降低了商业银行的管理成本。数字金融带来的数字技术渗透到商业银行的各个管理领域，包括预算管理、资本管理、业绩考核管理、资产定价管理、人力资源管理等多个方面，数字金融帮助商业银行实现了内部管理向线上化与扁平化转型，帮助商业银行解决了过去逐层进行信息收集、汇总、

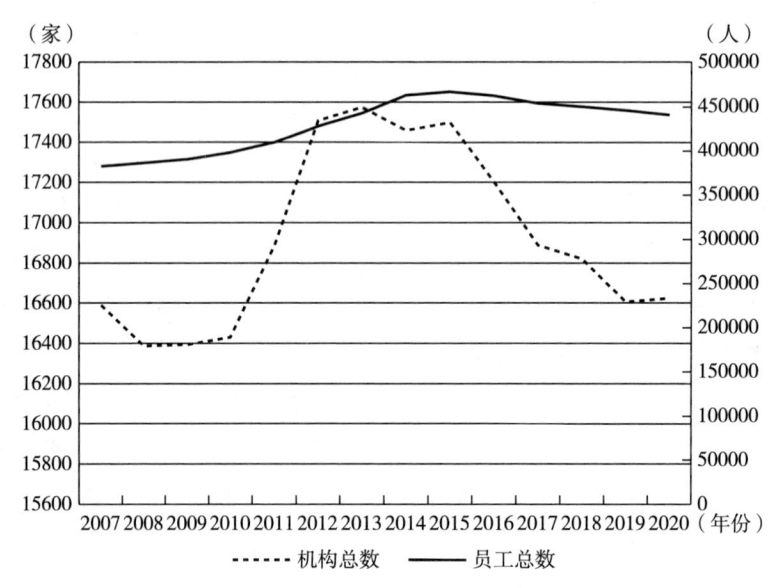

图 3.3 2007—2020 年中国工商银行员工和机构情况

资料来源：wind 资讯。

上报的时滞性和低效率问题,降低了管理成本。最后,数字金融促进了银行各部门之间的信息交互,为其进行风险管理与内部控制带来了便利,使商业银行可以随时对各部门工作情况进行监督,提高了监督管理的及时性和有效性,降低了商业银行的监督成本。

综合以上分析,数字金融分别从多方面促进了商业银行收入增长、成本降低,进而促进了商业银行效益提升,其作用路径如图3.4所示。因此我们提出:

假设4:数字金融有助于提升商业银行经营效益。

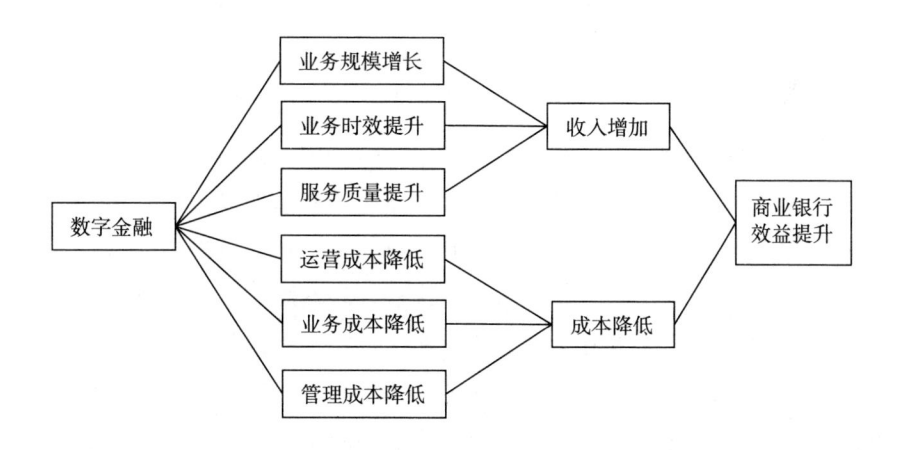

图3.4 数字金融促进商业银行效益提升的作用路径

二 数字金融、商业银行经营效益与商业银行风险承担

国内外很多学者从货币政策、银行间竞争、金融创新等角度分析数字金融对商业银行风险承担的影响,但至今没有产生定论。商业银行是以盈利为目的的金融机构,出于这一性质和前文的分析,我们选择与商业银行经营管理密切相关且最能反映资产负债业务情况的银行效益,从商业银行经营效益的角度考察数字金融对商业银行风险承担的作用机制。如果银行效益提高,则商业银行就会降低风险偏好,选择低风险承担;如果效益减少,则商业银行会为了追求效益提升而选择承担高风险,因此数字金融影响商业银行风险承担的机制分析应主要从以下两方面

展开。

一方面，数字金融对商业银行主要发挥替代作用。数字金融的发展会冲击以商业银行为代表的传统金融生态，挤占市场份额，不仅能够为商业银行覆盖不到的尾部客户提供服务，还会凭借其门槛低、办理简便、灵活性强等特点争夺市场上的头部客户，压缩银行的业务空间，加剧行业内竞争，进而缩小商业银行存款和贷款之间的利息差，降低其收入。同时替代效应也会使传统银行融资的难度加大，在此过程中产生的费用也会增加，相应地，导致其经营效益下降。面对这种冲击，商业银行为了追求更高的效益来维持其运营，会主动选择高风险偏好，会提高自身的风险承担水平。

另一方面，数字金融对商业银行主要发挥互补作用，且数字金融的技术溢出效应会加快商业银行对数字技术的应用。互补作用体现在数字金融是对原有金融服务供给的补充与完善，尤其是能够给一些偏远落后地区提供金融服务，具有普惠性，而且数字金融也会帮助商业银行提高其技术水平，通过技术手段提高商业银行金融资源配置的效率，促进金融服务供给与客户需求的平衡，使商业银行实现精准的产品定价和产品研发。数字金融也为商业银行带来了新的服务方式，增强了产品创新的能力，助力其实现多元发展。在数字化的浪潮中，商业银行积极进行数字化转型，拥抱数字金融带来的发展机遇，并与各大互联网企业展开合作，例如，2017年我国中农工建四大国有行纷纷开始与大型互联网公司展开合作，包括建设联合实验室、开展渠道合作与业务合作等，并不断推动合作上升至战略层面。商业银行也在纷纷布局金融科技，重视借助大数据、人工智能等新兴技术满足客户新的金融需求，目前已有多家商业银行纷纷成立自己的金融科技子公司，加快转型速率，重塑业务流程，优化客户体验，这些都会促进商业银行开拓新的业务，提高竞争力，进而增加其经营效益，降低它们为追求高收益而主动选择承担更高风险的倾向，抑制商业银行的风险承担，形成良性循环。详见表3.1。

表 3.1　　　　　　　　我国银行系金融科技子公司

银行	金融科技子公司名称	主要股东	成立时间
北京银行	北银金融科技有限责任公司	北银置业（100%）	2013.08
兴业银行	兴业数字金融服务（上海）股份有限公司	兴业国信（72.86%）	2015.11
平安集团	上海壹账通金融科技有限公司	深圳壹账通智能科技有限公司（100%）	2015.12
招商银行	招银云创信息技术有限公司	招银科技（100%）	2016.02
光大银行	光大科技有限公司	光大集团（100%）	2016.12
建设银行	建信金融科技有限责任公司	建银腾晖（92.50%）	2018.04
民生银行	民生科技有限责任公司	民生置业（100%）	2018.04
华夏银行	龙盈智达（北京）科技有限公司	龙盈科创（99.95%）	2018.05
工商银行	工银科技有限公司	工银国际（100%）	2019.03
中国银行	中银金融科技有限公司	津远实业（100%）	2019.06
浙商银行	易企银（杭州）科技有限公司	天枢数链（100%）	2020.02
农业银行	农银金融科技有限责任公司	农银投（100%）	2020.07
交通银行	交银金融科技有限公司	交银国际（100%）	2020.08
廊坊银行	廊坊易达科技有限公司	廊坊银行（99%）	2020.11
浦发银行	浦发银行科技子公司（筹建中）		
中原银行	中原银行科技子公司（筹建中）		

资料来源：企查查。

考虑到如今的形势，数字金融挤占商业银行市场、加剧竞争的时代已经过去，目前数字金融对商业银行的技术溢出作用更加突出，商业银行与数字金融企业之间更多的是合作共赢的关系。另外，我国数字金融刚开始的飞速发展也得益于外部监管的宽松和传统金融机构供给不足，而传统商业银行业务管控严格且科技水平落后，因此数字金融拥有足够宽松的发展环境，但也造成了不少乱象。如今，外部监管趋严，针对数字金融领域的监管政策、管理措施逐渐全面化、规范化，2019 年国家监管部门开始清退网贷平台，截至 2020 年年底，我国 P2P 平台已经全部清退，商业银行也主动打破原有的组织架构和运营模式，积极追求与数字金融深度融合，在平台化运营、智能化风控等方面持续赋能，数字金融对商业银行的冲击逐渐减弱，科技赋能与战略合作步伐加快。综合前文的分析，数字金融促进商业银行加强创新，改变了它们的传统业务模式，提高了其技术水平，提升了风险管控能力，并通过多种途径使得商业银行收入增加，成本减少，进一步通过提高经营效益降低其风险承担，从整体看，数字金融对商业银行的影响利大于弊。因此我们提出：

假设5：数字金融会提高商业银行经营效益，进而降低商业银行风险承担。

第五节　数字金融对商业银行风险承担的实证研究

一　变量选取

（一）被解释变量：商业银行风险承担，包括整体、资产端、负债端三个层面的风险承担

对于商业银行整体风险承担水平的衡量，目前主要有三种方法：第一种是以Z指数为代表的破产风险法（Laeven等，2009），这种方法是将银行看作一般性的公司，以破产风险衡量商业银行的风险承担，但由于中国特殊的市场机制，商业银行的破产概率非常小，且这种方法没有考虑到银行的特殊性；第二种是市场法（Pathan，2009），是基于投资者视角以资本资产定价模型为基础，并考虑到银行的特殊性加入了银行特有的利率风险，考察市场的总风险、系统性风险和非系统性风险，以此衡量商业银行的风险承担，这种方法需要有完整的股票交易数据，因此只适用于上市银行，而中国大部分商业银行都没有上市，不适合用此方法衡量风险承担水平；第三种是考虑商业银行的特殊性并且反映监管当局对商业银行实施监管的资本充足法（Rime，2001），《巴塞尔协议》中关于商业银行资本充足率的规定影响深远，学者们结合资本充足率的公式，将资本充足法分为分子法和分母法，分子法的衡量指标有资本资产比率、股权比储蓄和短期资金，分母法的衡量指标有风险加权资产占总资产的比重、不良贷款率，这种方法既考虑了商业银行的特殊性，其指标的获取也较容易，因此资本充足法是度量商业银行风险承担的最优选择（刘

海明等，2012）。资本充足率这一指标不仅从银行的角度体现出商业银行的风险承担倾向（许友传，2009），也能体现商业银行的合规程度（刘胤等，2011），因此我们选取资本充足率（CAR）作为被解释变量来衡量商业银行的整体风险承担，该指标越高意味着商业银行的风险承担倾向越低。

对于商业银行资产端的风险承担，风险加权资产占比属于资本充足法中的分母法，这一指标能够体现商业银行在资金运用上的风险偏好和承担行为，并反映了资产业务的风险变化（Delis等，2011；江曙霞等，2012；金鹏辉等，2014），因此我们选取风险加权资产占总资产的比重（RWA）来衡量商业银行资产端的风险承担，风险加权资产占总资产的比重越高，商业银行资产端的风险承担越高。

对于商业银行负债端的风险承担，我们借鉴Angeloni等（2011）、金鹏辉等（2014）的做法，选取非存款负债占总资产的比重（NDL）来衡量商业银行负债端的风险承担。商业银行的负债是其主要资金来源，存款性负债相比非存款负债来说稳定性更强，商业银行的非存款负债比例越高，越容易受到市场波动的影响，导致商业银行负债端的风险承担提高。

（二）核心解释变量：数字金融（DF）

我国数字金融发展迅速，但很长时间一直缺少一个衡量其整体发展水平的指标体系。基于蚂蚁集团的底层交易数据，北京大学数字金融研究中心和蚂蚁集团研究院合作编制了一套"北京大学数字普惠金融指数"，该指标包括覆盖广度、使用深度和数字化程度3个一级维度、11个二级维度以及33个具体指标，从信贷、支付、投资、保险、货币基金等多个方面全面刻画数字金融的发展水平（郭峰等，2020）。目前该指标已经得到了学术界的广泛应用，该指标不仅能够反映商业银行受到数字金融冲击，也能反映商业银行的内部数字化实力（余静文等，2021），因此我们参考邱晗等（2018）的研究，选取北京大学数字普惠金融指数的省级面板数据来衡量该地区数字金融的发展水平，研究其对我国商业银行风险承担的影响。另外，我们参考顾海峰等（2019）的做法，选择第三方支付规模作为衡量数字金融发展水平的替代变量在后续研究中进行稳健性检验。

(三) 其他变量

为研究数字金融对商业银行风险承担的作用机制,结合前文关于数字金融对商业银行风险承担的影响途径的分析,我们选取成本收入比 (CIR) 作为中介变量,该指标既能衡量商业银行的经营效益,其分母和分子也能反映商业银行的资产负债情况。成本收入比越高,商业银行的经营效益越差;反之,则商业银行的经营效益越好。

控制变量包括银行层面的财务指标和宏观层面的指标。其中,银行层面的财务指标包括银行规模 ($SIZE$)、总资产收益率 (ROA)、净息差 (NIM)、存贷比 (LDR)、非利息收入占比 (NI),分别反映商业银行的发展规模、盈利能力、流动性管理水平和创新能力;宏观层面的指标包括商业银行注册地所在省份GDP的增长率 (GDP)、广义货币供应量增速 ($M2$),分别反映经济发展水平和货币政策情况。

综上所述,研究选取的变量及说明如表3.2所示。为了增强系数的解释力,我们将北京大学数字普惠金融指数除以100进行回归。

表 3.2　　　　　　　　　变量选取及说明

变量类型	变量名称	符号	说明
被解释变量	资本充足率	CAR	资本总额/风险加权资产(%),反映商业银行整体风险承担
	风险加权资产比重	RWA	风险加权资产/总资产(%),反映商业银行资产端风险承担
	非存款负债比重	NDL	非存款负债/总资产(%),反映商业银行负债端风险承担
核心解释变量	数字金融发展指数	DF	北京大学数字普惠金融指数(省级数据)/100
	第三方支付	TPP	当年第三方支付规模(百亿元),作为数字金融发展指数的替代变量
中介变量	成本收入比	CIR	营业成本/营业收入(%)

续表

变量类型	变量名称	符号	说明
控制变量	银行规模	SIZE	商业银行总资产的对数值
	总资产收益率	ROA	净利润/总资产（%）
	净息差	NIM	利息净收入/生息资产（%）
	存贷比	LDR	贷款余额/存款余额（%）
	非利息收入占比	NI	非利息收入/营业收入（%）
	GDP增长率	GDP	商业银行注册地所在省份GDP的增长率
	广义货币供应量增速	M2	年度广义货币供应量的增长率

二 数据来源

考虑到数据的可得性、真实性与代表性，我们选取 64 家商业银行 2011—2020 年的年度数据，其中包括 5 家大型国有商业银行、11 家全国性股份制商业银行、30 家城市商业银行和 18 家农村商业银行。研究数据主要来源于 wind 数据库、北京大学数字金融研究中心、国家统计局官网、国泰安数据库以及各商业银行年报。其中，商业银行的财务数据和第三方支付规模来源于 wind 数据库和国泰安数据库，个别缺失数据由笔者从各商业银行历年年报中查找得到；数字金融发展指数来源于北京大学数字金融研究中心的"北京大学数字普惠金融指数"省级数据；宏观数据来源于国家统计局官网。

各变量的描述性统计结果见表 3.3。我们选取 64 家商业银行 2011—2020 年的平衡面板数据，样本中平均每家商业银行的资本充足率为 13.5950%，且标准差较小，说明不同年份各商业银行的整体风险承担水平差别较小，但风险加权资产比重和非存款负债比重的最大值与最小值相差较多，且标准差较大，说明不同年份各商业银行在资产负债选择上的风险承担差别较大。根据对数字金融发展指数除以 100 后的最值、均值和标准差可知，数字金融发展指数最值相差为 414，均值为 242.03，标准差为 101.33，都比较大，由此说明我国各省份数字金融发展水平的差距较大。

表 3.3　　　　　　　　　变量的描述性统计

变量	样本	均值	标准差	最小值	最大值
CAR	640	13.5950	3.0194	9.0000	59.6100
RWA	640	63.9180	8.8076	32.1000	89.3300
NDL	640	24.3380	10.9290	1.6300	51.9500
DF	640	2.4203	1.0133	0.1800	4.3200
TPP	640	1.1550	1.2983	0.0500	3.7200
CIR	640	32.6210	7.0655	17.7500	71.0500
SIZE	640	26.6230	1.8856	22.1400	31.1400
ROA	640	0.9464	0.3239	0.0400	2.0300
NIM	640	2.6880	1.0161	0.4500	13.4200
LDR	640	69.6060	12.5310	24.1400	118.8600
NI	640	19.4810	13.2210	−14.6200	84.8700
GDP	640	9.3469	4.8698	−17.7200	34.6100
M2	640	11.2800	2.2449	8.1000	13.8000

三　模型设定

我们选择静态面板数据模型进行回归，由于研究使用的是平衡面板数据，是截面数大于时序数的短面板数据，因此未做单位根检验。构建基准研究模型如下：

$$Y_{it} = \alpha_{it} + X'_{it}\beta + \varepsilon_{it} \tag{3.1}$$

其中，Y_{it} 为被解释变量，X'_{it} 为解释变量的列向量，ε_{it} 为随机误差项，i 代表银行，t 代表时间。

为验证数字金融对商业银行不同层面风险承担的具体影响，建立如下模型：

$$CAR_{it} = \alpha_0 + \alpha_1 DF_{it} + \alpha_2 Control_{it} + \varepsilon_{1it} \tag{3.2}$$

$$RWA_{it} = \delta_0 + \delta_1 DF_{it} + \delta_2 Control_{it} + \varepsilon_{2it} \tag{3.3}$$

$$NDL_{it} = \lambda_0 + \lambda_1 DF_{it} + \lambda_2 Control_{it} + \varepsilon_{3it} \tag{3.4}$$

其中，α_0、δ_0 和 λ_0 表示常数项，被解释变量 CAR、RWA 和 NDL 分别

表示商业银行资产端、负债端和整体的风险承担；核心解释变量 DF 表示数字金融发展指数；$Control$ 表示控制变量；ε 表示随机误差项。

为验证数字金融对商业银行风险承担的作用机制，建立如下模型：

$$CIR_{it} = \beta_0 + \beta_1 DF_{it} + \beta_2 Control_{it} + \varepsilon_{4it} \quad (3.5)$$

$$CAR_{it} = \gamma_0 + \gamma_1 DF_{it} + \gamma_2 CIR_{it} + \gamma_3 Control_{it} + \varepsilon_{5it} \quad (3.6)$$

公式（3.5）中，CIR 是成本收入比，作为中介变量，表示商业银行的经营效益。公式（3.2）中的系数 α_1 反映了数字金融对商业银行整体风险承担的总效应；公式（3.5）中的系数 β_1 反映了数字金融对商业银行经营效益的效应。公式（3.6）中的系数 γ_2 表示在控制了核心解释变量之后，中介变量成本收入比对资本充足率的效应；系数 γ_1 表示在控制了中介变量之后，核心解释变量对资本充足率的效应。

四 数字金融对商业银行风险承担的基准回归分析

我们选择资本充足率、风险加权资产占总资产的比重和非存款负债占总资产的比重三个变量，使用 Stata 软件实证检验数字金融对商业银行整体上、资产端以及负债端的风险承担的影响。

（一）数字金融对商业银行整体风险承担的实证分析

我们用资本充足率这一指标来衡量商业银行的整体风险承担。在模型的选择上，首先进行固定效应模型回归，其中 F 检验的 P 值为 0.0000，因此拒绝原假设，排除混合效应模型；其次进行 Hausman 检验，其中 P 值为 0.0084，因此可以拒绝随机扰动项与解释变量不相关的原假设，最终选择固定效应模型。使用 Stata 软件得到的实证结果如表 3.4 所示。

表 3.4 数字金融对商业银行整体风险承担的实证结果

变量	CAR
DF	1.3932***
	(4.0476)
SIZE	-4.8311***
	(-7.8045)

续表

变量	CAR
ROA	−2.9801***
	(−5.1821)
NIM	0.5339**
	(2.4975)
LDR	0.0155
	(1.1233)
NI	0.0104
	(0.8245)
GDP	−0.0131
	(−0.4276)
M2	−0.2572***
	(−2.9616)
Constant	141.9649***
	(8.6915)
Observations	640
Number of bank	64

注：***，**，*分别表示在1%、5%、10%显著性水平下显著，括号内数值为t值。

根据表3.4中的结果，核心解释变量数字金融发展指数的估计系数为1.3932，且在1%的显著性水平下显著，表明数字金融发展指数与商业银行资本充足率呈显著的正相关关系，验证了假设1，即数字金融有利于抑制商业银行的整体风险承担。可能的原因有两方面：一是数字金融使商业银行能够通过数据收集与数据分析技术扩大风险管理的数据源、减少信息不对称问题，提高风险甄别能力，也能够帮助商业银行实现内部信息交互，提升风险管理效率，总体上提升了商业银行的风险管控能力，降低其风险承担；二是数字金融通过推动商业银行业务发展、服务质量提高和降低商业银行运营、业务、管理等各项成本，促进商业银行实现"降本"和"增益"，提高商业银行经营效益，进而降低商业银行风险承担。其中，针对第二点原因，我们将在后面内容中通过实证进行验证。

从控制变量来看，商业银行规模的回归系数在1%的显著性水平下为负，即商业银行资产增长率越高，风险承担越高，侧面反映了成长速度快的商业银行选择了更加激进的资产扩张策略，即选择了更高的风险承担；总资产收益率的回归系数在1%的显著性水平下为负，证明商业银行所获利润与风险承担呈正相关关系，商业银行当期的高盈利正是来源于其当期资产选择上的高风险承担，即潜在收益与潜在风险成正比；净息差的回归系数在5%的显著性水平下为正，表明商业银行净息差越高，其风险承担越低，其利息净收入越高，则依靠拓展风险权重较高的新业务来盈利的动机下降，因此整体风险承担降低；广义货币供应量增速的回归系数在1%的显著性水平下为负，表明宽松的货币政策会使我国商业银行提高整体风险承担。

（二）数字金融对商业银行资产端风险承担的实证分析

我们用风险加权资产占总资产的比重来衡量商业银行资产端的风险承担。在模型的选择上，首先进行固定效应模型回归，其中F检验的P值为0.0000，因此拒绝原假设，排除混合效应模型；其次进行Hausman检验，其中P值为0.1482，无法拒绝原假设，因此应选择随机效应模型。使用Stata软件得到的实证结果如表3.5所示。

表3.5　数字金融对商业银行资产端风险承担的实证结果

变量	RWA
DF	2.4152***
	(4.4176)
SIZE	−0.2949
	(−0.8671)
ROA	3.7970***
	(3.1922)
NIM	1.4035***
	(3.1610)
LDR	0.1902***
	(6.7104)

续表

变量	RWA
NI	-0.0080
	(-0.3036)
GDP	-0.1873***
	(-2.8602)
M2	-0.4741**
	(-2.5279)
Constant	52.5756***
	(5.6563)
Observations	640
Number of bank	64

注：***，**，*分别表示在1%、5%、10%显著性水平下显著，括号内数值为z值。

根据表3.5中随机效应模型的结果，数字金融发展指数的估计系数为2.4152，且在1%的显著性水平下显著，表明数字金融发展指数与商业银行风险加权资产比重呈显著的正相关关系，验证了假设2，即随着数字金融的发展，商业银行在资产选择上承担了更高的风险。可能的原因有两方面：一是数字金融发展对商业银行的外部冲击使商业银行被迫降低贷款门槛，导致低质量客户增加，对应业务的风险权重增加，从而提高了资产端的风险承担；二是数字金融的发展促进了商业银行进行金融创新，拓展不同于传统贷款业务的新业务，随着商业银行资产业务边界的移动，其资产业务的市场化程度加深，更容易受到市场波动影响和风险传染，且新兴业务存在部分监管缺失问题，导致资产端的潜在风险承担提高。

（三）数字金融对商业银行负债端风险承担的实证分析

我们用非存款负债占总资产的比重这一指标来衡量商业银行负债端的风险承担。在模型的选择上，首先进行固定效应模型回归，其中F检验的P值为0.0000，因此拒绝原假设，排除混合效应模型；其次进行Hausman检验，其中P值为0.0000，因此拒绝原假设，最终选择固定效应模型。使用Stata软件得到的实证结果如表3.6所示。

表 3.6　　数字金融对商业银行负债端风险承担的实证结果

变量	NDL
DF	-2.8702***
	(-4.1375)
SIZE	9.0636***
	(7.2650)
ROA	-6.4847***
	(-5.5950)
NIM	-0.5360
	(-1.2441)
LDR	-0.0014
	(-0.0514)
NI	0.0578**
	(2.2685)
GDP	-0.0045
	(-0.0723)
M2	-0.2448
	(-1.3987)
Constant	-200.6595***
	(-6.0955)
Observations	640
Number of bank	64

注：***，**，*分别表示在1%、5%、10%显著性水平下显著，括号内数值为 t 值。

根据表3.6中结果，数字金融发展指数的估计系数为-2.8702，且在1%的显著性水平下显著，表明数字金融发展指数与商业银行非存款负债比重呈显著的负相关关系，验证了假设3，即数字金融的发展降低了商业银行在负债选择上的风险承担。可能的原因有两方面：一是数字金融带来的技术溢出效应有利于商业银行实现精准化营销，提升了其服务质量，缩减了营销成本，数字技术可以使商业银行利用自身平台构建综合服务生态圈，进而沉淀低息资金，降低融资成本，缓解了商业银行为提高盈利和拓展资金来源而承担高风险的压力;二是数字金融促进商业银行负债业务创新,拓宽其主动融资的选择,减少了期限错配的风险,且由于缺少各类保护制度,主动融资对象相比于存款客户的监管积极性高,因此降低了商业银行负债端的风险承担。

综上所述,从商业银行整体来看,数字金融的发展提高商业银行的风险管控能力和创新发展能力,总体上降低了商业银行的风险承担;从资产端看,数字金融的发展会提升商业银行资产端的风险偏好、提高其在资产选择上的风险承担;从负债端看,数字金融的发展会降低商业银行负债端增加高风险业务的动机、降低其在负债选择上的风险承担。

五 数字金融对商业银行风险承担的作用机制检验

为了验证数字金融对商业银行风险承担产生影响的作用机制,我们选取成本收入比作为商业银行经营效益的衡量指标,通过中介效应模型三步法检验数字金融是否能通过影响商业银行经营效益进而影响其风险承担。通过 Hausman 检验,P 值均为 0.0000,三步法中的模型都应该选择固定效应模型,对应的回归结果如表 3.7 所示。

表 3.7　　　　　　　　中介效应模型检验结果

变量	(1) CAR	(2) CIR	(3) CAR
DF	1.3932*** (4.0476)	-2.1304*** (-6.0545)	1.4616*** (4.2550)
CIR			-0.0811*** (-2.5946)
SIZE	-4.8311*** (-7.8045)		-5.4503*** (-8.2514)
ROA	-2.9801*** (-5.1821)	-7.5490*** (-9.1681)	-3.5869*** (-5.8027)
NIM	0.5339** (2.4975)	-1.3739*** (-4.5028)	0.4054* (1.8564)

续表

变量	(1) CAR	(2) CIR	(3) CAR
LDR	0.0155	-0.0079	0.0125
	(1.1233)	(-0.4057)	(0.9065)
NI	0.0104	-0.0672***	0.0055
	(0.8245)	(-3.7121)	(0.4306)
GDP	-0.0131	0.0839*	-0.0080
	(-0.4276)	(1.9181)	(-0.2620)
M2	-0.2572***	0.0563	-0.2628***
	(-2.9616)	(0.4560)	(-3.0403)
Constant	141.9649***	49.0538***	162.1686***
	(8.6915)	(18.1064)	(8.9988)
Observations	640	640	640
Number of bank	64	64	64

注：***，**，*分别表示在1%、5%、10%显著性水平下显著，括号内数值为t值。

为了用三步法检验中介效应是否存在，我们将表3.4中的固定效应模型的实证结果放到表3.7的列（1）。从表3.7的列（2）可以看出，数字金融发展指数的系数为-2.1304，且在1%的显著性水平下显著，证明数字金融与商业银行成本收入比呈显著的负相关关系，验证了假设4，即数字金融有利于商业银行降低成本、增加收入，提升了商业银行的经营效益。从表3.7的列（3）可以看出，加入中介变量成本收入比后，成本收入比与资本充足率在1%的显著性水平下呈负相关关系，且数字金融发展指数仍然在1%的显著性水平下与资本充足率呈正相关关系，因此，满足三步法中介效应检验，证明商业银行经营效益在数字金融对商业银行整体风险承担的影响中发挥部分中介效应，验证了假设5，即数字金融通过提高商业银行经营效益降低了其整体风险承担。

六 稳健性检验

（一）替换核心解释变量

上述实证分析中，我们使用"北京大学数字普惠金融指数"作为数字金融的衡量指标,使用资本充足率作为商业银行风险承担的衡量指标,使用成本收入比作为商业银行经营效益的衡量指标,来研究数字金融对商业银行整体风险承担的影响,以及经营效益在其影响中的中介机制作用。为了进一步检验实证结果的稳健性,我们通过替换核心解释变量的方法进行稳健性检验,将核心解释变量换为第三方支付规模,来验证实证结果的可靠性。通过 Hausman 检验,P 值均为 0.0000,因此模型都应选择固定效应模型,回归结果如表 3.8 所示。

表 3.8 稳健性检验结果

变量	(1) CAR	(2) CIR	(3) CAR
TPP	0.8314***	−0.9242***	0.8201***
	(5.4973)	(−4.4664)	(5.4350)
CIR			−0.0649**
			(−2.1009)
SIZE	−4.0159***		−4.4296***
	(−8.5623)		(−8.7302)
ROA	−2.7566***	−7.4435***	−3.2604***
	(−4.8222)	(−8.8709)	(−5.2729)
NIM	0.5802***	−1.3397***	0.4769**
	(2.7442)	(−4.3298)	(2.2033)
LDR	−0.0034	0.0019	−0.0046
	(−0.2302)	(0.0910)	(−0.3140)
NI	0.0190	−0.0807***	0.0150
	(1.5097)	(−4.3952)	(1.1801)
GDP	−0.0434	0.1890***	−0.0414
	(−1.5427)	(5.0297)	(−1.4761)
M2	−0.2977***	0.3463***	−0.3094***
	(−3.7031)	(3.3438)	(−3.8503)
Constant	124.2263***	40.0976***	138.3974***
	(9.4148)	(19.4024)	(9.3614)
Observations	640	640	640
Number of bank	64	64	64

注:***,**,*分别表示在1%、5%、10%显著性水平下显著,括号内数值为 t 值。

从表3.8列（1）可以看到，第三方支付规模的回归系数在1%的显著性水平下为正，第三方支付规模与资本充足率之间呈正向关系，结果与前文一致，即数字金融的发展显著降低了商业银行的整体风险承担，证明数字金融对商业银行风险承担的影响方向与显著性水平均未发生变化，因此通过了稳健性检验，表明我们对于数字金融对商业银行整体风险承担影响的实证分析结果具备可靠性。

表3.8列（2）、列（3）所示为中介效应模型的稳健性检验的结果，可以发现替换核心解释变量后，回归结果中系数符号未发生变化，且依然高度显著，证明数字金融可以提高商业银行经营效益，并且能够通过促进经营效益进而抑制商业银行整体风险承担，即从总体上看，数字金融的发展有利于商业银行实现稳健经营与可持续发展。从稳健性检验的结果可以看出，三步法模型中控制变量的系数符号及其显著性表现也与前文的研究结果基本一致，因此通过了稳健性检验。

（二）工具变量法

在数字金融发展水平的刻画上，我们选用的是各银行总部所在省份的数字普惠金融指数来衡量。考虑到各省份数字金融与传统金融之间的相互融合关系，可能存在反向因果等内生性问题。因此，我们参考王诗卉等（2021）的做法，选取滞后一期的核心解释变量作为工具变量放入模型中，并采用工具变量两阶段最小二乘法进行估计。实验结果如表3.9所示，在采用工具变量法减轻内生性问题之后，结果依然保持稳健，证明数字金融的发展对商业银行整体风险承担和负债端风险承担具有显著的抑制作用，对资产端风险承担具有增强作用。

表3.9　　　　　　工具变量调整后数字金融的影响结果

变量	CAR	RWA	NDL
DF	0.5520**	1.2775*	-3.0043***
	(2.3782)	(1.8057)	(-3.4251)
SIZE	-0.3384***	-0.3992**	1.8335***
	(-5.1894)	(-2.0085)	(7.4399)

续表

变量	CAR	RWA	NDL
ROA	1.1541***	2.2018*	-10.6186***
	(2.7698)	(1.7336)	(-6.7434)
NIM	-0.0231	1.6375***	-2.9212***
	(-0.1326)	(3.0838)	(-4.4373)
LDR	0.0068	0.2571***	0.0966***
	(0.6977)	(8.6703)	(2.6275)
NI	-0.0022	-0.0470*	-0.0693**
	(-0.2476)	(-1.7702)	(-2.1050)
GDP	0.0054	-0.2451***	0.0465
	(0.2072)	(-3.0720)	(0.4697)
M2	-0.1085	-0.6359***	-0.5287*
	(-1.4201)	(-2.7308)	(-1.8316)
Constant	20.8221***	57.6737***	1.4892
	(11.0257)	(10.0189)	(0.2087)
Observations	576	576	576
Number of bank	64	64	64

注：***、**、*分别表示在1%、5%、10%显著性水平下显著，括号内数值为t值。

第六节　结论与政策建议

一　研究结论

数字金融作为一种新兴业务模式，给传统商业银行带来了广泛且深远的影响。一方面，第三方支付、互联网理财等数字金融业务的出现和发展抢占了市场，冲击了商业银行的传统存贷款业务；另一方面，数字金融的发展也推动商业银行进行金融创新，并通过数字化赋能商业银行发展，促进商业银行业务拓展、管理优化升级、风控能力提升，这些影响从长远来看对商业银行的发展都有正向的促进作用，因此关于数字金融对商业银行风险承担产生的影响我们应辩证地看待。我们通过对过往文献进行梳理,明晰了数字金融的基本含义以及相关理论基础,从理论和实证两方面研究数字金融对商业银行风险承担产生的影响。从理论层面,我们从资产端、负债端、风控端三个途径分析了数字金融对商业银行风险承担的影响,并且通过商业银行内部的影响途径映射到其收益与成本上,分析了数字金融对商业银行经营效益的影响,以及经营效益在数字金融对商业银行风险承担影响中的作用机制。从实证层面,我们实证检验了数字金融对商业银行不同端风险承担的影响方向,并验证了商业银行经营效益在数字金融对商业银行整体风险承担中的中介效应。研究结论总结如下。

第一,总体上,数字金融对商业银行风险承担具有正向的影响。数字金融的正向溢出效应促进了商业银行技术水平提升、金融业务创新,提升了商业银行风控能力和风险管理效率,总体来说抑制了商业银行的风险承担。

第二,数字金融对商业银行资产端和负债端的风险承担产生了不同的影响。数字金融通过降低商业银行贷款门槛、拓宽资产业务边界等方式增强了其在资产选择上的风险承担,通过实现精准化营销、降低期限错配风险等方式降低了商业银行负债端的风险承担。

第三,商业银行经营效益在数字金融对商业银行整体风险承担影响中具有部分中介效应。数字金融通过促进商业银行"降本""增益",提高了商业银行经营效益,进而抑制了其整体风险承担。

二 利用数字金融提升商业银行风险承担能力的政策建议

(一)银行发展层面

首先,要加快数字化转型步伐,实现可持续发展。一是要转变发展理念,积极进行数字化转型,商业银行要摒弃传统陈旧的发展理念,顺应当今数字化发展趋势,充分认识到积极进行数字化转型在商业银行应对数字金融业务挑战和把握数字金融带来的创新机遇中的必要性,将推动商业银行与数字金融的融合发展提升至银行战略层面,辩证看待数字金融对商业银行风险承担的影响,在金融产品与服务模式上进行创新。

二是加强与大型互联网公司之间的合作，充分发挥自身优势，促进数字技术与传统金融进行融合，充分吸收数字金融的技术溢出效应，实现整体综合利益最大化，商业银行可以借助互联网公司在数据、专业化人才和数字技术方面的优势拓宽自身获客渠道，降低信息不对称程度，提升金融服务质量，促进业务规模拓展。三是加强自身数字化技术建设，积极培育专业技术人才，打造一支具有较强专业素质的复合型人才队伍，商业银行要积极引进国内外对应领域的专家和学者，可以通过加强与高校、科研院所展开数字金融相关项目合作、开设联合培养课程等方式提前把握人才培养方向，充实数字金融人才库，同时也要增加数字金融方向资金投入，为商业银行实现与数字金融的深度融合和可持续发展打好基础。

其次，要优化业务结构，提升商业银行经营效益。一是要引入创新机制，创新商业银行业务平台与内部管理系统，传统商业银行进行业务拓展主要依靠物理网点展开，但随着互联网技术与通信技术的发展，线上服务平台越来越多地应用到各类生活服务中，商业银行也应该主动开发自身的金融服务线上平台，实现金融业务与服务的线上化、智能化，并利用平台形成综合服务生态圈，维护客户稳定性，同时应该优化内部管理系统，通过线上系统开发与应用，增强管理效率，促进银行内部信息交互，实现内部管理的透明性、有效性和科学性。二是要优化业务结构，降低资金成本，商业银行应该利用自身庞大的客户基础和专业能力稳定传统存贷款业务，保证基础业务的稳定性，再根据自身发展需要合理进行金融产品创新，促进资金来源与运用的灵活配置，利用云计算、人工智能等技术模拟新产品的运行环境、精准分析客户的潜在风险，提升信用评估能力，在促进业务创新、提升经营效益的同时合理控制商业银行风险承担，保证商业银行稳健经营。

最后，要注重数字技术与风险管理体系结合，提升风控能力。一是要合理利用现有技术，积极开发前沿技术。商业银行要注重将自身风险管理体系与数字技术相结合，积极探索商业银行数字化智能风控模式，根据自身资源禀赋情况，建立有效的信息技术风险治理架构、风险大数据平台、稳健的战略规划流程，形成智慧风控生态闭环，强化现有的风险管理系统。二是将大数据技术应用于信贷审批等业务流程中，增强商业银行的数据分析与风险识别能力，促进商业银行资源优化配置，实现资金供需精准匹配，减少信息不对称带来的信用风险，加快智能风控布局，在推进数字化转型的过程中也要立足金融本源，保持稳健经营，坚守风险底线。

（二）行业监管层面

一方面，要完善数字金融监管体系建设，加强监管有效性与科学性。一是要完善数字金融法律法规，把握数字金融的发展规律，对现有法律法规中不适用的部分进行修订，并对新兴数字金融业务监管缺失领域完成增补，确保新法规与原有法律体系实现接轨，为数字金融的有效监管提供基本法律保障。二是行业自律组织也要针对数字金融业务制定行业内统一规范与标准，要及时了解行业动态，实时反馈行业新动态，保障监管的及时性与有效性，同时根据我国金融业监管特点，要注重各监管主体之间沟通协调，促进信息共享和科学联动，明确各监管机构的权责范围和业务边界划分，避免出现监管真空地带和多重监管情况，既要保证数字金融的创新空间，也要严格监管，确保数字金融业务发展的合规性。

另一方面，要促进数字技术与监管结合，推动金融监管创新。一是监管机构要充分认识到数字技术与监管结合的重要性，制定合理的融合发展战略，提升监管效率，在防范金融风险的同时积极进行数字化监管创新。二是金融监管机构应与互联网技术公司开展多方位的交流与合作，利用系统嵌入、应用程序接口等技术手段对监管范围内数据进行自动化采集与实时监控，通过数据分析技术实现动态监测，使金融监管能够覆盖整个业务流程。三是金融监管机构应加强与金融机构内控部门的合作，整合内外部监管系统的数据库，搭建线上信息共享平台，便于各部门之间实时交互传递，实现联动监管。四是构建全方位监管科技体系，搭建线上监管综合平台，加强数字化监管底层基础设施建设，加快监管科技的应用与推广。

第四章　数字金融与商业银行价值的提升

第一节　绪论

据中国银保监会统计，我国商业银行2021年全年累计创造2.2万亿元的净利润，同比增长近13%，实现五年内净利润新高。商业银行在经济市场上发挥着越来越重要的作用，明确数字金融对商业银行价值的影响，是投资者及商业银行本身共同的需求，也是经济市场健康发展的必然要求。

互联网的兴起始于20世纪50年代，随后逐渐由学术层面推进到实践层面。在其发展的70多年里，已从最初仅运用于高校内部联网、局部跨国领导会谈等，发展形成了众多纷繁复杂的形态模式，引起社会各领域的深刻变革。大数据、人工智能、5G等多种技术形式的出现，标志着人类即将迈向以数字经济为主体的历史新阶段。

数字经济中最重要一环是数字金融，数字金融的产生即是互联网与传统金融结合下的产物。"安全第一网络银行"（Security First Network Bank，SFNB）于1995年10月18日在美国成立，这是全球历史上第一家真正意义上的网络银行，该银行员工不超过十人且没有传统商业银行的大规模办公楼，所有的交易均以互联网为媒介。即使在当时与全美的其他银行相比其交易量微乎其微，但它的存在本身还是给全球银行业带来新的思路与挑战。无独有偶，1999年，作为中国业内领先的零售银行——招商银行发布并成为了中国首个拥有网上银行—网通的商业银行，一时间受到众多电子商务网站及企业的青睐，一网通成为备受关注的网上交易工具之一，从某种意义上来说这也提高了我国数字化交易的发展速度。

近年来，行业深化改革和扩大对外开放的步伐有序推进，顺应着政府的方针政策，党中央对金融业的政策力度加大，我国着力于打造金融服务向普惠性发展。银行业作为金融业的支柱产业必然走在改革的最前沿，金融市场的准入条件放宽，降低从事金融业务的门槛，使得银行业的基础业务遭受冲击，行业发展停滞不前，处于瓶颈期的商业银行意识到"开源"比"节流"更有利于长远发展，除了在政策扶持下早已加入上市行列的国有商业银行以及部分股份制商业银行，近年来发展速度较为迅猛的城市商业银行及农村商业银行等中小银行也将目光锁定在资本市场，迫求通过上市的方式获取更为充足的资金支持。从控制风险的角度来看，商业银行上市后需要对外公开自身财务数据和经营状况，形成一套由外而内的监管系统，迫使银行在开发多元化业务模式的同时更加注重风险约束，利于我国银行业走可持续发展的平稳道路。

面对数字金融带来的冲击，商业银行将客户目标转向小微企业，走普惠发展的路线。2020年上半年，由中国银行业协会牵头，获得多家银行响应，积极推行"无接触贷款助微计划"，在半年间为一百万家中小微企业提供数字化服务，例如线上小额贷款、线上支付等。此外，中国银行首席科学家郭为民在"2020第五届新金融论坛"上表示，未来数字金融发展的核心应为数字货币，尽管就目前来说数字货币的主要用途还只局限于个人支付，但数字货币在未来将成为企业支付及融资的核心手段，数字货币的价值潜能还有待金融机构进行深度挖掘。

虚拟数字是不同于纸质化、线下实体面对面的一种高速发展的数字化形式。从日常生活角度来说，人们在非必要时无须再使用现金进行交付，新的交易形式能够有效提高成交效率；从商业银行的发展角度来说，数字金融的普及从积极的一面讲给银行带来的是业务流程的简单化以及业务操作的数字化，但从消极的一面讲它也降低了其他平台参与银行业务的壁垒，互联网化的第三方支付例如余额宝、京东白条等的繁荣发展吸引了紧跟信息化潮流的群体，造成银行业目标客户群体的大量流失，打击银行业现有业务的发展规模。

中国农业银行的研究文章中指出，从用户实操体验的角度来说，金融操作渠道走向线上化、场景化和智慧化，在支付手段上更加注重科技体验感带来的附加价值。从宏观政策角度来说，商业银行倾向于依靠银政合作的模式建立数字政府，商业银行一方面着力加强对公共部门这一垄断信息库的利用，以公共服务数字化为发展点挖掘潜在客户并扩展业务边界；另一方面探索智慧民生体验及城市服务等领域，争取在数字化的发展洪流中弯道超车，保持商业银行的主观能动性。2021年5月首届中国（天津）数字金融高峰论坛（CDFS）上，针对大型商业银行目前的发展状况，中国工商银行首席技术官吕仲涛介绍了该行融合数字金融的实验和结果，将农行的研究成果付诸实践，真正实现了数字化支撑平台、场景化综合服务和智慧化开放生态等金融创新；针对中小型商业银行，天津农商银行副行长李鹏表示，该行在数字金融的帮扶下，正在推广包括移动柜台、移动社保发卡设备、视频银行等在内的十二项强基工程，实践表明中小行发家于成熟的信息时代，受惠于数字化的红利，利用大数据、云计算、区块链等新型技术能将看似零散的信息组建成为详实的数据库，从根本上降低小银行的运行成本，提高经营效率和时间效率。2021年6月5日发布的《数字金融蓝皮书：中国数字金融创新发展报告（2021）》中指出，数字化发展的高端产物——区块链技术使金融机构突破行业固有限制，能够在不增加操作风险的同时简化商业银行等金融机构的业务操作程序，通过与实体经济的融合来提高经营效率，推行数字化转型使得企业走可持续发展道路。

深入研究数字金融对我国商业银行价值的影响并努力提升商业银行价值具有重要意义。第一，商业银行具有区别于一般企业的特殊性，因此对其价值的评估及影响因素的分析也和一般企业有差别，不能将应用于一般企业价值的衡量标准简单强加在商业银行价值的衡量之上。故而结合银行业目前所处的宏观环境以及银行内部微观经营环境，在总结现有文献对商业银行价值影响因素的研究之上将数字金融对商业银行的影响考虑在内,重点关注数字金融对商业银行价值造成的影响,并在此基础之上提出相关改进政策,拓展企业价值研究领域的研究内容。第二,从商业银行角度来讲,研究数字金融对商业银行价值的影响及中介效应的传导机制,将有利于商业银行发展的方面逐渐扩大;通过研究指出数字金融在影响商业银行价值过程中存在的问题,倒逼商业银行对自身业务、服务、技术、风险管理等多个方面做出改变和提升,以应对数字金融带给商业银行的冲击;强调对商业银行价值的影响,促使商业银行重视获利能力的提高、完善可持续发展思维。从投资者角度来说,更加清晰地了解商业银行价值的影响因素,为日后参与投资等经济活动提供选择依据,引导做出更有利于经济效益的投资决策。从政府监管角度来讲,明确数字金融影响下银行业存在的风险和经济发展不平衡的问题,呼吁政府部门对当前存在的问题提供制度变革,间接促进经济市场内银行业的稳定运行。

  本研究的边际贡献有两个方面。其一,选题上的创新。从企业价值这个研究角度来讲,现有文献指出数字金融能够提升企业价值,但由于商业银行在资产、经营和风险等方面都区别于一般企业,实证过程往往将商业银行这类特殊企业的数据排除在外,所以本研究专门用来研究数字金融对商业银行价值的影响;从数字金融这个研究角度来讲,当前在关于数字金融对商业银行各方面影响的研究中,少有对商业银行价值这个维度的关注,因此本研究通过理论分析及实证检验对现有的文献做出补充。其二,研究内容的创新。研究内容中关于传导路径的研究实现了创新,通过对传导路径的分析得出结论:商业银行破产风险对数字金融影响商业银行价值的过程有部分中介效应,对当前关于此问题针对传导路径问题的分析研究做出了进一步的丰富和补充。

第二节　文献综述

一　关于数字金融对经济市场影响的研究

  Chen(2016)表示,数字金融有较好的使用深度,已随着居民的生产生活渗透到经济活动的各个角落。从信贷角度说，Duarte 等（2012）认为数字金融推动信息透明化的发展，传统的信用定价体系将会被改变；傅秋子和黄益平（2018）的实验结果表明，数字金融水平的提升在增加农村消费性信贷需求的同时降低其生产性信贷需求；从经济市场角度说，钱海章等（2020）研究表明数字金融能够通过促进创新创业的发展推动经济的持续上涨；唐松等（2020）认为数字金融能够通过破除融资困境问题稳定企业财务水平间接提高企业的科技创新水平，从这一点来看数字金融使得金融市场上的资源进行了更充分的利用和配置；田杰等（2021）通过实证研究表明，资源错配存在滚雪球现象，而数字金融则能够改善这一现象，提高整个社会的资源配置效率。

从众多学者的研究过程中不难发现，数字金融的发展及影响还存在区域性差异，但在各方学者的研究中也存在不同观点。例如在"数字金融对不同区域的影响强弱"方面有很大差异，有的学者认为数字金融对我国中东部地区的发展有更为显著的效果，如杨伟明等（2021）进行分地区异质性检验时发现，数字金融对中东部消费的促进作用明显强于西部；巩鑫和唐文琳（2021）认为，数字金融的渗透促进创业市场的蓬勃发展，东部地区较高的市场化程度对该地区临近省份创业活动的发展有较为明显的溢出效应。但也有学者认为数字金融为西部欠发达地区经济的发展提供了前所未有的扶持，例如易行健和周利（2018）表示从家庭收入角度来说，数字金融能够更为明显地提高中西部地区、农村地区和中低收入家庭的居民消费水平，对文化程度更高的居民能够有更显著的消费促进作用，但也存在不利影响，实证研究表明数字金融会造成可能的盲目消费，提高家庭债务收入比例，给家庭带来一定的经济压力。谢绚丽等（2018）以新增企业注册信息来度量各地区的创业活跃度，实证表明数字普惠金融指数降维后的三个方向性指标——深度、广度及数字化程度均对创业有很大帮助，其中扶持力度最大的当属注册资本较少的小微型企业和城镇化率较低的省份。区别于数字金融更侧重于影响某一个区域的观点，也有学者发现，数字金融的逐步渗透不仅能够帮助各区域自身经济水平得以发展，还能使发达地区与欠发达地区之间取长补短，互利互惠，例如王靖一（2019）认为连通黑河腾冲的"胡焕庸线"将中国版图分为东西两部，线西超半数的土地却仅用以供养不到十分之一的人口，发展存在极度不平衡，但数字经济和数字金融的发展使得虚拟的触角延伸至西部各处，能够有效推动区域经济的平衡发展；郭峰等（2020）表示数字金融从 2011 年至今实现了跨越式发展，逐渐从"粗放式"走向深入摸索的阶段，呈现出较强的地区收敛性，中西部数字金融大发展与东部的差异在逐渐缩小，这都得力于普惠金融的落实；余海华和张静（2021）采用社会网络分析法以及改进引力模型论证了数字金融能够作为中介桥梁将金融发展要素吸引至东部发达地区。

当然，数字金融的影响并非只有积极的一面，Groshen 等（2017）指出，数字金融的应用也会出现不利于经济统计和分析的层面，数字经济的发展存在不确定性。

二　关于商业银行价值影响因素的研究

影响商业银行价值的因素众多，既包括银行自身内部因素的考量，也包括外部市场大环境的考量，既有财务因素的影响又有非财务因素的影响，此外，不同因素对商业银行价值的影响程度存在明显区别。

从可控性较强的因素考虑，组织架构的设定与银行经营都会造成商业银行价值的波动。Demsetz 和 Lehn（1985）的文章将前十大股东持股比例作为关键变量进行实证分析，表明银行价值与股权结构有关；郑鸣和林潘颖（2006）研究表明，用前五大股东持股比例来表示的股权集中度、高管薪酬激励和主营业务收入对银行价值衡量有着非常显著的影响；Angbazo（1997）采集美国各银行在 1989—1993 年的数据进行分析得出净利息收益是影响银行价值的因素之一；Kwan 和 Eisenheir（1997）指出影响银行价值的因素还包括负债和存款增长率；郭娜（2012）实证检验表明，非利息收入对 2003—2010 年的上市商业银行价值衡量并不具有明显效果，从银行内部角度来说净利差和资本实力的大小会给银行价值带来正向的影响，此外她还提出，加入了宏观层面因素如通货膨胀率、M2 增速、经济增长率等外部因素后银行价值模型的拟合程度会更好；陈省宏等

(2012）指出净利润和营业费用率与商业银行价值有正向关系，权益资产比率与价值呈现出负向的关系，内地银行与香港银行在业务化水平上的相关关系表现出相反态势。

从可控性较低的因素考虑，影响商业银行价值的因素包括群体的预期及态度，经济市场大环境的不确定性波动等。Molyneux 和 Thomton（1992）详细解读了行业集中度、利率水平以及银行所有制形式与商业银行价值之间的关联；萧松华和李尧（2013）表示顾客忠诚度越高用户黏性越强，对商业银行价值的正向促进作用越强；陆静等（2013）认为声誉是商业银行重要的无形资产，银行的各种荣誉奖项等良性声誉事件可以使得银行在公告日有超额市场价值收益；萧松华和邵毅（2014）指出，商业银行应该通过增加对自然环境责任的投入，履行社会责任提高企业形象，并间接提升企业价值。

三 关于数字金融对商业银行及其价值影响的研究

（一）数字金融对商业银行经营的影响

唐松等（2020）指出数字金融逼迫商业银行金融体系进行重新塑造；王诗卉和谢绚丽（2021）认为，数字金融给银行内部带来"经济压力"，迫使银行通过产品创新等形式进行多元化营收，从大环境来说数字金融又使得商业银行存在着"社会压力"，为此对管理上的数字化创新又提出了更高的要求。具体来讲，蔡普华等（2021）指出数字金融对商业银行存在市场挤出效应和技术溢出效应，在经营过程中实际的影响渠道包括资产负债端、金融功能端及经营客户群体端；邱晗等（2018）研究数字金融对商业银行的影响时发现二者之间存在数字金融—负债端改变—资产端改变—利润影响的传导机制。

（二）数字金融对商业银行价值的影响

李小玲等（2020）研究发现，通过中介效应等传导路径分析得出，数字金融改善金融结构及信息披露质量，进而对上市企业的价值有明显的促进作用，同时这种正向的作用还具有纵向延伸性和长期性，基于企业本身的状况、所处行业板块趋势以及企业在行业中的地位等外部因素影响，数字金融对企业价值的激励会有明显区别，但这中间引发的金融监管问题又会对企业价值及数字金融发展都造成一定的消极影响。更进一步，将研究重点放在一类特殊性质的行业——银行业，针对数字金融与商业银行价值间的关系，目前的研究还比较少，前期学者研究的主要结论如下：刘阳子和田发（2020）的实证结果表明数字金融中对科技创新的投入每提高一个单位，都会使商业银行价值平均提高 0.26 个单位水平。

（三）数字金融影响下商业银行的风险与监管

从商业银行的风险角度来说，Norden 等（2014）提出数字金融巨压之下，商业银行应更加注重自身的风险管理能力的提升；汪可等（2017）认为数字金融的发展对商业银行风险承担的影响呈现倒"U"形曲线，且对不同种类银行的影响存在差异性；黎来芳和牛尊（2017）指出，金融体系存在着固有风险，互联网的参与使得该体系的风险具有结构更复杂、传递更快更广、关联性更强的特性，呼吁各金融监管机构间应该加强沟通合作，建立健全必要的监管体系。从监管管控角度来说，黄浩（2018）认为，数字金融并非是凭空产生的新型技术，它的本质还是依附于传统金融的，因而其并没有对金融体系的核心思想造成重置性的颠覆，作为监管部门应将其视为传统监管体系下的一部分进行分类监察管理；张定法和刘诚（2019）提出在金融体系快速发展的今天，我们可以借鉴欧洲金融监管体系中的部分优势，例如"沙盒监管"、数据保护与共享并存等，以确保信息科技发展背景下金融机构的风险不会陡增。

四 文献综评

不同于传统金融的发展，数字金融的兴起对社会的各行各业都产生了不小的影响，其中也有不少学者开始研究其对企业价值的影响，但基于商业银行与普通企业之间存在的业务区别及必要的特殊性，针对一般企业价值的研究中，在进行样本选择及信息搜集处理时，从行业角度划分中往往会剔除掉银行业的数据，以求实验数据及结论遵循一般企业的发展规律，因此针对数字金融对商业银行价值的影响研究依然存在空白。

此外，通过文献梳理可以发现数字金融的发展存在很强的地区差异性，这给研究各地区商业银行价值影响提供了一个异质性分析的思路，但学者们的观点中存在不一致的看法，由于经济发展水平的不平衡，数字金融对不同地区商业银行价值的影响差异还需要有进一步的研究。数字金融快速发展的大环境，对银行业来说既是时代机遇也是时代挑战，就商业银行目前的发展状况来看，数字金融会影响商业银行的破产风险，同时也产生了新的监管问题，多方因素对商业银行价值造成的影响究竟如何，有待进行深入研究。

第三节　商业银行价值相关范畴的界定及分析

一　企业价值与商业银行价值

随着经济市场和财会体系的健全及完善，企业价值逐渐成为对企业的经营能力、市场拓展能力、综合竞争能力全方位考量的关键性指标，不论是企业的管理层还是企业外的投资者都将企业价值列为需要重点关注的一项指标。由此发现，企业价值的功能有多种多样，可以作为投资者评价和投资决策的依据，可以作为企业经营管理效果的最终呈现，同时还可以用来衡量企业达到的可持续发展程度。当前对企业价值的认识没有一个统一的说法，针对不同的功能和对企业的不同预期，企业价值存在多重解释。

根据吴中春（2015）的研究，企业价值的不同认识主要有三种。第一种解释认为企业价值即为市场价值，把企业当成是一种特殊属性的商品，企业价值即为它用以交易的价格。第二种解释认为企业价值是企业在未来获利多少的能力体现，关注预期与报酬，数值上与未来贴现现金流或利润有关；徐国柱（2003）认为企业价值是在一定风险情况下企业获得报酬的能力，用发展的眼光来看，刘秀春（2015）在文章中分析认为，企业价值是可能存在的潜在获利机会和企业预期的未来获利能力的总和。第三种是将企业价值看成综合实力的体现，陆正飞和施瑜（2002）通过财务评价体系分析上市公司企业价值的决定因素，他们认为企业价值是把未来获利能力、市场竞争环境和竞争的可持续性结合为一体的综合表现,既需要测算企业自身的获利能力,又需要涵盖企业适应外部市场大环境的能力。

大部分对企业价值进行研究的文献中都剔除了银行业,这是由于商业银行是区别于一般企业的一类特殊性质的企业,具体特殊性下一节详细讲解,因此单独分析商业银行的企业价值很有必要,不仅能为商业银行价值的提升提供理论依据,同时也能揭露出很多监管漏洞,利于法律法规的进一步完善。故全文将商业银行的企业价值简述为"商业银行价值",用以衡量商业银行可持续性及未来获利能力的综合实力。

二 商业银行的特殊性

(一) 商业银行经营的特殊性

商业银行的经营特殊性与其参与的业务有很大关联,主要表现在以下三个方面。

其一是商业银行地位的特殊性。在经济市场中,商业银行处于中介地位,扮演着交易中介和信息中介的角色,是间接融资中最主要的渠道。从资本运作的角度来说,商业银行比其他企业有更高的"信用",一方面能够把企业主体或个人拥有的闲散资金整合到一起,另一方面商业银行有良好的客户群体,能够更容易地找到对资金有需求的客户并把资金借出去,依据利息差完成利润的收割。

其二是业务模式的特殊性。商业银行的经营对象区别于其他普通工商企业,它的经营对象主要是金融资产和金融负债,除此之外,商业银行的收入来源也与其他企业有很大差别,它通常依靠存贷款利息差、资金运营收益、中间业务收益等增加利润。国内银行业有很高的垄断性,存贷款利息差作为商业银行支柱型的表内业务,会受到市场利率的严格管控,利率的错配会对收益有很大影响,如果存款期限短同时存在低利率,对商业银行来说降低了成本;如果贷款期限长同时存在高利率,意味着贷款到期时商业银行会获得价值更高的回流资金。但是,在人均可支配收入提高、利率市场化改革逐步完善的条件下,非银行渠道的投融资机会和模式井喷式爆发，个体的投融资选择面扩大，商业银行不再是唯一选项，银行从存贷款利差上获得高利润的现象逐渐成为过去式。

其三是负债创造价值。由上文可知，以存贷款利息差获利在商业银行的运营中曾一度占到主导地位，在这项业务经营过程中，商业银行的资金来源对应的是银行的负债业务。对一般企业来讲，负债带来的更多的是成本的增加，但是对商业银行来说，存款业务作为银行负债业务中的传统业务，现在依旧是最主要的资金来源，能够在商业银行价值的提升过程中起到推波助澜的作用。商业银行的负债可以对等看作其他企业的生产原材料，这些"原材料"并不是从资本市场上拿到的，而是通过机关、企事业单位等机构以及拥有闲置资金的个体拿到的，这样的"原材料"成本比非金融企业通过向银行申请贷款之后再继续投资而产生的成本要低得多，商业银行把负债"加工生产"变成其他金融衍生产品后按照高价出售就能获得利润，如此一来负债就创造了价值。所以说，从财务角度来说，商业银行的资产负债表上所呈现的资产和负债均能为银行创造更多价值，商业银行进行价值评估时对于负债的衡量界定不清，价值评估难上加难。

（二）商业银行资产的特殊性

从资产质量角度考虑，普通企业实物性质的有形资产价值都很好衡量，但是商业银行的经营主体主要是货币资金以及合约，商业银行存放在同业和央行的款项、商业银行自身拥有的贷款和其他各类金融衍生工具都没有实物形态，仅用记账数字来体现，因此对于商业银行来说它的资产质量不好把控，更有甚者，商业银行在经营过程中会产生很多笔不良资产，不良资产的具体价值难以给出精确计量，增加商业银行价值评估的难度。

商业银行所拥有的无形资产是很多一般性质的企业都无法拥有的。从实际角度出发，具体包含商誉、商业银行维系的客户资源、商业银行的特许经营权以及人力资本类的无形资产等。

从商誉方面考虑，商业银行经营的背后基本上都有国家和社会的大力扶持，大众对银行具有高度的认同感和依赖感；从商业银行维系的客户资源方面考虑,银行经营的特殊性以及其具备的庞大体量,使银行能够获取的客户资源覆盖范围很广,这些高净值客户信息的获取对银行来讲是一笔巨大的无形财富,使得目标客户与商业银行之间能够建立起牢固的纽带;商业银行经营的业务已经渗透到经济运行的各个方面,主要依靠吸收存款来扩大自有资金量的商业银行其自身所具备的自有资本却非常少,这使得经营面临巨大的不稳定性,为此我国要求银行业进行整顿,设置准入制度提高准入门槛,执行更为严苛的审批程序,这种特许经营权本身就具有不可估量的价值。该特殊经营权在限制的同时也对银行经营的业务进行"疏通",商业银行可以从事很多其他工商企业无法从事的经营活动。总的来说,特许经营权的提出对商业银行来说有利也有弊,一方面,为了避免银行业过度竞争和垄断,政府出台政策对商业银行的市场准入条件、银行间的价格、利率监测、并购重组等多个方面做出更为详细的要求;另一方面,市场内的商业银行也能依靠政策扶持的高壁垒性发展特殊业务,达到调控成本和提高利润的目的。但值得注意的是,信息通信及网络技术手段的进一步深入应用使得一些非金融机构具有参与金融实质业务竞争的能力和手段,给银行间同质化金融产品的推行带来阻碍,银行业内部竞争越来越激烈,唯有具备更强客户忠诚度的商业银行才能保持经久不衰的竞争实力。

(三)商业银行的风险特殊性

由前面几项特殊性的表现,给商业银行带来更多特有的风险。从商业银行自身角度来看,主要存在信用风险和挤兑风险。

其一是不良资产带来的信用风险。商业银行从市场上筹集到的闲散资金数量与自身的信誉保障是离不开的,资金在未来还需要有偿返还给资金的所有者,迫使商业银行通过从事投资风险更高的业务去寻求高于返还成本的利润,但这种条件下商业银行必然就面临着资金不能按规定时间收回或者资金无法全额收回的可能性局面。虽然近些年银行加强了对贷款流程的规定,例如提高贷款的审核监察力度,将监控贯穿贷款前期、中期及后期的全过程,使用评级的方式衡量借款人的借款能力和信用状况,预估其未来偿债的可能性,同时为了降低商业银行贷款可能出现的损失，对于数额较大的业务需要借款人提供相对应的抵押、担保等，可即便如此，还是存在无法偿付的风险，商业银行的不良贷款率指标就很好地诠释了信用风险的存在和强度。

其二是流动性不足带来的挤兑风险。商业银行从功能上看可以作为一个信贷中介，从银行对资金的分配和运作模式上考虑，商业银行将获得的资金分为两部分，在利用资本进行增值，参与放贷、投资等金融活动之外，需要保有过渡资金，将其留在银行内部或者根据银保监会对银行的监管政策把不低于法定准备金的数额提交给央行用来应对存款人可能发生的提现行为。商业银行作为一类企业，也在追求价值最大化，这就需要减少保证金的准备值，增加资本增值提升获取利润的可能性。但这种情况下就给企业带来潜在的挤兑风险，一旦某些不可抗因素的存在，如市场上出现收益更大的直接投资产品、储户的投资风险偏好及投资意愿改变、商业银行的信用下降，等等，储户不愿意将自有资金长期放在银行，造成短期内大批储户套现；倘若这时银行端能够支配的流动资金绝大部分均已进行再投资，无法满足储户的提现要求，一来对储户造成违约，二来金融系统具有内在脆弱性，商业银行的种种表现与个体经营、行业发展、国家经济形势都有着千丝万缕的联系，牵一发而动全身，局部的偿付风险也会给整个银行业乃至整个经济市场带来新一轮的恐慌，加剧挤兑风险。

从市场环境角度来看，商业银行还会受到市场利率、其他国家经济波及的影响。

货币的价值与利率大小之间有决定性的关系，国家之间的交换比率决定同一单位的不同种货币所代表的价值多少，汇率可以理解为是国际市场间对货币价值进行衡量和标价的工具，汇率的变动会影响价值的变动。此外，当别国的金融市场出现超过自身控制能力的巨大金融危机，由于国家之间密切的经济贸易和资金流动关系，这种金融危机会随着货币及交易的流通转嫁到国内市场，对商业银行造成无法预估的风险。所以商业银行的风险不单单只存在于自身内部因素上，行业的整体风险和一国经济市场的运行都会使商业银行承担不小的风险。

三 商业银行价值评估方法的比较

根据曹玉贵(2006)的论述,当前的衡量企业价值的估计方法主要有三类,市场法、成本法和收益法。

(一)市场法

市场法又叫市场比较法,即在评估企业价值时需要根据市场的调查结果,筛选多个和被评估企业在各方面相近的企业作为参照标准,计算分析这些企业的市场价值,以企业间重要经济指标之间的联系和比例,推算被评估企业的市场价值。

市场法的核心是寻找多个参照企业重要参数,这些指标或参数都从市场上获取,据此预估的企业价值可以看作是真实的市场可交易价格,便于各经济主体的理解和交易,因而这是最简单有效的一种估值方法,多用于拥有较为有效的资本市场的发达国家和地区。但这种估值方法有严苛的适用条件,从指标的角度来说,这些指标参数在有效的经济市场中表现得较为真实,对价值的衡量较为准确,但若是资本市场达不到有效性,这些指标参数本身就不具备衡量真实企业价值的能力;从寻找参照企业的角度来讲,这种方法需要寻找与目标企业相似的企业,但市场上绝对不会存在财务指标、资本构成、运营状况等完全一样的可比企业,"相似"的衡量本身就具备不确定性,同时,并非所有可参照企业的数据都会被公开,这给参照企业的筛选带来很大困难。

(二)成本法

成本法是从资金消耗、成本投入的角度度量,搭建一个与目标企业在规模、性能等各方面都一致的企业,综合考虑企业所需的资金投入、成本损耗率等因素,计算企业总的成本投入值并作为企业价值的评估。

成本法就是将各项资产单独评估后加和得到的总价值,从计算方法上来讲是最为简单的。但这种方法也有局限性,其一由多个单项资产构成的整体资产,并不是各项单项资产的直接简单加总,成本法体现出来的是各单项资产估值的加和,却不能代表整体资产获取收益的能力,因为各单项资产加总的整体资产能够产出"1+1>2"的效果,特别是整体资产表现出来的商誉等无形资产的价值无法通过单项资产价值加总来表现；其二成本即是从投入的角度估值，没有考虑企业运行的效率和资产的效能，但资产的最终目的是为了获利，成本法不能体现企业运用资产后的经营效果好坏，故而成本法无法从正面体现一个企业的经济运营能力。

（三）收益法

收益法是从收益获利的角度度量，将企业价值看作企业未来的获利能力大小，将预估的未来预期收益依据合适的折现率折为现值，将该数值加以修正得到企业价值的评估值。这种方法的思想在于，企业是以盈利为目的，只有当企业在未来有获取收益的能力，企业才有实际的价值。

收益法弥补了成本法将企业整体资产分割为单项资产的弊端，用盈利能力来表示企业整体资产的获利水平，其企业价值的估计结果也是从企业整体资产角度出发计算的，同时通过折现来强调企业未来获得收益在当下的能力体现，重点强调企业在未来可持续期间的整体经营活动状况；另外，收益法考虑的是收益折现、投资回报这类与利润相关的参数，关注企业的"获利"行为，企业获利的产生是依靠企业总资产、组织效率、资本结构、管理水平、人力资源、行业前景等企业由内至外的全要素的共同作用，因而收益法的评估能够充分解读"企业价值"这一概念的内涵。虽然收益法对预期收益及折现率的估计容易掺杂主观判断，还会受到未来不可预见性因素的干扰，但总体来说对企业价值的评估最为准确。

表4.1将三种企业价值的评估方法作对比，结合我国商业银行及其所处市场环境的综合分析可知，收益法是最合理的评估方法。理由如下：市场法的基础是商业银行所处的资本市场存在有效性，同时还要找出与目标商业银行相匹配的近期平均实际交易价格作为参照标准，但我国目前的资本市场发展并不完善，处于发展中的股市更有明显的"政策市"特征，股价无法切实成为经济运行的"晴雨表"，股市发布的重大消息以及相关政策的出台对股价的影响比商业银行本身内部变动引起的股价变动幅度要大得多，此外我国市场上可比企业的数量较少，无法满足市场

法的估值要求；成本法忽视了商誉、客户资源等商业银行经营过程中重要的无形资产的价值计算，特别是商誉，银行的信誉是银行持续经营赖以生存的基石，它的重要性却无法通过成本法体现，此外，实际上较高的不良贷款率在账面数值上的体现不够真实，其他非信贷业务例如抵债资产、应收账款等的资产质量不确定性大，需要计提损失，增大了使用成本法的难度；收益法虽然计算难度较大，但从获利的角度看，全面反映了企业价值的内涵，再者用发展的眼光来看，企业价值是企业综合实力的体现，取决于未来的获利能力而不是当前资产的规模，所以从投资者层面考虑收益法也是第一选择。

表 4.1 企业价值评估方法比较

	考虑角度	优点	不足
市场法	整体资产市场价值角度	反映真实市场价格，便于理解与交易	1. 可比参数不易获取 2. 对市场有效性有较高要求
成本法	单项资产成本投入角度	计算步骤少，操作简单	1. 单项资产的加和不等于总资产价值 2. 多种无形资产无法准确估量
收益法	企业整体未来获利能力角度	1. 盈利状况数据获取容易 2. 综合考量各因素提升价值的能力	1. 数据掺杂主观判断 2. 存在未来不可预见性的因素

四 EVA 法估算商业银行价值的适用性分析

收益法的具体计算方法主要有三种，企业现金流折现、股权现金流折现和经济增加值。

企业现金流折现是用未来预计的自由现金流量（Free Cash Flow to the Firm, FCFF）以适当的折现率折现得到的，需要的是未来数值而不是历史数值。刘永幸（2006）认为用这种方式评估企业价值时需要预测估计从本年度开始的未来一定时间段（一般情况为五至十年）的资产负债表和利润表，但这种长时间范围的预测增加了未来现金流和折现率预测的不确定性，一定会给估价带来较大误差。从理论上来讲股权现金流折现与自由现金流折现得出的价值估计应该是一样的，股权现金流折现计算的前提是该企业有稳定的股利政策且会发放现金股利，但就我国商业银行的具体情况来讲，这个要求很难得到满足，所以在数据的获取上有些困难。经济增加值（Economic Value Added，EVA）是以经济利润为基础的对剩余收益的指标解读，用来测算在资本收益中除去投入的资本成本后给股东带来的剩余收益或剩余价值，数值计算上等于息前税后利润减资本总成本，对企业价值的预估就是投资资本总额与未来各期 EVA 的现值之和。

EVA 方法估计商业银行价值与现金流折现法相比计算量更少，有很强的可操作性，将资金成本、增长率、投资回报率等各项都纳入对商业银行价值波动的考虑，将未来收益与企业账面价值相结合，还可作为企业市场价值与真实价值差距的判定。

综上所述，我们所研究的"商业银行价值"指的是对商业银行在获利能力、市场竞争、未来可持续性等多方面综合实力的体现。商业银行价值的提升离不开综合实力的各方配合，选用 EVA 法衡量商业银行价值，是用剩余价值视角来评判，未来各阶段 EVA 的现值就是未来获利能力的量化体现，故任何能够使得商业银行提高获利能力、提高可持续性的因素都会对商业银行价值产生正向促进作用。

第四节　数字金融对商业银行价值的影响机制

理论上来讲，科技的进步必然会带来经济的增长。根据上一章对数字金融的分析，我国数字普惠金融指数已经进入到稳定增长期，数字金融能够蓬勃发展至今而不衰败就说明它对经济市场一定是有益处的，据前文得知数字金融对一般企业的企业价值有正向的推动作用，但针对数字金融对商业银行价值的影响还需进一步分析。

针对数字普惠金融指数降维来分析，虽然数字金融的整体发展是由数字化程度先变动，再带动使用深度和覆盖广度的变动，但科技手段的进步是一个循序渐进的过程，商业银行想要真正灵活运用这项数字化的技术还需要较多的人力成本和时间成本，因而数字化程度对商业银行价值的影响程度较小；数字金融在银行业的渗透初期就是从基础金融服务入手的，如手机银行、网站、微信小程序等，对于大多数用户来说并未接触到太过复杂的金融产品，更倾向于入门级别的金融服务需求，所以从使用深度上来讲对商业银行价值的影响程度也比较小，但这些入门级的金融服务被大众普遍接受，能够有效扩大用户需求量，故而从覆盖广度这个维度上来讲影响程度应该是最大的。

以下针对数字金融对商业银行全方位的影响进行分类讨论，详细分析数字金融对商业银行价值的直接影响及间接传导机制。

一　数字金融对商业银行价值的直接影响

（一）数字金融对我国商业银行业务的影响

首先，存贷业务。当前，我国的商业银行最主要的收入来源依旧是存款业务与贷款业务之间的利息差，依据金融中介理论，商业银行就是一个具备信息搜集、合理配置资源的金融中介，它为手握闲置资金的储户建立起一个存款资金池，并为这些资金寻找适合它们的资金需求方。在数字金融还未兴起的时期，这种中介职能降低了借贷双方直接交易时的时间成本和寻找信息的成本，减少资源浪费，通过一手托两家的方式将借贷双方的信息不对称风险转移到商业银行内部，而数字金融的出现，降低了交易双方获取信息的成本，商业银行金融中介的职能被弱化了。

对于存款业务来说，随着数字金融的出现，新兴的互联网金融平台通过网络媒介搜集信息的成本比商业银行的中介成本更加低廉，用户体验感更好。由于国内市场对这些机构的监管比对商业银行的监管更为松懈，所以这些新兴机构可以通过高杠杆实现高收益，给储户支付的利息也比商业银行更多，因此部分储户会放弃将闲置资金存入银行活期的投资想法，转而将资金用于投资利率更高、流程更快捷的互联网理财产品，如余额宝等，商业银行存款账户总额会受到影响。

对贷款业务来说，一方面，新型互联网金融平台面向社会发放贷款的审核要求比商业银行发放贷款的审核要求更低，商业银行的贷款市场被这些平台挤占，还有很多不满足银行贷款条件的小微企业也能够从互联网金融平台中获得所需款项。虽然这类平台贷款的审核要求低，但可贷款的额度却与其存入该平台的活期资金量有关，因此借款人更倾向将存入商业银行的资金转存到互联网金融平台以求提高可贷款的额度，商业银行的存款业务再次受到重创。另一方面，商业银行发放贷款的审核流程慢，为了减少不必要的不良贷款，银行通常会要求借款人出具实物资产进行抵押担保，而互联网金融平台通常是根据借款人储蓄、消费、违约等一系列经济行为进行算法评估，通过预测借款人的违约概率来确定具体的贷款额度，在时间和手续上都要更加简洁。

其次，中间业务。数字金融不仅会影响商业银行的存贷业务，还会挤占其中间业务。互联网金融平台通常都不需要独立的实体就能实现金融活动，例如在进行支付结算时，商业银行的银行卡大多需要依赖 POS 机进行，而且为了实现交易活动，客户需要随时携带银行卡，商家也需要配套置办 POS 机，但互联网金融平台的出现简化了步骤，一部手机就能实现所有的交易行为，简单快捷，这使得商业银行存在用户流失危机。银行卡使用率降低就会带来银行卡手续费利润的减少，损失获利机会，商业银行价值受损。

因此，从业务角度看，如果我国商业银行故步自封，不将数字金融与自身业务发展相融合，那么不论是存贷款业务还是中间业务，都面临着用户流失和获利能力下降的危险。从目前发展来看，在经济压力的作用之下，商业银行也在积极寻求出路，强调与数字金融互利互惠，加快数字化转型，在维持自身安全稳定的条件下向互联网金融平台看齐，取长补短，力求保持自身的市场规模。

（二）数字金融对商业银行人力成本的影响

将数字金融融入商业银行业务办理流程当中，利用数字化转型搭建移动互联网服务渠道，架构移动网络化终端设备，打破空间壁垒提高对客户的精准服务效率。近几年银行对基层职员岗位的调整力度逐渐加大，用户办理业务的方式多采用网络平台办理代替柜面办理，商业银行柜面交易被严重替代，据中国银行业协会报道，商业银行的柜面交易替代率在 60%—99.9%，其中全国性商业银行的替代率高于大多数城商行，普遍达到90%以上。互联网渠道主要有微信小程序、官方网站、手机银行App等,特别是可以在手机上直接完成操作的渠道,在进行身份核实时,除了使用身份证、手机号等账号形式的登录外,还能利用指纹解锁、刷脸解锁等生物识别技术完成身份验证并进行登录和后续操作,账户交易的安全性得到更高保障;此外,移动互联网的线上渠道能提供智能客服及二十四小时全天候的服务,方便用户随时随地办理业务,也减轻柜面人员的工作量。这种数字化金融服务的转型使得在柜面办理业务的客户数减少,柜面岗位需求减少,降低柜面岗带来的人力成本,提高商业银行的获利能力,提高商业银行价值,同时提高客户的体验感。

(三)数字金融对我国商业银行竞争的影响

数字金融对商业银行竞争的影响主要有两部分,一部分是第一小节提到的挤占商业银行原本市场份额的新兴互联网金融平台与商业银行间的竞争,另一部分是被挤占后银行业内各家银行之间的竞争矛盾。

前者中商业银行的存贷业务量和中间业务量都遭遇缩减影响。在存款业务方面,商业银行为了恢复自己的市场份额,被动卷入业务争夺的旋涡,希望通过提高存款利率吸引市场的关注,这种行为却在潜移默化中推动利率市场化的演变;在贷款方面,被商业银行拒之门外的小微企业和部分个人开始参与互联网金融平台的贷款活动,倒逼商业银行主动拓展贷款项目的渠道,双方在市场上博弈竞争。

后者中,整个银行业的"蛋糕"变小了,商业银行逐渐意识到仅依靠传统业务已经无法在行业内立足,各单位开始转变各自的业务范围,不再像从前那般追求产品和服务的竞争,转而变为追求多样化和差异化发展、改变商业模式的竞争。参与数字化发展程度越高的银行,越能在业内竞争中脱颖而出,这是因为数字金融可以帮助银行提升获客能力,建立顾客忠诚。例如在理财业务领域,商业银行的理财经理将更多的关注重点放在营销业绩上,往往并不关心产品的质量以及购买者的意愿,暴露了服务针对性不够、专业度匮乏等问题,这使得很多本来有投资意向的潜在客户望而却步,将资金投资他处。数字金融就能很好地解决这个问题,银行的天然优势在于拥有大体量的用户数据积累,通过数字金融手段与互联网公司、券商、保险等多种平台合作，通过数据分析为用户制定更为个性化的产品推荐，基于长尾理论，激活尾部潜在客户群体的热情，用优良的服务维护客户资源，提高顾客黏性，提高商业银行可持续的能力，提高商业银行价值。

二 基于破产风险的间接传导路径

间接融资过程中，原本依附于投融资双方的风险被转嫁给了商业银行，数字金融可以降低商业银行的破产风险。理由如下。

其一，市场经济体系下各决策主体都是依据市场信息进行决策，从事经济活动过程中产生的风险需要自行承担。最有效的市场应该是独立运行的，政府进行干预的情况下就会影响金融市场的资金配置效率，"大而不倒"的银行体系虽然有政府进行隐形担保，但也存在风险过度集中的问题，商业银行实际上承受的破产风险很高。而数字金融为资金实力薄弱、风险较高的小微企业提供了新的融资渠道，将高风险客户从商业银行中剔除出去，间接分散了商业银行中贷款业务的风险，降低风险集中度，所以从业务规模角度来说，数字金融是对商业银行贷款业务可能存在破产风险的分担与化解。

其二，商业银行加大对信息科技方面的投资力度，与新兴科技企业进行深入合作，提高商业银行的金融技术实力，完善风险管理预案。数字金融更有效地服务于商业银行的经营过程，业务操作流程变得更简单快捷，信息交流更加充分，缓解由于信息不对称、道德风险以及逆向选择等带来的问题。从业务流程角度来讲，智能化的操作方式使得操作风险降低，避免不必要的失误成本，商业银行的破产风险更低。

其三，技术进步在初期属于新兴科技，但随着一项技术普及率的提高，在逐渐建立标准化的过程当中会打破原有的技术壁垒，数字金融的技术溢出效应让商业银行在加强数字化技术融合后，能够降低信息不对称带来的违约风险，提高风险管理的能力。从资产质量角度来讲，商业银行资产的安全性更高，资产在商业银行内部实现合理配置，降低商业银行的破产风险。

商业银行的破产风险减小，给业务经营营造了一个稳定的发展环境，提高银行公信力和企业形象，给用户塑造一个靠谱的形象，提高客户满意度，使未来获利成为可能，提高商业银行价值。

因此，根据以上理论分析，我认为，数字金融是把双刃剑，对我国商业银行价值的影响是全方位的，这种影响不能单用"好"或者"坏"一概而论，它既给银行业带来压力，挤占外部市场的同时还加剧银行间的内部竞争，又在压力的作用下激发了能够盘活银行自身的动力，倒逼银行主动改变经营模式，扩大渠道规模，挖掘潜在的客户群体，提升商业银行的获利能力和可持续发展动能；此外，数字金融还能通过影响商业银行破产风险的方式间接影响商业银行价值。

三　数字金融在商业银行中的应用现状

商业银行在与数字金融融合的过程当中，银行电子渠道不再是单一渠道，而是一个平台、一个体系，银行电子渠道结合开放式链接和数字化运营，由简单的后台业务信息系统和前端渠道平台转变为整合多方资源的生态系统。通过提高科技实力构建电话银行、手机银行、微信银行、网上银行、自助终端等全方位的电子银行服务结构。金融服务在便捷性、轻量化的转变过程中推出鸿蒙系统和 5G 科技，未来银行用户或将在不使用手机银行 App 的前提下依然能够办理业务，体验便捷的金融服务。2021 年 6 月，广发银行、中信银行、中国银行三家银行率先宣布接入鸿蒙系统，此后又有多家股份制商业银行宣布加入，推动我国无实体化金融服务质量的提升。

据中国金融认证中心 2021 年调研报告，由图 4.1 可以看出，零售电子银行各类渠道的用户比例逐年增长，唯有电话银行渠道在 2020 年之后出现下降趋势，这是由于用户对网上银行和手机银行的依赖增强，逐渐替代了电话银行渠道，手机银行成为目前用户最依赖的电子银行渠道，渗透率高达 81% 且始终保持两位数的年增长率。

由图 4.2 可知，在各零售电子银行渠道中，微信银行虽然被用户认为最具快捷性，但由于软件功能的限制，其安全性受到近七成用户的质疑，这是阻碍微信银行发展的最大问题。在各电子渠道中，电话银行和手机银行的安全性明显高于其他两项，但从快捷性的角度上来看，手机银行比电话银行的业务办理操作更便捷，故而再次证实手机银行是银行用户心目中最实用的零售电子银行渠道。

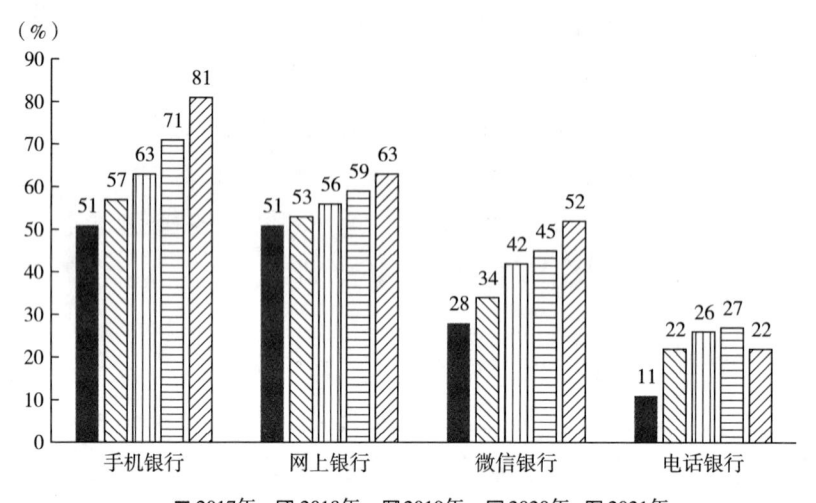

图 4.1　2017—2021 年零售电子银行各渠道用户比例

资料来源：中国金融认证中心《2021 年中国数字金融调查报告》。

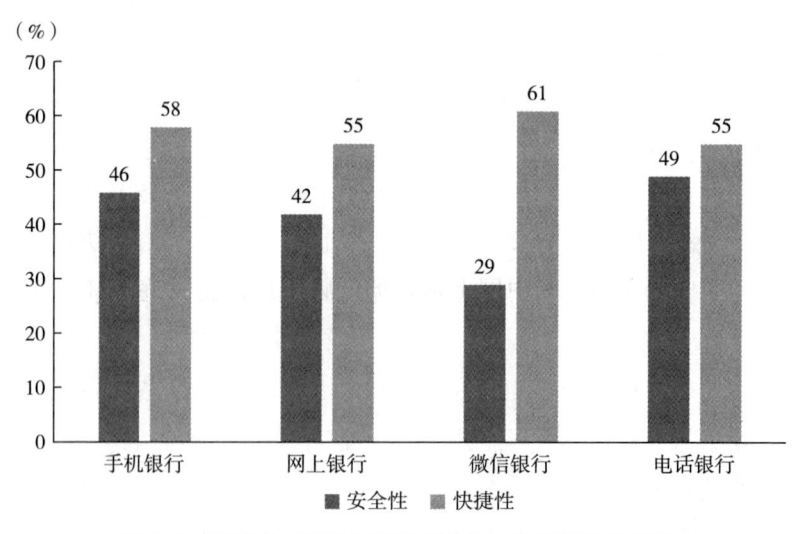

图 4.2　零售电子银行各渠道安全性、快捷性认知情况

资料来源：中国金融认证中心《2021 年中国数字金融调查报告》。

如图4.3所示,由于网上银行开发最早,积累了最早一批使用银行电子渠道的用户,体系庞大用户忠诚度高,对老用户来说更倾向于使用手机银行;但随着社交软件的兴起,通过社交软件交易成为新趋势,微信银行和微信小程序成为银行新客户的首选交易渠道。

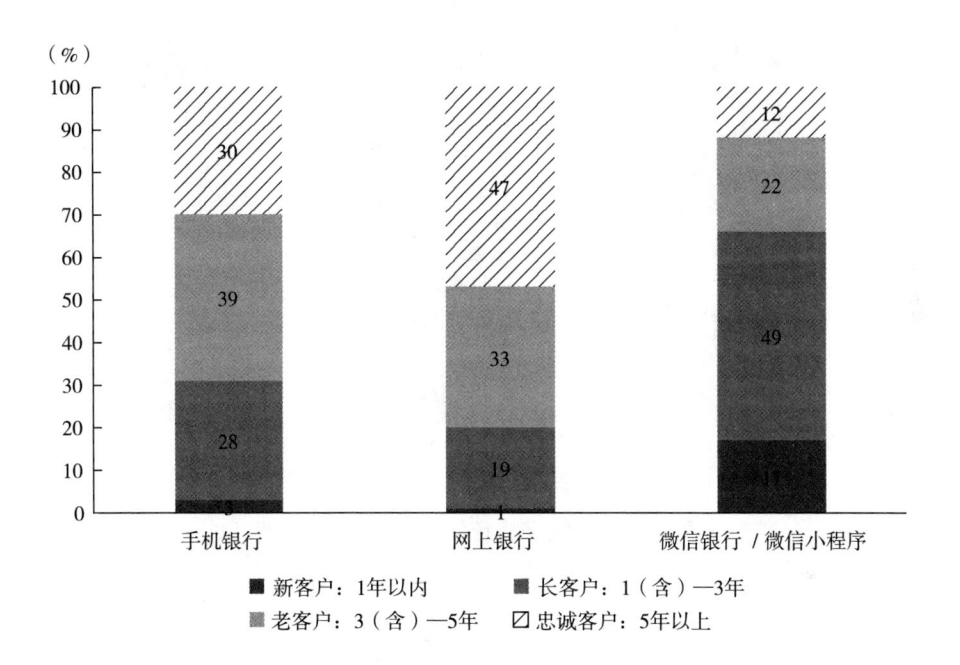

图4.3 零售电子银行各渠道使用时长占比

资料来源:中国金融认证中心《2021年中国数字金融调查报告》。

从各渠道的使用频率来讲,如图4.4所示,网上银行和手机银行渠道受到低频用户的欢迎,其中网上银行的低频用户占比高达73%,而高频使用电子银行渠道的用户普遍较少且基本不使用网上银行渠道;但微信银行和微信小程序中的高频用户占比高于其他渠道,这与微信办理银行业务的高便捷性是分不开的。

手机银行作为电子银行最重要的发展渠道,成为未来银行业参与市场竞争最有利的武器。中国金融认证中心调研用户对手机银行的不同使用习惯,结果如图4.5所示,由数据可知,近80%的用户只在有需求的情况下才会打开手机银行，近半数用户仅将手机银行视为办理业务的工具，操作完成之后就立刻退出。

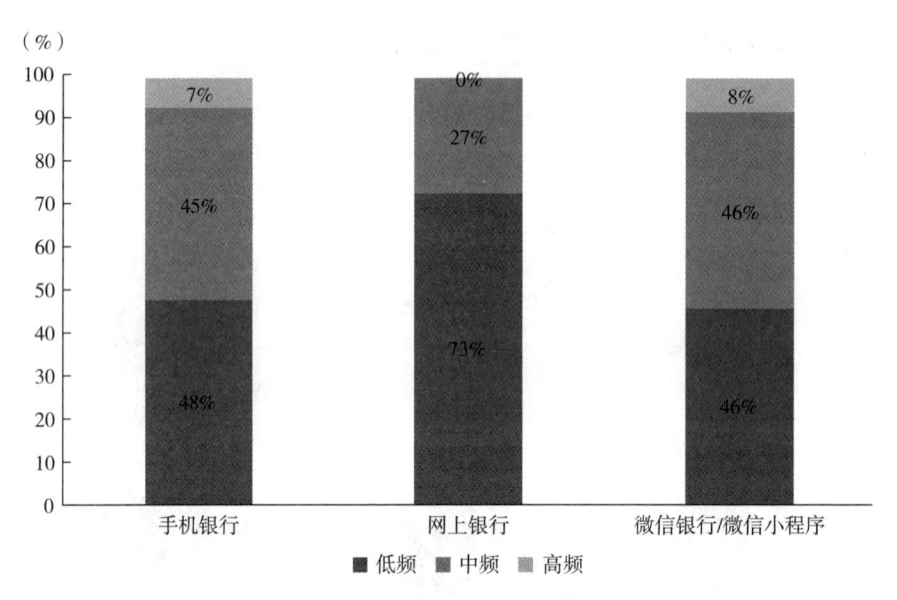

图 4.4　零售电子银行各渠道使用频率占比

资料来源：中国金融认证中心《2021 年中国数字金融调查报告》。

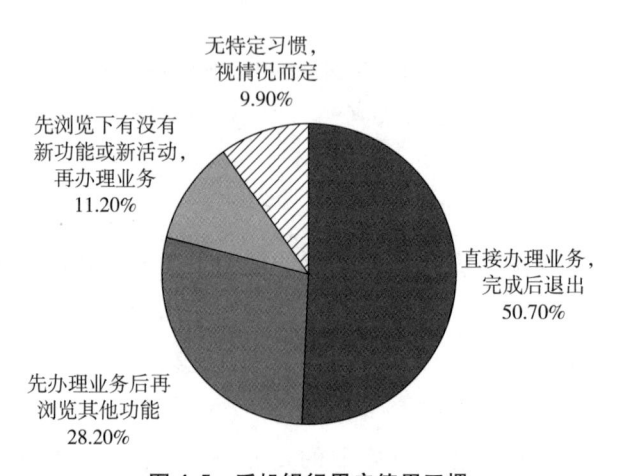

图 4.5　手机银行用户使用习惯

资料来源：中国金融认证中心《2021 年中国数字金融调查报告》。

浏览手机银行新功能、新活动的用户较少，这就说明目前手机银行在产品、场景多元化这个问题上仍不足以吸引用户的关注，商业银行还需加强数字金融的应用，构建差异化、多元化的应用场景。例如，建立自有电子商城，对特定消费群体开展针对性的消费金融产品的营销；与第三方服务机构合作，通过手机银行 App 的跳转服务引入精品购物、商旅出行、通信服务、生活休闲、医疗健康及休闲娱乐等场景，打造全面的金融生态系体，扩大手机银行的功能以满足用户的高度体验感；此外，可以在用户完成手机银行上的某项活动后奖励积分，用积分可兑换奖品或抽奖，即通过奖励模式提高用户的手机银行使用率，增强客户黏性。

第五节　数字金融对商业银行价值影响的实证分析

一　研究设计

（一）样本选择与数据来源

为定量验证数字金融对我国商业银行价值的影响、异质性、传导机制等相关问题，基于样本可得性和数据代表性的要求，我们选取 38 家主要的上市商业银行进行分析[①]，其中包括 6 家国有商业银行、9 家全国性股份制商业银行、15 家城市商业银行和 8 家农村商业银行，涵盖我国商业银行的全部四大类型；样本选取其 2011—2020 年的年度数据，由于有些商业银行的数据是近几年才开始公布的，最终得到 216 个可用样本构成非平衡面板数据。由第二章分析继续推进，数字金融相关指标衡量的数据来源于北京大学数字金融研究中心，商业银行自身相关的数据来源主要包括各家商业银行官网、万得（wind）资讯金融数据库、国泰安（CS-MAR）数据库、锐思（RESSET）数据库等，宏观经济数据通过国家统计

---

① 以上市商业银行为样本代表题目的"我国商业银行"存在部分争议，但这种方法也得到了学者的认可，各大核心期刊上均有类似文章。本研究即借鉴周鸿卫等（2008）在《金融研究》、卢盼盼和张长全（2013）在《上海金融》、牛华勇和闵德寅（2015）在《河北经贸大学学报》、吴诗伟等（2015）及张晖等（2021）在《金融经济学研究》上发表的文章，证实能够以上市商业银行数据得出对全国商业银行影响的结论。

局官网进行搜集处理。

（二）变量选取

第一，被解释变量：商业银行价值。商业银行价值代表着未来的获利能力，是对商业银行在收益、市场竞争、未来可持续性等多方面综合实力的体现。商业银行价值的评估方法前文已有结论，再结合当前主流文献中刘阳子和田发（2020）、郭娜和祁怀锦（2012）的研究，在评估商业银行价值时运用 EVA 法进行计算，商业银行价值与 EVA 值之间存在如下关系式：

$$商业银行价值\ V = TC + \sum_{t=1}^{n} \frac{EVA_t}{(1+r)^t}$$

商业银行价值在数值上等于资本总额 TC 与未来各期 EVA 现值之和。其中，在 TC 的变动忽略不计时，研究数字金融对商业银行价值的影响可以看作是研究数字金融对 EVA 值变动的影响。由于 EVA 数值本身较大，为了得到拟合度更好的回归结果，最终采用总资产 EVA 率（$EVATC$）作为被解释变量的数值指标。具体计算公式为：

$EVA = NOPAT - WACC \times TC$

$EVATC = EVA/平均总资产$

WACC 表示加权平均资本成本，TC 表示投入资本总额，NOPAT 表示税后净营业利润，EVATC 的数据由国泰安数据库获取。

第二，解释变量：数字金融。该指标沿用唐松等（2019）、邱晗等（2018）、李小玲等（2020）学者的观点，使用北京大学数字金融研究中心郭峰等（2020）编制的中国数字普惠金融指数，具体使用了其中 2011—2020 年的省级层面（P）、市级层面（C）的数字普惠金融指数（DIF）、数字化程度指数（DIG）、使用深度指数（DEP）以及覆盖广度指数（BRE）。其中，基准回归均采用省级层面的数值，在进行城市经济发展水平下的异质性分析时选用市级层面的数值。为了便于拟合，数值均作自然对数处理。

第三，控制变量。参照已有文献对商业银行价值的研究，借鉴郑鸣和林潘颖（2006）、郭娜（2012）、陈省宏等（2012）、萧松华和李尧

（2013）、刘阳子和田发（2020）、程婵娟和马喆（2011）等学者的研究，从银行规模、资本实力、组织管理水平、收入多元化、成本管理和宏观经济指标多个维度考虑，详细情况如表4.2所示。其中，关于组织管理水平一项，根据郑鸣和林潘颖（2006）的研究采用董事会人数来反映组织管理的水平，但笔者认为单一考虑董事会人数并不全面，因此采用（董事会人数/管理者人数）这个创建的新指标来衡量商业银行中董事与高管在组织管理水平上的博弈结果，相除得到的结果还可消除因商业银行规模对董事会人数和高管人数的影响。宏观经济指标中选用GDP增长率和$M2$同比增长率来表示，增长率涵盖了"趋势"的意义，与商业银行价值寻求"未来"的获利能力这一内涵相对应。

表4.2 变量说明

	变量选择	符号表示	衡量方面
被解释变量	总资产EVA率	EVATC	商业银行价值
解释变量	数字普惠金融指数	LNDIF	数字金融
	覆盖广度	LNBRE	数字金融
	使用深度	LNDEP	数字金融
	数字化程度	LNDIG	数字金融
控制变量	总资产	LNSIZE	银行规模
	资本充足率	CAR	资本实力
	董事高管人数比	DG	管理水平
	非利息收入占比	NIR	收入多元化
	成本收入比	CIR	成本管理
	GDP增长率	GDPG	宏观经济指标
	M2同比增长率	M2G	宏观经济指标
中介变量	Z-SCORE	Z	商业银行破产风险

第四，中介变量。使用企业破产风险Z值（Z-score）衡量企业所承受的破产风险程度，Z值是破产风险的倒数，Z值越大，商业银行破产风险越低，发生财务困境的可能性越小，系统稳定性越强。Z值通过万得资

讯金融数据库获取，引入 Z 值作为中介变量来衡量商业银行的破产风险，研究数字金融对我国商业银行价值的中介效应。

二 初步实证检验及结果分析

（一）变量的描述性统计

变量的描述性统计结果见表 4.3，根据表格可知数字普惠金融指数和资产规模两项的标准差较大，证明各地区、不同银行间存在较大的差异性。

表 4.3　　　　　　　　变量的描述性统计结果

VARIABLES	N	MEAN	SD	MIN	MAX
EVATC	216	0.280	0.590	−1.283	1.119
lnDIFP	216	5.477	0.433	4.123	6.009
lnSIZE	216	28.550	1.522	25.280	31.140
CAR	216	0.133	0.016	0.099	0.175
CIR	216	0.298	0.047	0.189	0.579
NIR	216	0.240	0.089	0.058	0.511
DG	216	1.821	0.586	0.733	5.000
M2G	216	0.107	0.022	0.081	0.138
GDPG	216	0.064	0.020	0.023	0.096
Z	216	0.114	0.023	0.069	0.218

（二）模型构建及选取

为了研究数字金融对我国商业银行价值的影响，被解释变量即为商业银行价值，将数字金融水平作为解释变量，基于此进行二者之间的实证研究，利用上述数据进行回归，设定面板数据模型（4.1）为：

$$EVATC = \alpha_0 + \alpha_1 lnDIF_{it} + \alpha_2 lnSIZF_{it} + \alpha_3 lnCAR_{it} + \alpha_4 lnCIR_{it} + \alpha_5 NIR_{it} + \alpha_6 DG_{it} + \alpha_7 M2G_{it} + \alpha_8 GDPG_{it} + \varepsilon_{it} \quad (4.1)$$

其中 i 表示银行个体，t 表示时间。研究所用数据截面数多于时序数，故而为短面板数据，无须进行单位根检验。对面板数据进行 F 检验和

Hausman 检验，检验结果见表 4.4。F 检验用来比较使用混合效应模型还是固定效应模型，F 检验值为 3.500，P 值小于 1%，表示在 1%的置信水平拒绝原假设，不使用混合效应模型，应该使用固定效应模型；进行 Hausman 检验，用以比较使用随机效应模型还是固定效应模型，Hausman 检验结果 P 值小于 5%，表示在 5%的置信水平拒绝原假设，不使用随机效应模型，而应该使用固定效应模型。

表 4.4　　　　　　　　F 检验及 Hausman 检验结果

	Test statistic	P>|t|
F test	3.500	0.000
Hausman test	18.290	0.019

后续实证检验中，除（4.11）、（4.12）和（4.13）外均使用此模型，只是根据样本的区别，适当使用数字普惠金融指数的不同维度数值，具体指标含义对应见表 4.5。

表 4.5　　　　　关于数字普惠金融指数不同指标的含义

	符号表示	说明
省级层面数字普惠金融指数	DIFP	省级总指数
	BREP	省级覆盖广度指数
	DEPP	省级使用深度指数
	DIGP	省级数字化程度指数
市级层面数字普惠金融指数	DIFC	市级总指数

（三）基准回归及结果分析

利用上述数据及模型进行回归，在数字金融数据的选取上使用省级层面（P）的指标，得到基准回归结果（4.1）见表 4.6，由表可知，P 值较小证明模型拟合度高，数字金融在 1%的置信水平与商业银行价值高度正相关。从各变量的正负号可以发现，数字金融水平、董事高管人数比及宏观经济指标均与商业银行价值成正比,总资产和非利息收入占比与商业银行价值成反比,成本收入比与商业银行价值相关度不高。由此得出基本结论,数字金融可以提高商业银行价值。

表 4.6　　　　　　　　　　　基准回归结果

VARIABLES	(4.1)
	EVATC
ln$DIFP$	0.434***
	(0.141)
ln$SIZE$	-0.568**
	(0.226)
CAR	-8.832***
	(2.422)
CIR	-1.106
	(1.047)
NIR	-0.836*
	(0.468)
DG	0.097*
	(0.050)
GDPG	0.080***
	(0.022)
M2G	5.752***
	(1.985)
Constant	14.459**
	(6.381)
R-squared	0.640

注:***、**、*分别表示在1%、5%、10%置信水平显著,括号内为标准误,下同。

除此之外,将静态模型的解释变量分别滞后一期(4.2)和滞后两期(4.3),得到表4.7,由表中结果可以看出,在滞后一期和滞后两期之后,在10%的置信水平依然显著正相关,证明数字金融对商业银行价值的影响存在时滞,同时也存在一个长期的、持久的正向影响,且时间越久影响程度越高。

表 4.7　　解释变量滞后的回归结果

VARIABLES	(4.2) 滞后一期 EVATC	(4.3) 滞后二期 EVATC
ln$DIFP$1	0.285* (0.159)	
ln$DIFP$2		0.675*** (0.179)
ln$SIZE$	-0.565** (0.272)	-1.240*** (0.319)
CAR	-6.270** (2.804)	-12.800*** (3.332)
CIR	-0.461 (1.254)	0.696 (1.345)
NIR	-0.475 (0.548)	0.092 (0.591)
DG	0.101* (0.053)	0.102** (0.050)
$GDPG$	0.095*** (0.024)	0.050** (0.025)
$M2G$	6.904*** (2.241)	7.862*** (2.043)
Constant	14.576* (7.614)	32.781*** (8.892)
R-squared	0.653	0.718

数字普惠金融指标可以进行指标降维分解，分解为覆盖广度（4.4）、使用深度（4.5）和数字化程度（4.6）三项，如表 4.8 即为降维后的回归结果。从数据结果可以看出，与上一章节分析的预期保持一致，三个维度的影响效果有很大差别：观察各维度模型拟合的系数可知，从程度

上来讲，覆盖广度对商业银行价值影响程度较高，数字化程度对商业银行价值的影响程度较低，而使用深度的影响暂时还不太明显，这也表明商业银行在自身业务经营方面还有待改善，覆盖广度的影响程度是数字化程度的 3.149 倍。

表 4.8　　　　　　　　　指标降维后的回归结果

VARIABLES	(4.4) 覆盖广度 EVATC	(4.5) 使用深度 EVATC	(4.6) 数字化程度 EVATC
ln$BREP$	0.529*** (0.158)		
ln$DEPP$		0.170 (0.105)	
ln$DIGP$			0.168*** (0.054)
ln$SIZE$	−0.614*** (0.228)	−0.267 (0.199)	−0.495** (0.214)
CAR	−9.477*** (2.403)	−8.950*** (2.480)	−8.570*** (2.430)
CIR	−0.587 (1.079)	−1.548 (1.053)	−1.170 (1.042)
NIR	−0.909* (0.468)	−0.749 (0.476)	−0.739 (0.467)
DG	0.100** (0.050)	0.104** (0.051)	0.100** (0.050)
$GDPG$	0.093*** (0.022)	0.096*** (0.024)	0.079*** (0.022)
$M2G$	6.213*** (1.997)	6.106*** (2.163)	4.480** (1.961)
Constant	15.087** (6.346)	7.348 (5.952)	13.965** (6.311)
R-Squared	0.644	0.626	0.640

三 数字金融对商业银行价值影响的异质性分析

(一) 商业银行直接管控主体差异下的异质性分析

将我国的商业银行按直接管控主体是否为国家(财政部或中央汇金公司)分类,可以分为国有商业银行(4.7)和非国有商业银行(4.8),用分组数据研究数字金融对直接管控主体不同的商业银行价值的影响程度。

回归结果如表4.9所示,显示在10%的置信水平下,数字金融对直接管控主体不同的商业银行价值均有显著的正向促进作用,但从系数上来看,数字金融对非国有商业银行价值的影响程度比对国有商业银行价值影响程度要高,这也侧面说明国有商业银行受到国家管控的限制较多。即便在积极融合数字金融的发展,但考虑到可能带来的冲击,国家对国有商业银行高度的管控还是会影响它们的发展;而非国有商业银行的自主性更强,在数字金融背景下,能够更快适应市场环境的变化,能够更加灵活地应对危机,并与数字金融协同发展,在提升商业银行自身技术实力后,迎来获利能力的新增长。由此也说明国家监管部门需要重视国有商业银行的监管限制,在较低风险条件下适当放松管制,增强国有商业银行的灵活性。

表 4.9　商业银行直接管控主体差异下的异质性回归结果

VARIABLES	(4.7) 国有商业银行 EVATC	(4.8) 非国有商业银行 EVATC
$\ln DIFP$	0.328* (0.170)	0.386** (0.192)
$\ln SIZE$	-1.057* (0.568)	-0.339 (0.275)
CAR	-9.148** (4.105)	-9.670*** (2.928)

续表

VARIABLES	(4.7) 国有商业银行 EVATC	(4.8) 非国有商业银行 EVATC
CIR	-1.784 (2.289)	-0.937 (1.198)
NIR	0.406 (0.802)	-0.717 (0.566)
DG	-0.062 (0.064)	0.111* (0.060)
GDPG	-0.327 (3.240)	11.669*** (2.657)
M2G	0.467 (2.418)	8.716*** (2.593)
Constant	32.838* (16.710)	7.366 (7.484)
R-squared	0.801	0.651

（二）城市经济发展水平差异下的异质性分析

数字金融的运行离不开外部经济市场环境，一个适应发展的外部环境定能助力数字金融在商业银行内的应用，它为这种新型金融服务提供必要的技术基础设施支持、高精尖人才储备、适应性强的制度保障以及数字金融应用场景调配。故而，不同状况下的外部经济环境会使数字金融对商业银行发挥作用的充分性存在一定差异，根据第二章的介绍，数字金融在不同省份、不同经济环境中的发展存在差异性，因此对不同地区的商业银行价值影响也不同。本节实证中，为了能够更加贴合当地真实的数字金融水平，在进行回归时将省级层面（P）的数字普惠金融指标替换为市级层面（C）的数值，与各商业银行总部所在地对应，进一步分析市场经济环境差异下数字金融对商业银行价值不同的影响程度。

第一财经发布的《2021年城市商业魅力排行榜》通过衡量城市枢纽性、生活方式多样性、商业资源集聚度、生活方式多样性以及未来可塑性五个维度将我国城市分为不同等级,根据这五个维度也基本能够衡量出不同城市的经济发展水平。在此基础上,将我国各个城市按照发展水平进行分组:一线城市(北京、上海、广州、深圳)(4.9)和非一线城市(4.10),对数据进行分组回归。

得到的实证结果如表4.10所示,数字金融对商业银行价值的影响中,对非一线城市商业银行价值的影响并不明显,而对一线城市商业银行价值在1%的置信水平有显著的正向推动作用。这是由于一线城市经济发达,对这种新型金融服务的包容性强于非一线城市,与此同时,一线城市拥有较好的人才储备,能够跟上科技迭代的步伐,因此当商业银行与数字金融相融合时能够快速由竞争转为共赢。相比之下,非一线城市对数字金融的接受能力相对弱一些,而且相对应的科技能力更新不如一线城市快,上一章已分析过在长尾理论的应用之下,数字金融能够提高商业银行的获客能力,挖掘出更多潜在客户,由于一线城市客户对新型金融模式的接受能力比非一线城市的客户强很多,这部分群体能够顺着互联网时代的发展,将自身经济行为需求与商业银行所能提供的数字化服务供给高度对接,因而在通过数字金融影响商业银行获客能力的过程中,数字金融对一线城市商业银行获客能力的影响效果要更强。但也由此不难发现,非一线城市商业银行要想获取数字金融带来的红利,与所在城市的经济发展水平有很大关联,国家也应该高度关注这方面问题,使非一线城市的商业银行跟上数字化的步伐,并以此促进商业银行价值的提升。

表4.10 商业银行城市经济发展水平差异下的异质性回归结果

VARIABLES	(4.9) 一线城市 EVATC	(4.10) 非一线城市 EVATC
ln$DIFC$	0.634***	0.381
	(0.165)	(0.423)
ln$SIZE$	-1.365***	-0.569
	(0.366)	(0.419)

续表

VARIABLES	(4.9) 一线城市 EVATC	(4.10) 非一线城市 EVATC
CAR	−8.804*** (2.969)	−3.020 (3.940)
CIR	−2.631** (1.324)	−3.568* (2.081)
NIR	0.903 (0.632)	−3.502*** (0.733)
DG	0.122** (0.051)	−0.011 (0.138)
GDPG	5.419* (3.211)	3.920 (3.753)
M2G	5.412** (2.290)	−5.893 (5.475)
Constant	37.760*** (10.770)	15.870 (10.930)
R-Squared	0.720	0.642

四 数字金融对商业银行价值影响的中介效应分析

根据上一章的理论层面分析，基于商业银行破产风险的中介效应传导机制如图4.6所示，数字金融能够降低商业银行的破产风险，增强用户对商业银行的信赖，维持商业银行可持续发展，间接提高未来获利的可能性，即提高商业银行价值。本节选用破产风险指数 Z 值来衡量商业银行的破产风险，借鉴温忠麟和叶宝娟（2014）提出的中介效应的检验方法，对上述理论分析做出实证检验，先检验数字金融对中介—商业银行破产风险的影响（4.11），具体模型（4.2）如下：

$$Z = \beta_0 + \beta_1 lnDIFP_{it} + \beta_2 lnSIZE_{it} + \beta_3 CAR_{it} + \beta_4 CIR_{it} + \beta_5 NIR_{it} + \beta_6 DG_{it} + \beta_7 M2G_{it} + \beta_8 GDPG_{it} + \varepsilon_{it} \quad (4.2)$$

再检验中介变量影响下数字金融对商业银行价值的影响（4.12），具体模型（4.3）如下：

$$EVATC = \gamma_0 + \gamma_9 Z_{it} + \gamma_1 lnDIFP_{it} + \gamma_2 lnSIZE_{it} + \gamma_3 CAR_{it} + \gamma_4 CIR_{it} + \gamma_5 NIR_{it} +$$
$$\gamma_6 DG_{it} + \gamma_7 M2G_{it} + \gamma_8 GDPG_{it} + \varepsilon_{it} \quad (4.3)$$

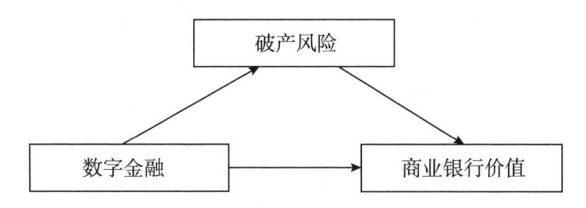

图 4.6　基于商业银行风险的中介效应机制

实证结果如表 4.11 所示，实证过程（4.1）为数字金融对商业银行价值的基准回归，结果在 1% 的置信水平显著，α_1 为正。

实证过程（4.11）用以验证数字金融对商业银行破产风险的影响，由表 4.11 结果可知，数字金融对商业银行破产风险的回归在 1% 的置信水平显著为正，且 β_1 为正，由于 Z 值是一个负向指标，证明数字金融能够降低商业银行破产风险，提高商业银行的系统稳定性，符合预期。

表 4.11　　　　　　基于商业银行风险的中介效应回归结果

VARIABLES	(4.1)	(4.11)	(4.12)
	EVATC	Z	EVATC
ln*DIFP*	0.434***	0.017***	0.385***
	(0.141)	(0.006)	(0.143)
Z			2.955*
			(1.718)
ln*SIZE*	-0.568**	-0.015	-0.524**
	(0.226)	(0.010)	(0.226)
CAR	-8.832***	0.321***	-9.782***
	(2.422)	(0.107)	(2.471)
CIR	-1.106	-0.010	-1.077
	(1.047)	(0.046)	(1.041)

续表

VARIABLES	(4.1)	(4.11)	(4.12)
	EVATC	Z	EVATC
NIR	-0.836*	0.029	-0.922*
	(0.468)	(0.021)	(0.468)
DG	0.097*	0.001	0.096*
	(0.050)	(0.002)	(0.050)
GDPG	8.870***	0.119	8.517***
	(2.208)	(0.097)	(2.205)
M2G	5.752***	-0.010	5.782***
	(1.985)	(0.088)	(1.973)
Constant	14.459**	0.395	13.292**
	(6.381)	(0.282)	(6.381)
R-Squared	0.640	0.190	0.646

实证过程（4.12）的结果中，γ_9 为正，Z 值在 10% 的置信水平显著为正；同时，γ_1 为正，数字金融对商业银行价值的影响在 1% 的置信水平显著为正；$\beta_1\gamma_9$ 与 γ_1 同号，证明存在部分中介效应，符合上一章理论分析的推论。

综上所述，数字金融在提升商业银行价值的传导过程中存在基于商业银行破产风险的部分中介效应。

五 稳健性检验

以下采用两阶段最小二乘法进行内生性检验，同时通过 VIF 线性相关检验和区间缩小的方式验证模型和结论的稳健性，增强模型结果的可靠性。

（一）内生性检验

固定效应模型中会由于遗漏变量、测量误差等产生可能存在的内生性问题，参考王诗卉和谢绚丽（2021）的做法，选取第三方支付规模作为工具变量，采用两阶段最小二乘法进行估计，可减轻内生性问题。由

表 4.12 的结果可以看出,在 1% 的置信水平显著正相关,表明结果依然保持稳健,更加证实数字金融能够有效提升商业银行价值。

表 4.12　　　　　　　两阶段最小二乘法估计检验结果

VARIABLES	(4.13)
	EVATC
ln*DIFP*	2.638***
	(0.503)
ln*SIZE*	0.231***
	(0.035)
CAR	1.531
	(2.703)
CIR	1.298
	(0.842)
NIR	−3.187***
	(0.668)
DG	0.073
	(0.064)
GDPG	0.414***
	(0.056)
M2G	33.910***
	(5.384)
Constant	−26.980***
	(4.163)
R-squared	0.163

(二) VIF 线性相关检验

借鉴朱信贵等 (2021) 的稳健性检验方法。方差膨胀因子 (VIF) 是检验模型多重共线性问题的常用方法,VIF 值越小,证明模型多重共线性的可能性越小;VIF 值越高,证明多重共线性的可能性越高,通常的判定标准是 VIF 值不超过 10,则认为该模型不存在多重共线性问题。对研究所用模型进行 VIF 检验，检验结果如表 4.13 所示，VIF 值最大为 5.240，均值为 2.250，均未超过 10，所以可以认定该实证模型中不存在多重共线性。

表 4.13　　　　　　　　VIF 线性相关检验结果

VARIABLES	VIF	1/VIF
ln*DIFP*	5.240	0.191
M2G	3.070	0.325
GDPG	2.580	0.388
NIR	1.810	0.551
ln*SIZE*	1.710	0.583
CAR	1.400	0.715
CIR	1.160	0.863
DG	1.040	0.961
Mean VIF	2.250	

（三）区间缩小检验

为研究基准回归，我们选取 2011—2020 年数据。值得强调的是，2020 年作为特殊的一年，经济发展因新冠疫情影响受到不小的冲击，为了排除特殊年份数据对实证检验结果的影响，现将实证数据期间缩小为 2011—2019 年重新回归（4.14），结果如表 4.14 显示，在 1% 的置信水平数字金融与商业银行价值显著正相关，证实前文实证结果具有稳健性。此外，由表格可知，2011—2019 年回归结果的解释变量系数达 0.778，而使用 2011—2020 年数据的回归见表 4.6，其解释变量系数仅为 0.434，由此可以看出新冠疫情影响使得数字金融对商业银行价值的提升程度减弱。这中间有两点原因，其一是由于经济下行使得借款人的违约风险加强，商业银行的信贷资产质量下降，商业银行所面临的风险增加了；其二是国家为了加强对经济社会的扶持，央行引导下调贷款利率，这会让以存贷差为主要收益的商业银行面临利润下降的局面，商业银行价值下降。

表 4.14　　　　　　　　　　区间缩小的检验结果

VARIABLES	(4.14)
	EVATC
ln*DIFP*	0.778***
	(0.244)
ln*SIZE*	-0.607***
	(0.227)
CAR	-8.496***
	(2.795)
CIR	-3.073***
	(1.155)
NIR	-1.058**
	(0.497)
DG	0.056
	(0.051)
GDPG	25.858***
	(9.729)
M2G	5.541***
	(2.104)
Constant	13.329*
	(6.879)
R-squared	0.627

第六节　研究结论及对策建议

一　研究结论

第一，数字金融能够长期持久地提高商业银行价值，且在数字金融三个维度上覆盖广度的影响程度大于数字化程度，使用深度的影响暂不明显；从异质性角度分析，数字金融对国有商业银行价值的影响程度不及其对非国有商业银行价值的影响程度；针对不同经济发展水平的城市，经济发展水平越高的城市，数字金融对其商业银行价值的提升程度越明显；从中介效应角度分析，数字金融能够降低商业银行破产风险从而间接提高商业银行价值，这中间存在部分中介效应。

第二，虽然数字金融在影响商业银行价值这个问题上总体来讲利大于弊，但还是会在诸多细节方面降低商业银行价值。其一，从市场份额角度来讲，数字金融会抢占银行业原有的业务市场并加剧竞争；其二，从顾客导向角度来讲，互联网金融平台争抢商业银行的客户资源，我国商业银行从业人员服务不到位，客源吸引力不足；其三，数字化程度对商业银行价值的影响程度远小于覆盖广度的影响程度，侧面说明我国商业银行科技实力不足，数字化程度不高，缺乏专业人才储备；其四，商业银行的直接管控主体差异会导致数字金融对商业银行价值影响程度的不同，可以看出监管力度的过松或过严都会影响数字金融在商业银行中的应用；其五，数字金融在一线城市和非一线城市中对商业银行价值的影响程度不同，故而存在这一问题：经济市场地区发展不平衡影响数字金融提升商业银行价值的程度；其六，数字金融能够通过降低破产风险间接提高商业银行价值，因此商业银行也应该更加注重自身在风险方面的建设。

二 数字金融背景下提升商业银行价值的政策建议

根据研究结论和判断，我们从商业银行自身转变与政府部门协助两个角度提出相关对策建议。

第一，健全与拓展商业银行业务体系。首先，加强支付类业务与第三方的合作。与互联网金融平台相比，商业银行的天然优势在于背靠政府，拥有更为强大的公信力，但由于商业银行存在创新不足、业务办理流程冗长等问题，客户需求不能及时满足，特别是小微企业或个人的需求，例如商业银行的异地转账功能就需要消耗大量时间成本进行插件安装、识别认证等步骤，而其他第三方支付平台如支付宝余额转账或微信红包等就能通过简单流程在较短时间内完成账款的支付和收取。因此，与第三方科技企业合作成为解决该问题最好的方式。商业银行应该维护好原有的高净值客户群体，利用自身高安全性等其他第三方企业没有的优势，通过与第三方企业之间的技术合作满足小微客户的业务需求，拓展业务范围；加强信息技术的学习，满足客户互联网移动支付的需求，加快配套移动业务场景的搭建；利用科技手段建设更为便捷的移动网络平台，探索直销银行等新的业务渠道，扩大移动端的业务规模。其次，扩大信贷规模、优化信贷结构。一是要渗透小微企业贷款业务市场。通常情况下，我国大多数商业银行都在追求安全性，因而不会冒风险向那些未来可能会违约的小微企业提供贷款支持。高公信力吸引大量高净值的优质客户，这是商业银行原有的客户资源，因此若商业银行想要拓展新业务就必然要想办法与互联网金融平台抢夺小微企业客户。一家企业的财务报表能体现出来的标准化数据仅占企业全部数据的15%左右，而那些占比达到85%的非结构化的数据通常却需要通过电子商务、外部系统、物联网及其他的传播媒介进行获取，这就需要商业银行提高自身大数据应用的能力，以此获取那85%的企业信用信息；同时，大数据技术还能用来进行更为精细化的信用评价，方便商业银行了解企业真实数据，减少信息不对称，在保持自身经营稳定的前提下拓宽针对小微企业的贷款业务市场，大数据及人工智能的应用还能通过分析小微企业的贷款需求，制定更有针对性的信贷产品。二是要优化信贷结构。从商业银行现有营业模式上来看，存贷利差仍是最为重要的收入来源，但这种信贷业务的快速扩张也需要国家政策的助力。从商业银行自身来讲，优化信贷结构离不开经济资本的合理调配，此外，还要对信贷资源进行综合配置，不同实力的客户、不同经济发展状况的行业、不同经济增速的区域等在风险收益水平上都会有差异，商业银行应该根据这些差异合理配置资源，扶持那些有前景、未来有收益的贷款项目，从流动性和收益性两方面改善信贷结构，使资源在传统业务与中间业务、境内业务与境外业务、信贷业务与非信贷业务、表内业务与表外业务间被合理利用。再次，拓展中间业务种类和规模。即便信贷业务是商业银行的支柱业务，但在银行间业内竞争越来越激烈的今天，仅依靠存贷利差支撑收入是远远不够的，故而应该注重发展其他非利息收入类型的中间业务。银行业未来将会是高端客户的争夺，是知识产权创新能力的争夺，是个性化和差异化的争夺，关注重点应该转移到外汇资金衍生品、投行业务以及消费金融业务领域。业务推广不应再单单靠网点的基层人员，而是扩展到并购、参股、电话银行、网络银行等多种发展路径上来。因此，商业银行应该走差异化道路，依靠金融创新产出多元化的产品，在产品问世之前进行需求调查，弥补产品漏洞，对目标客户群体开展大规模宣传营销，还可依据不同客户的需求定制专属金融产品，实现个性化的产出和销售，以此才能在众多银行中脱颖而出，增加商业银行未来获利的能力，提高商业银行价值。但中间业务的收入比信贷业务的收入有更大的波动性，因此还是要在确保商业银行自身现存风险较小的情况下才能扩大中间业务的范围。

第二，加强以客户为导向的服务与管理。首先，建立智能服务体系。数字金融的发展激化银行业内竞争，商业银行只有通过改善客户服务的质量才能满足不断升级的客户需求。商业银行加强与数字金融的融合，优化业务流程，提高服务数字化的程度，建立智能服务体系，提高客户体验感。应用生物识别技术进行人脸、声纹的识别，对收集到的客户面部表情、语音等生物数据进行处理分析，了解客户当前的情绪变化，判断客户需求并提供个性化服务。例如，搜集客户观看网点宣传海报及视频时的微表情分析客户的兴趣点，使客户经理能够更加容易挖掘潜在客户群体，进行针对性营销；搜集客户办理业务时的情绪变化，筛选不会使用自助终端设备以及等待时间过长的客户，及时做出人员调整为客户提供帮助。还可以在自助设备及移动金融服务领域添加生物识别技术，提高金融服务效率的同时减少时间成本和人力成本，例如 ATM 机通过人脸识别技术可以开展"刷脸取现""无卡取款"等业务，使客户办理业务更加方便；对于大额转账可以通过手机银行 App 的远程身份认证完成授权认证等业务流程。人工智能也是提升智能服务体系必不可少的技术，例如浦发银行与百度联合研究发明"数字人"员工，为其培养自然语言理解、知识图谱、深度学习等技能，方便"数字人"员工智能化更新知识，通过大数据推测客户需求，让普通客户也能享受到一对一的个性化服务。其次，积极推进客户管理水平数字化转型。商业银行的传统客户管理模式就是通过对搜集来的客户信息进行归类整理和分析，匹配适合客户的服务方式，进行统一的授信和风险控制。数字金融的引入是为了借助精准营销，用更高质量的服务维护原有客户资源，拓展潜在客户群体。数字金融中大数据、人工智能等的应用使银行能够主动感知客户在信贷、消费、投资等多个方面的需求，依靠更多数据开展应用评级和风险评估，在信息数据的基础上建立适合该客户的投资策略模型，完成对客户的精准推介，改善当前商业银行理财经理专业度不够的问题。大数据可以将收集到的客户需求及行为偏好等数据进行智能分析，在维护原有客户、激活沉默客户、发展潜在客户等方面提供管理支持。例如在客户转账方面，大数据基础可以对客户繁杂的转账信息进行处理，构建客户资金交流的关系网，还能通过转账的备注语言了解客户的交易领域及消费圈，根据这些数据挖掘可能帮助拓展消费信贷业务的客户群体。最后，提升顾客忠诚度。客户资源的拓展能够为商业银行带来新鲜血液，而是否能将这些客户资源真正转化为商业银行未来的获利能力，需要依靠顾客忠诚。顾客忠诚就要让客户对商业银行产生归属感和认同感，必须通过提高服务质量建立客户与商业银行间的情感枢纽来实现，例如，24 小时的线上客服答疑服务能够及时为客户提供咨询服务，提高客户满意度，帮助商业银行树立可依赖性的企业形象，拉近与客户之间的距离，与客户形成更为紧密的纽带，提升顾客忠诚。

第三，提高人力资源管理质量。一方面，加强基层员工的培训的管理。商业银行应加强网点基层服务人员的队伍建设，对员工的业务技能、综合素质等方面进行定期培训，熟练的业务操作能够提高工作效率，而综合素质的培养更能体现商业银行的企业形象。加强员工的思想教育培训，强化服务意识，提高员工的事业心和对工作的高度责任感。拓展线上客服业务范围，针对不同情境为客户提供有针对性的或者统一的服务，为不同地域、不同需求的客户提供精准帮助。另一方面，重视科技人才储备。技术发展离不开人才，仅依靠第三方机构的技术扶持不是长久之计，商业银行应该自主培养高精尖科技人才，加大重点人才储备的力度，为日后激烈的市场角逐积累后备力量。一是要全面贯彻"以人为本"的管理理念，为科技人才提供一个更利于施展才能的环境，与科技人才一道制定合理的发展规划，将银行的成长与科技人才的成长紧密结合在一起；二是要完善激励机制，仅依赖绩效考核建立的人才管理制度对科技人才来讲是一种被动的逼迫行为，不利于激发人才主动的创造性，这样的管理效果不佳，商业银行可以通过股权期权分红等制度将人才贡献与商业银行发展挂钩，正向激励科技人才的主观能动性，科技人才心甘情愿为商业银行做出更多关键性贡献，从而提高商业银行的数字化实力；三是要完善科学的等级管理制度，虽然不赞成仅依靠KPI管理人才的制度，但为了提高人才的危机意识，应该适当添加竞争机制以提高人才的内在动力，行政职务与技术职称挂钩，制定奖勤罚懒、优胜劣汰、按劳取酬等制度，以人才能力作为基础，同时关注工作完成的质量和效率，进行综合性等级评定，维护商业银行内部人才的良性竞争环境。

第四，完成商业银行风险管理体系升级。一方面，建立数字风控的思维方式。商业银行前台部门的数字化营销及产品创新都离不开风险管理等中后台部门提供的数字化支持。摒弃传统的依赖专家经验及客户理财指标进行风险管理的模式，风险信息开放共享，建立规模化交互与匹配的信息平台。肢解风险管理的关键要素，形成部门跨越和业务线条跨越的风险管理平台，归纳呈现风险信息，为前台业务部门的工作提供及时的信息反馈。另一方面，加强风险控制的顶层设计。商业银行的传统管理框架中各部门之间的交流较少，形成信息不共享、数据不流通、协作效率低下等问题，故应该对管理流程和组织框架进行整体规划，而不只是应用大数据、人工智能等科技手段开发风险管理系统。数字风控要求对现有人员的组织架构进行调整，建立起一个反应敏捷的独立风控中台，参与设计风控模型、搭建平台、优化风险管理流程、有效支持场景设计、实时进行风险监控预警等工作，要搭建管理制度体系化、管理流程标准化、管理模型组件化和参数化的风险控制平台。

第五，完善政府部门的调节与监管。一方面，完善金融监管体系。实行对数字金融和商业银行的双重监管体系。对数字金融来说，监管部门应该将其背后风险体系作为重点关注对象，筛选合理指标，对数字金融的日常风险做出监测和防控；对商业银行来说，要重点关注表外业务的监管，数字金融影响了商业银行信贷业务规模，降低了商业银行依靠传统存贷利差获得盈利的能力，商业银行因而转向拓展表外业务规模，但表外业务规模的扩大会导致风险高度聚集，影响商业银行现有的低风险性，因此监管部门应该密切关注商业银行从事表外业务的规范性，控制其发展的规模，将表外业务规模与商业银行风险等级挂钩，限制风险等级的上限以维护市场的稳定。另一方面，平衡各地区经济发展。调节各地区经济发展的平衡，完善经济改革制度体系，才能促进商业银行与数字金融的融合发展。由前两章的分析得知，数字金融在不同地区的发展程度是不一致的，这会影响数字金融对该地区商业银行价值影响的效果。我国各区域的制度环境、要素禀赋、经济发展等有很大差别，尤其体现于法制化水平、金融监管力度、区域市场化程度等因素上，这些因素都会影响经济以及科技的发展。因此，政府部门应该对法治水平低、市场化程度弱的地区予以政策引导，扶持经济运行，平衡各地区的经济市场发展。

第五章 数字金融与商业银行经营效率提升

第一节 绪论

第三次科技革命出现以后，电子和信息技术飞速发展，形成了从科学发现到技术研发，再到生产应用的有效机制。与此同时，电子信息技术亦不断地和其他技术相结合，助力各行各业的发展，其中电子信息技术对于金融业的影响尤为显著。我国金融业的发展经历了三个阶段，第一阶段是改革开放时期，我国金融体系初步建立；第二阶段是市场经济建设和对外开放时期，我国金融改革全面推进；第三阶段是高质量发展阶段，这个阶段的金融业以科技赋能为特征，数字金融作为数字技术与金融的结合应运而生。数字金融将大数据、区块链等各类数字技术与传统金融服务进行高度融合形成了新型的金融服务模式，既包括互联网企业和新型科技公司利用数字技术开展金融服务，又包括传统金融机构利用数字技术改善和创新金融服务。

数字金融正在慢慢改变我国传统金融行业的经营模式，商业银行作为金融业的主体亦受到了数字金融的影响。在数字金融的大背景下，商业银行纷纷开始加入金融数字化的浪潮。一方面，商业银行自主招纳科技人员，组建金融科技团队，对产品和服务进行创新，提高自身的科技创新水平。根据银保监会的数据，2020年我国银行信息科技投资规模达到了2078亿元，年增长率超过25%。另一方面，商业银行与金融科技公司开展合作，通过优势互补和资源共享，实现互利共赢。如中国工商银行、中国农业银行、中国银行、中国建设银行和中国交通银行陆续宣布与京东、百度、腾讯、阿里和苏宁建立战略合作，推出了一系列产品和系统。

商业银行一直以来都是我国金融体系的关键构成部分，是金融业稳定发展的支柱，在国民经济中发挥着不可或缺的作用，商业银行的有效经营关乎着国民经济的稳健发展，商业银行的经营效率影响着金融体系的运行效率和国民经济的发展水平。如今商业银行从对已有的业务创新到开创新的业务，从单一业务流程的优化到整体管理体系的优化，数字金融的影响已经渗透到银行经营的每个领域。那么数字金融对商业银行效率的影响是正向的还是负向的？传导机制又是什么样的？面对数字金融所带来的机遇与挑战，我国商业银行又该如何应对？本研究就是在这样的背景下，测算出商业银行的效率，并建立模型分析数字金融对商业银行效率的影响和传导机制，最后根据实证结果为提高商业银行效率提出一些合理可行的建议。

在我国金融行业高质量发展的阶段，数字金融作为数字技术与金融的结合应运而生，它正在慢慢改变我国传统金融行业的经营模式，商业银行作为金融行业的主体亦受到了数字金融的影响。如今商业银行从对已有的业务创新到开创新的业务，从单一业务流程的优化到整体管理体系的优化，数字金融的影响已经渗透到了银行经营的每个领域。为了让我国商业银行更好地应对数字金融所带来的机遇与挑战，提升经营效率，那么数字金融对商业银行效率的影响及传导机制就成为了值得研究的内容。从理论维度看，国内外学者在很早以前就开始了对银行效率的研究，不过日新月异，商业银行的运营模式和形态已经在数字金融的背景下发生了较大变化，因此在新的背景下银行效率问题仍然值得研究。且目前相对于数字金融对商业银行效率的影响，学者们研究更多的是金融科技或互联网金融对商业银行效率的影响。相较于突出科技特点的金融科技和强调交易路径的互联网金融，数字金融是将大数据、区块链等各类数字技术与传统金融服务高度融合而形成的新型的金融服务模式，含义更加广泛，因此在理论方面本研究可以丰富对于数字金融与商业银行效率的关系的研究。除此之外，目前学者们对于数字金融对商业银行效率的影响机制的实证研究亦不充分，因此本研究从理论和实证两个角度分析两者之间的关系，并探究其影响路径，丰富了这一方面的研究。从实践维度看，商业银行在我国金融系统中具有核心地位，其经营效率的提升对提高金融体系运行效率、促进国民经济平稳健康发展有着至关重要的作用。如今数字金融已经是大势所趋，商业银行必须顺应趋势，因此研究数字金融对商业银行效率的影响及传导机制，有助于商业银行在大趋势下扬长避短，找准业务痛点，改善经营管理，加快改革创新，完善业务结构，有针对性地借助数字金融提高其经营效率，并且也有利于相关监管部门对数字金融与商业银行的融合进行统筹规划与管理。

  本研究选定北京大学数字普惠金融指数作为数字金融发展水平的衡量指标，并选定39个商业银行2013—2020年的数据为样本，运用DEA-Malmquist模型测算出其全要素生产率变化指数作为效率的衡量指标。首先以数字金融指数为核心解释变量，以商业银行全要素生产率变化指数为被解释变量进行回归来研究数字金融对商业银行效率的影响；其次以衡量商业银行盈利能力的利润率为中介变量，运用逐步回归法中介效应模型来研究数字金融对商业银行效率的影响路径；然后分别以数字金融的不同维度指标即覆盖广度、使用深度和数字化水平为核心解释变量对商业银行全要素生产率变化指数进行回归来研究数字金融的不同维度对商业银行效率的异质性影响；最后将样本分为国有、股份制、城市和农村商业银行四类，并分别以数字金融指数为核心解释变量对商业银行全要素生产率变化指数进行回归来研究数字金融对不同类型的商业银行效率的异质性影响。最终得到以下结论：数字金融的发展对商业银行效率有正向的促进作用；数字金融可以直接提高商业银行的效率，亦可以通过提高商业银行的盈利能力进而间接提高商业银行的效率；数字金融的覆盖广度、使用深度和数字化水平对商业银行效率都具有正向的影响，其中数字金融的覆盖广度对商业银行效率的正向影响最大，使用深度次之，数字化水平最小。说明数字金融可以在客户开拓、业务创新及业务实现、降低成本和降低门槛等方面促进商业银行效率的提升，并且在客户开拓方面影响最大、业务创新及业务实现方面次之、降低成本和降低门槛方面最小；数字金融对不同类型的商业银行效率的影响存在异质性，数字金融对股份制商业银行和城市商业银行的影响较大且为正向影响，而对国有商业银行和农村商业银行的影响较小。最后本研究根据所提出的结论为商业银行利用数字金融提高经营效率提出了相应的建议。

本研究的边际贡献有两个方面。一方面，进一步厘清相关范畴。目前相对于数字金融对商业银行效率的影响的研究，学者们研究比较多的是金融科技或互联网金融对商业银行效率的影响。互联网金融、金融科技和数字金融三者虽然含义相近，但还是存在差别，且衡量互联网金融、金融科技、数字金融的指标也各不相同，因此本研究数字金融对商业银行效率的影响，可以丰富这方面的研究。另一方面，实证研究的拓展和推进。一是在数据使用与样本选择方面，本研究根据北京大学数字金融研究中心发布的第二期数字普惠金融指数将数字金融的指标更新到了 2020 年。且在样本的选择上，我们除了选取国有、股份制和城市商业银行，还选取了总资产超 1000 亿元的农村商业银行，以满足样本选择的代表性。二是在中介变量的选取方面，从现有文献来看，关于数字金融对商业银行效率的影响机制的研究多为理论分析，缺乏实证分析，我们从商业银行盈利能力的角度出发，选择利润率作为中介变量进行实证分析，丰富了这方面研究。

第二节 文献综述

一 关于商业银行效率的研究

（一）对商业银行效率的评价

对于商业银行效率的研究最初是从规模经济角度出发研究规模效率，如 Alhadef（1954）最早从规模经济的角度出发运用财务分析法研究了商业银行效率问题，样本为 210 家美国银行 1938—1951 年的数据，研究发现美国银行产出规模是逐渐增加的，成本规模是逐渐减小的。然后学者们把研究视角转到了范围经济，开始从范围经济的角度出发研究范围效率，如 Baumol 等（1982）指出，银行开展多种业务比开展单一业务的成本更低，供给更多，也就是实现了范围经济。之后学者们研究的对象又转向了前沿效率，相应的评价方法是前沿分析法，具体分为参数分析法和非参数分析法。其中参数方法应用最广泛的代表是随机前沿方法（SFA），如 Simon 等（2006）利用随机前沿分析法对香港商业银行的成本效率进行了研究，发现香港商业银行的 X-效率随着时间的推移而下降，表明香港银行的经营比以前更接近边际成本，与银行业的技术创新结果相一致。由于本研究所用方法不是随机前沿方法，因此本研究对此方法不做过多论述，重点论述数据包络分析法。

非参数方法应用最广泛的代表是数据包络分析法（DEA），该方法是由 Charnes A、Cooper W 和 Rhodes E 提出的，而后被应用于测算商业银行效率。一些学者们采用的是传统的 DEA 模型，如 Kirkwood 和 Nahm（2014）运用数据包络分析法测算了 1995—2002 年上市的 10 家澳大利亚银行的成本效率和利润效率，结果显示主要银行的两种效率均有所提高，而区域银行的成本效率变化不大，盈利效率呈下降趋势。郭捷和周婧（2016）运用 CRS-DEA 模型和 VRS-DEA 模型，测算了我国 16 家上市商业银行 2007—2014 年的效率，结果显示我国商业银行的整体效率和互联网金融发展基本同步变化，综合技术效率和规模效率变化趋势相同，国有行的规模效率一直比股份制银行低。Batir 和 Gungor（2016）采用 DEA 方法考察了土耳其传统银行和参与银行的技术效率、配置效率和成本效率，分析了土耳其银行系统的效率，并比较了 2005—2013 年期间积极运营的参与银行和传统银行的效率，结果表明每年参与银行的平均效率都高于传统银行的平均效率。

有的学者对传统 DEA 模型产生了质疑，认为应当根据商业银行的运作阶段分别测算其效率，从而出现了两阶段 DEA 模型。Zha 等（2016）认为中国的银行可以看作是动态的两阶段系统，不良贷款作为一种结转因素对效率具有动态影响，进而同时考虑两阶段过程和结转因素提出了一种基于松弛测度的动态两阶段 DEA 模型，这个模型可以有效地识别中国银行的低效率。王钢和石奇（2019）运用改进熵权的两阶段 TOPSIS-

DEA 模型测算有效的商业银行经营效率，结果表明：在资金运用效率和整体经营效率方面，股份制银行高于国有行；在资金组织效率方面，国有行高于股份制银行；而城商行的三种效率均最低。

两阶段 DEA 模型虽然优于传统 DEA 模型，但是不能使得各个决策单元的外部环境都相同，因此 Fried 等（2002）提出了三阶段 DEA 模型。该方法的好处在于可以排除非经营因素的影响使求得的效率值更能反映真实的内部管理水平，之后部分学者采用三阶段的数据包络分析方法来研究商业银行效率。周朝波和彭欢（2018）运用三阶段 DEA 模型测算了 2013—2017 年我国上市商业银行的效率，研究发现：环境变量对商业银行效率的影响较大，运用三阶段 DEA 模型测算效率比较合理；大部分商业银行效率水平无效，股份制银行效率优于国有行；上市商业银行无法有效应对互联网金融的负面冲击。卢金钟等（2019），运用三阶段 DEA 模型测算商业银行的效率，并将拉巴波特模型应用于投入和产出变量的选择，结果表明自 2016 年我国商业银行的效率稳定中略有下降，且相较于股份制银行，国有行的纯技术效率更高，而技术效率和规模效率更低。

此外一些学者将数据包络法与 Malmquist 指数结合起来测算商业银行的效率。崔治文和徐芳（2015）运用 DEA 的 C2R 模型和 Malmquist 指数测算了 2008—2013 年我国 A 股上市的 10 家商业银行的效率，结果表明我国银行效率发展总体平稳，且股份制银行效率的发展趋势优于国有银行。段永瑞等（2019）从吸收存款和发放贷款这两个阶段出发，运用两阶段 DEA 模型测算了在 2008 年和 2011 年我国 15 家商业银行的服务和盈利两方面的效率，并测算 Malmquist 指数分析了我国商业银行的效率变化，结果表明我国商业银行的盈利效率明显比服务质量效率高，且整体效率随时间呈上升的走势。传统的 DEA 模型不能对效率值相同的决策单元进行比较，因此超效率 DEA 模型得以产生和应用，有学者将超效率 DEA 模型和 Malmquist 指数结合应用，如王健等（2011）运用超效率 DEA 方法，测算了 14 家商业银行 2004—2009 年的效率，研究发现商业银行的整体效率水平是上升的，并且国有行的效率低于股份制银行，同时作者还基于 Malmquist 指数测算了商业银行的全要素生产率，结果表明 2004—2009 年全要素生产率是逐渐上升的，但 2009 年有所下降。

（二）商业银行效率的影响因素

对于商业银行效率影响因素的研究主要分为两大类，一类是对微观影响因素的研究，其中包括银行层面和行业层面，另一类是对宏观影响因素的研究。

在微观层面，郭妍（2005）运用 DEA 方法测算了我国 15 家商业银行 1993—2002 年的效率，并分别研究了国有银行和股份制银行效率的影响因素，结果表明资源配置能力、资本充足率和市场份额对两者效率均影响显著，不过影响的大小有所差异。周强龙和徐加（2010）运用 DEA 方法测算了我国商业银行 2005—2008 年的技术效率，并研究了银行盈利模式对技术效率的影响，结果表明非利息收入占比对商业银行技术效率具有逐渐减小的正向影响，且利息和非利息业务的营业费用的差距会削弱这种影响，除此之外作者还指出营业费用率对商业银行技术效率有负向影响，资产规模和独立董事比例对商业银行技术效率有正向影响。曾俭华（2011）运用 DEA-Malmquist 方法测算了我国 13 家商业银行 2004—2009 年的效率，并将国际化经营作为影响因素进行研究发现，国际化经营对我国商业银行效率有正向影响。张鹤等（2011）测度了我国 4 家国有行和 10 家股份制银行 1999—2007 年的 X-效率，并进一步研究发现资本结构（即负债与权益资本之比）和所有权性质（即是否为国有）是银行效率的主要影响因素，且均为负向影响。Abdmoulah 和 Laabas（2012）运用随机前沿方法，测算了科威特商业银行 1994—2009 年的技术效率和配置效率，并检验了劳动力市场政策是否对技术效率和配置效率产生显著影响。实证结果表明，银行的效率随着规模的增加而增加，在确保有足够的技能和培训的情况下，雇用更多的科威特人并不妨碍银行的效率。谭燕芝和许明（2012）运用数据包络分析方法测算 16 家上市股份制商业银行 2005—2010 年的经营效率并研究其影响因素，结果显示商业银行高管薪酬和独立董事比例对经营效率有正向影响，股权结构的集中度对经营效率有负向影响。Sarmiento 和 Jorge（2015）运用随机前沿模型研究发现，资本化程度越高的银行成本和利润效率越高，而承担越多信用风险的银行成本效率越低，但利润效率越高，这些影响的大小因银行的规模和附属机构而异；流动性只影响国内银行的成本效率；大型银行和外资银行可以从更高的信贷和市场风险敞口中受益更多，而小型银行和国内银行则更有利于资本化。吴沭林（2016）运用数据包络分析方法研究了16家上市商业银行的经营效率，发现在2008—2014年国际金融危机和利率市场化改革是使我国商业银行效率下降的主要原因，并且总资产规模、存贷比和非利息收入这些能够反映利率市场化的指标是影响我国商业银行效率的重要因素，同时还指出这种影响在国有行和股份制银行之间会存在正负和大小的差异。张大永和张志伟（2019）运用随机前沿分析方法测算了136家区域性商业银行2004—2015年的效率，并进一步研究发现竞争程度对商业银行效率的影响为倒"U"形的非线性影响。曹强和谭慧（2020）运用38家商业银行2013—2018年的数据研究银行效率及其影响因素。研究发现客户集中度对银行效率的影响具有门槛效应即在资产质量高时具有显著正向影响，在资产质量低时具有显著负向影响，除此之外，商业银行设立分支机构数量对银行效率具有呈倒"U"形的非线性影响。

在宏观层面，王聪和谭政勋（2007）运用随机前沿法测算了14家商业银行1990—2003年的X-利润效率并研究了宏观因素对效率的影响，研究发现GDP增长率、M2增长率和固定资产投资增长率对X-利润效率具有正向影响；企业整体效益水平和CPI对X-利润效率具有负向影响。袁晓玲和张宝山（2009）运用DEA模型和Malmquist指数测算了我国15家商业银行1999—2006年的全要素生产率，并进一步研究发现固定资产投资增长率和GDP增长率对商业银行效率有正向影响，全部国有及规模以上非国有工业企业销售收入、利润增长率和消费者价格指数对商业银行效率有负向影响。王锦慧（2009）、季仙华和齐兰（2013）都研究了经济增长对我国银行效率的影响，结果均显示，我国经济增长与银行效率之间具有显著的良性互动关系。陈凯（2011）指出国有行利润效率与GDP增长率和固定资产增长率有强相关性，与出口增长率和消费增长率有弱相关性；而股份制银行利润效率与这些宏观经济指标的相关性比较弱。

Sufifian 和 Habibullah（2012）采用 DEA 方法测算了 1999—2007 年亚洲金融危机后印尼银行业的效率，实证研究结果表明，生态经济全球化的几个维度对银行效率有显著积极的影响，即实际流动、个人接触、文化接近性和政治全球化；另一方面，更严格的贸易和资本账户限制抑制了印尼银行业中银行运营的效率。

二 关于数字金融与商业银行效率关系的研究

学者们关于数字金融对商业银行效率的影响的研究并未形成一致的结论，其观点大致可以分为三类，即对数字金融提高商业银行效率有支持、反对和中立三种态度。

一些学者认为数字金融的发展有利于提高商业银行效率，即数字金融对商业银行效率具有正向影响。沈悦和郭品（2015）以我国 36 家商业银行 2003—2012 年的数据为样本进行实证分析来研究互联网金融对商业银行效率的影响，结果表明互联网金融可以提高商业银行的全要素生产率，符合技术溢出效应，且股份制银行受影响最大，国有行最小，城商行居中。仓明等（2016）利用我国 14 家商业银行 2004—2014 年的数据进行研究，指出互联网金融对总体商业银行效率、全要素生产率、规模效率和纯技术效率的提高均有促进作用。杨望等（2020）研究指出金融科技可以在技术创新、竞争驱动转型等方面提高商业银行效率，且这种影响对于股份制商业银行和东部银行以及与金融科技深度融合、业务创新水平高、管理层年轻化、跨区域运营的银行更明显。机制分析结果表明金融科技会增加负债端业务竞争，不过亦会使银行增加资产端的风险承担水平，从而提高商业银行效率。王诗卉和谢绚丽（2021）利用我国 157 家商业银行 2010—2018 年的数据和北京大学数字普惠金融指数进行实证分析来研究数字金融发展对商业银行创新行为的影响，结果显示数字金融能够促进商业银行的管理数字化和产品数字化，进而能够推断出数字金融对商业银行效率有正向影响。江红莉和蒋鹏程（2021）利用 A 股非金融类上市公司 2011—2017 年的数据进行实证分析来研究数字金融对企业的全要素生产率的影响，实证结果表明数字金融可以通过降低企业的融资成本，解决企业的融资约束来提高其全要素生产率，商业银行虽然是金融机构，但也属于企业的范畴，进而可以推断出数字金融对商业银行效率具有正向影响。高旭和高建斌（2021）运用 DEA 方法、PCA 方法和 Malmquist 指数测算了我国 16 家上市银行商业银行 2011—2018 年的经营效率，并研究了数字金融对商业银行效率的影响，实证结果表明数字金融的发展能够推动商业银行效率的提高；从异质性方面看，首先数字金融的三个维度中，使用深度和数字化水平对商业银行效率的影响显著为正，使用广度的影响不显著，其次数字金融发展对商业银行技术进步和技术效率均有显著正向影响，且对技术效率影响更大，此外数字金融对城商行和股份制银行效率的正向影响要大于国有行。

另一种观点认为，数字金融的发展不利于提高商业银行效率，即数字金融对商业银行效率具有负向影响。王静（2014）认为，互联网金融的出现对商业银行的支付端和资产负债端的业务都造成了冲击，促进了金融市场化和金融脱媒，对此商业银行应该进行改革以应对冲击并且对互联网带来的风险加强监管和防范。Stoica（2015）利用数据包络法测算了样本中 24 家银行的总效率，并利用主成分分析法根据银行的相对效率数值将其划分为不同的运营策略组，分析了以互联网银行服务为代表的金融创新如何有助于提高罗马尼亚银行的整体效率，结果表明很少有银行在生产过程中利用互联网银行服务来提高效率水平。Gulamhuseinwala 等（2015）指出，金融科技产品普及率相对较高，15.5% 的数字活跃消费者使用金融科技产品，并且预计采用率可能会在 12 个月内翻一番。在高收入的数字活跃用户中，金融科技的使用率最高达到 40% 以上，这表明对于传统金融机构来说，一些最具经济价值的客户已经是金融科技客户，金融科技侵占了商业银行的客户，挤压了商业银行的业务，不利于商业银行的经营。张庆君和刘靖（2017）以我国 14 家商业银行为样本进行实证分析来研究互联网金融与商业银行资本配置效率的关系，结果表明两者之间存在替代效应，互联金融的发展会挤占商业银行的传统业务，从而导致商业银行资本配置效率的下降，且这种影响对国有商业银行尤为显著。

此外，一些学者持中立的观点，认为数字金融可能会提升商业银行效率，亦可能会降低商业银行效率。曹凤岐（2015）认为互联网金融的出现给传统的金融机构带来了巨大的挑战，同时亦会带来机遇，即竞争与合作同在。王聪聪等（2018）认为互联网金融的正面影响在于可以提高金融效率，满足长尾客户的融资需要以及实现信息对称性，而互联网金融的负面影响在于会增加风险，不利于监管。封思贤和郭仁静（2019）利用我国65家商业银行2011—2017年的数据进行实证分析，研究发现数字金融对商业银行的利润效率有正向影响，而对成本效率有负向影响，且银行竞争作为中介变量会推动这种影响。Jon 等（2020）认为大型科技公司在金融领域的快速发展，对金融体系有利也有弊。大型科技公司可以加强竞争和金融普惠性，提高金融市场整体的服务效率，且在发展中国家和新兴市场尤为显著。同时这些公司亦可能会导致市场势力的集中，从而增加系统性风险。

三　现有研究评述

第一，商业银行效率的评价方法有财务分析法和前沿分析法，前沿分析法具体分为参数分析法和非参数分析法。其中参数方法应用最广泛的代表是随机前沿方法（SFA），非参数方法应用最广泛的代表是数据包络分析法（DEA）。数据包络分析法包括传统 DEA 模型、两阶段 DEA 模型和三阶段 DEA 模型等，此外一些学者还将数据包络法与 Malmquist 指数结合起来测算商业银行的效率。学者们研究的商业银行效率的影响因素主要分为两大类，一类是微观层面的影响因素，包括资本充足率、资本结构、资产规模、独立董事比例、高管薪酬、国际化经营程度等等；另一类是宏观层面的影响因素，包括 GDP 增长率、M2 增长率和固定资产投资增长率，等等。

第二，学者们关于数字金融对商业银行效率影响的研究并未形成一致的结论。一些学者认为数字金融的发展有利于提高商业银行效率，即数字金融对商业银行效率具有正向影响。而另一种观点认为，数字金融的发展不利于提高商业银行效率，即数字金融对商业银行效率具有负向影响。此外一些学者持中立的观点,认为数字金融可能会提升商业银行效率,亦可能会降低商业银行效率。

第三节 商业银行效率的评价

一 评价方法与测算模型

由前文的文献综述可知,目前商业银行效率的评价方法包括财务指标法和前沿分析法两种,其中财务指标法包括安全性指标、流动性指标和盈利性指标等等;前沿分析法包括参数法和非参数法,参数法以随机前沿分析法(SFA)为主,而非参数法以数据包络分析法(DEA)为主。财务指标法衡量效率具有片面性,不够准确,因此本研究首先排除了财务指标法。和参数法相比,非参数法无须构建详细的生产函数模型,无须考虑统计性检验结果和随机误差项的干扰,且适用于多项输入和输出的情况,因此在参数法和非参数法之中本研究选择了非参数法,非参数法中数据包络法最为常用,因此本研究最终选择了数据包络法来测算商业银行效率。由于本研究不考虑运作阶段和环境因素等,因此我们选择的是传统 DEA 模型,不过由于研究采用的是面板数据,传统的 DEA 模型只适用于截面数据,而 DEA-Malmquist 模型适用于面板数据,因此我们最终选定 DEA-Malmquist 模型来测算商业银行效率。

全要素生产率指的是不能用投入要素的等比例增加来解释的产出的增加部分,即在投入量给定的情况下,所实现的超额的生产效率,可以用来反映银行生产经营的效率。衡量 t 期至 $t+1$ 期全要素生产率变化的 Malmquist 指数可以表示为:

$$M_i = \left[\frac{D_i^t(X_i^{t+1}, Y_i^{t+1})}{D_i^t(X_i^t, Y_i^t)} \times \frac{D_i^{t+1}(X_i^{t+1}, Y_i^{t+1})}{D_i^{t+1}(X_i^t, Y_i^t)} \right]^{1/2} \tag{5.1}$$

其中 (X_i^t, Y_i^t) 和 (X_i^{t+1}, Y_i^{t+1}) 分别代表 t 期和 $t+1$ 期的投入变量和产出变量的组合。D_i^t 和 D_i^{t+1} 分别表示 t 期和 $t+1$ 期的距离函数。Malmquist 指数的大小代表全要素生产率从 t 期到 $t+1$ 期的增减情况,若指数大于 1,代表生产率是增长的;若其等于 1,代表全要素生产率停滞;

若其小于 1，则代表全要素生产率是下降的。在规模报酬可变的情况下，Malmquist 指数可以分解为技术进步指数 TC、纯技术效率变化指数 PTEC、规模效率变化指数 SEC：

$$M = \frac{D_v^{t+1}(X_a^{t+1}, Y_a^{t+1}, Z_a^{t+1})}{D_v^t(X_a^t, Y_a^t, Z_a^t)} \times \left(\frac{D_c^{t+1}(X_a^{t+1}, Y_a^{t+1}, Z_a^{t+1})}{D_v^{t+1}(X_a^{t+1}, Y_a^{t+1}, Z_a^{t+1})} \Big/ \frac{D_c^t(X_a^t, Y_a^t, Z_a^t)}{D_v^t(X_a^t, Y_a^t, Z_a^t)} \right) \times$$

$$\left[\frac{D_c^t(X_a^{t+1}, Y_a^{t+1}, Z_a^{t+1})}{D_{c+1}^{t+1}(X_a^{t+1}, Y_a^{t+1}, Z_a^{t+1})} \times \frac{D_c^t(X_a^t, Y_a^t, Z_a^t)}{D_c^{t+1}(X_a^t, Y_a^t, Z_a^t)} \right]^{1/2} = PETC \times SEC \times TC$$

（5.2）

其中，技术进步指数反映的是技术进步和业务创新所带来的效率提升，纯技术效率变化指数反映的是管理能力的提升和生产经验的积累所带来的效率提升，规模效率变化指数反映的是调整规模使其接近最优生产规模所带来的效率提升。

二　指标选取

商业银行效率的投入产出指标的选取主要有三种方法，分别是生产法、中介法和资产法。生产法将商业银行视作特殊的生产企业，商业银行投入的是资本和劳动力，产出的是金融产品和服务，因此生产法将固定资产和员工数作为投入变量，将存款账户数和贷款交易次数等作为产出变量。中介法将商业银行视为资金融入融出的中介，商业银行向社会上的资金盈余者吸收存款，然后再向资金短缺者发放贷款，从而起到资金融通的作用，因此中介法将资本和劳动力作为投入变量，贷款总额和其他投资资产数量作为产出变量，其中存款总额大多数学者按照商业银行吸纳存款、发放贷款的思路将其归为投入变量，然而亦有学者认为存款是商业银行经过妥善经营才能吸纳到的资金，因此应该归为产出变量。资产法是中介法进一步发展而来的，其依据商业银行的资产负债表来选定投入和产出变量，将负债类项目作为投入变量，将资产类项目作为产出变量。

目前对于测算商业银行效率的投入产出指标的选取，尚未形成统一的标准，三种方法亦是各有利弊，因此本研究结合生产法、中介法和资产法,参考刘笑彤和杨德勇(2017)的指标选取,最终选择了存款总额、固定资产净额、营业支出作为投入变量,利息收入、税前利润总额和贷款总额作为产出变量,具体如表5.1所示。

表 5.1　　　　　　　　　投入产出指标表

投入指标	产出指标
存款总额	利息收入
固定资产净额	税前利润总额
营业支出	贷款总额

第四节　理论分析及假设的提出

一　数字金融对商业银行效率的影响的理论分析

(一)技术溢出理论

技术溢出指的是技术领先企业的技术创新成果会在相关领域不受控制地扩散和传播,就技术溢出者而言,其技术创新成果给外部带来了好处却没有得到相应的报酬,就非技术溢出者而言,其获得了技术溢出者的技术创新成果却没有付出相应的成本,因此这属于一种经济外部性。依据技术溢出理论,数字金融可以从以下三个途径提高商业银行的效率。

首先,示范效应。数字金融不仅催生出了一系列涉足金融领域的互联网公司、科技公司,还催生出了新型的金融业务模式,这对于商业银行来说有示范作用。商业银行可以结合自身实际情况通过学习和借鉴其他企业,培养自己的金融科技人员,从产品和服务上进行技术创新,形成新的业务模式,实现经营效率的提升。

其次,联系效应。随着数字金融的发展,数字金融企业和商业银行不再是相互独立不相干的群体,两者之间逐渐展开合作,商业银行可以为数字金融企业在资金清算、信用中介等方面提供业务支持,数字金融企业则可以利用其技术优势为商业银行提供客户资源和数据资源,从而实现优势互补、互利共赢的局面。

最后，人员流动效应。数字金融企业培养了一批拥有先进技术和理念的金融从业者，数字金融企业与商业银行之间的人员流动可以使数字金融企业的技术和理念得以共享，从而提高了商业银行人才团队的技术水平和综合素质，进而从劳动力投入角度提升商业银行的效率。

(二) 规模经济理论

规模经济理论认为，企业存在一个最优的生产规模，在企业发展前期，企业的单位生产成本会随着产量的增加而下降即企业的边际收益是递增的，这种状态被称之为规模经济；当达到最优生产规模之后企业继续扩大规模，企业的单位生产成本就会随着产量的增加而上升即企业的边际收益是递减的，这种状态则被称之为规模不经济。每一个想要扩张发展的企业不可避免地都要经历这一过程，然而数字金融企业与商业银行在这一过程中有所不同。数字金融企业的固定成本主要花费在产品的研发和相关设备的购置方面，且由于数字金融企业的业务主要是线上渠道，开展业务不受时间和空间的限制，服务效率高，基本可以实现自动化，因此数字金融企业的可变成本相较于传统金融机构来说很低。商业银行的固定成本投入在了网点建设，且由于商业银行的业务主要是线下渠道，需要人工操作，程序繁琐，服务效率低，因此商业银行的可变成本相对较高。数字金融企业和商业银行业务模式的差异导致了两者成本分布的差异，最终使得数字金融企业相比于商业银行可以在规模经济状态维持更久。因此，商业银行无论是自身利用数字技术创新业务还是与数字金融企业合作来改变其传统的业务扩展模式，都有利于扩大商业银行潜在的最优规模并使其不断接近最优规模，从而促进经营效率的提升。

(三) 二元结构理论

该理论认为，在发展中国家有农业经济体系和城市现代工业体系两种不同的经济体系，两者共同组成了"二元经济结构"。信贷市场分为储蓄市场和融资市场，符合二元结构的特征，商业银行是连接两个市场的媒介，在信贷市场中起着金融中介的作用。储蓄市场的利率是存款利率，融资市场的利率是贷款利率，商业银行在储蓄市场以存款利率为成本获得资金，在融资市场以贷款利率为收益贷出资金，利息差即存款利率和贷款利率的差值就是商业银行最主要的经营收入。传统的商业银行在信贷市场上具有垄断地位，而数字金融的兴起打破了这一局面。数字金融的出现让金融脱媒成为现实，冲击了商业银行的金融中介地位。为了应对这一局面，商业银行开始运用数字技术优化贷前调查、贷中审查、贷后管理等流程，解决信息不对称问题，促进业务自动化，将中间环节化繁为简，进而提高了商业银行的效率。

（四）鲶鱼效应理论

鲶鱼效应在经济学中指的是加入强劲的竞争者能够刺激市场中原有企业以更加积极的姿态应对市场竞争的现象。我国传统的银行业因为严格的准入机制和政策监管带有垄断性质，并且我国的金融市场之前是处于蓬勃发展的初期阶段，表现出来更多的是卖方市场特征，因此商业银行缺乏竞争意识和创新意识，以至于新兴的数字金融给商业银行带来强烈的冲击，有力地侵入了商业银行的竞争格局，打破了商业银行的绝对地位。具体地，在支付结算业务方面，商业银行不够重视支付结算业务，第三方支付企业凭借创新技术和便捷服务迅速崛起抢占了商业银行的市场。在存款理财方面，商业银行的业务结构不合理，针对个人、小微企业、"三农"的贷款和理财服务比较匮乏，数字金融企业的出现正好可以弥补商业银行的不足。余额宝、理财通等产品逐渐涌现，这些产品凭借着收益水平高、快捷便利等优势成为了商业银行存款理财业务有力的竞争者。在贷款融资方面，数字金融的发展促进了金融脱媒的趋势。如P2P平台弱化了金融中介的作用，使得借出者与借入者能够越过金融中介直接在平台线上交易。阿里巴巴、苏宁等电子商务企业利用自身平台优势和特有的数据进行风控分析，直接向平台的供应商和个人提供借贷，这些网络借贷形式都对商业银行的贷款业务产生了冲击。在经营模式方面，传统商业银行主要是开设网点，通过线下渠道办理业务。不过随着数字金融的发展，高净值客户逐渐更倾向于通过便捷的线上渠道办理业务，而低净值客户反而更倾向于去网点办理业务，因此网点盈利水平逐渐下降，成为了商业银行成本消耗的主要所在。数字金融就像鲶鱼一样，而商业银行就像沙丁鱼一般,数字金融企业的侵入倒逼着商业银行迎合数字金融的发展趋势,增加技术投入,运用数字技术对产品和服务进行转型和升级,设置网络金融、普惠金融、金融科技等新兴部门,关闭部分盈利低的网点,调整机构结构,增强自身的竞争力,进而实现经营效率的提升。

综上所述,数字金融的发展对商业银行来说利大于弊。据此,本研究提出:

假设1:数字金融的发展对商业银行效率有正向的促进作用。

二 数字金融对商业银行效率的影响路径

我们从商业银行盈利能力的角度来探究数字金融对商业银行效率的影响路径,并从数字金融对商业银行盈利能力的影响和商业银行盈利能力对效率的影响两方面考虑。

(一)数字金融对商业银行盈利能力的影响

更高的盈利能力不仅意味着更高的经营能力,还意味着更高的市场竞争力,因此商业银行的盈利能力对其自身具有重要意义,是其稳健经营和进一步发展的基础。商业银行虽然是金融机构,但亦属于企业范畴,商业银行和一般企业一样以利润最大化为首要目标,而利润要从收入和成本两方面考虑,因此本研究分析数字金融对商业银行盈利能力的影响也要从收入和成本两方面考虑,探究数字金融对商业银行盈利能力的总体影响。

第一,成本方面。从总体上来看,数字金融的发展可以促使商业银行利用数字金融降低成本。从交易成本的角度来看,商业银行应用数字金融的业务模式比传统业务模式的边际成本低,利润空间大,且商业银行应用数字金融具有长尾效应,非常低的交易成本可以让商业银行走"薄利多销"的路子,收获一大批单一交易数额小但总量可观的长尾客群,且不受地域和时间的限制。从运营成本方面来看,商业银行在数字金融方面的投入可以提高业务自动化的程度,从而可以释放出大量的人力资源,进而可以降低商业银行的人力成本。与过去通过增设网点、扩大规模来谋求发展的模式相比，商业银行通过增加数字金融投入来变革展业模式，可以降低营业支出和管理费用。从合规成本方面来看，数字金融的应用有助于降低商业银行的合规成本。合规成本指的是被管制者为了遵从规定所需要付出的额外的成本，对于商业银行来说，一方面包括商业银行为了满足合规要求而投入的各项资源，另一方面包括商业银行因违规行为而受到处罚带来的资金和名誉损失。目前金融欺诈风险、网络风险和商业风险都是银行合规化需要重点规避的风险。因此，降低合规成本的实质，能以低成本规避风险。商业银行能借助数字金融技术提高其风险管理能力，进而可以降低合规成本。具体地，在信用风险方面商业银行可以利用大数据技术在贷前筛选信用风险高的客户，利用 AI 自动监测技术在贷款中期和后期实现风险管理，降低不良贷款率。在市场风险方面，商业银行可以利用人工智能技术优化市场风险的模型，主动化解市场风险。在操作风险方面，商业银行可以建立智能管理系统，建立信息数据库，及时监测违规交易行为。

第二，收入方面。商业银行的收入分为利息收入和非利息收入两部分。在利息收入方面，商业银行广泛和深度地应用数字金融，可以扩大利息收入的来源，提高利息收入的水平。在资产端商业银行将数字金融与传统业务深度融合，可以创新获客模式，从而提升资产收益。具体地，对于个人客户，商业银行可以寻求合作或自行构建线上平台，增加消费金融和信用卡这类优质资产的比例，提高利息端收入。对于企业客户，商业银行可以发展产业链金融业务，从数量和环节上做大客户群，提高资产收益。在非利息收入方面，商业银行的非利息收入包括中间业务收入和投资、咨询等所获得的收入，其中中间业务收入是最主要的部分。数字金融能以数字技术助力商业银行，促进其中间业务的发展。中间业务不同于传统盈利模式，其边际回报率更高，因此商业银行发展中间业务可以增加盈利能力，改善盈利结构。具体地，在支付结算业务方面，商业银行可依据个性化需求构建线上支付结算平台，使支付结算业务向线上发展。在理财业务方面，商业银行依托大数据技术，成立理财数据中心，掌握丰富的数据资源，实现精准的客户营销。在托管业务方面，商业银行可以搭建智能化托管平台，实现智能化管理。虽然数字金融发展在短期会给商业银行带来负面影响，但是这也倒逼商业银行将业务重心转移，积极拓展中间业务，提高中间业务的比例和质量，因此从长期上和整体上来看数字金融的发展增强了商业银行创新业务的能力，进而有助于提高商业银行的非利息收入。

基于以上分析，我们认为数字金融能从降低成本和提高收入两方面提高商业银行的盈利能力，即数字金融的发展对商业银行的盈利能力有正向的促进作用。

（二）商业银行盈利能力对商业银行效率的影响

商业银行的盈利能力和商业银行效率之间具有较为明显的关系。商业银行效率具体分为技术效率、规模效率和纯技术效率，分别代表着商业银行的技术、规模和管理方面的效率，商业银行的盈利能力对商业银行总体效率的影响可以从这三方面来考虑。商业银行的盈利能力是其生存和进一步发展的前提，盈利能力高意味着有足够的资金去支持技术创新、规模优化和管理升级，因此商业银行盈利能力的增强可以提升商业银行的技术效率、规模效率和纯技术效率，进而可以提升商业银行的总体效率。该观点被一些学者的研究所验证，如彭明雪和丁振辉（2016）的研究表明商业银行盈利能力与经营效率呈现正相关，时乐乐和赵军（2013）、赵永乐和王均坦（2008）在研究商业银行效率的影响因素时都指出商业银行盈利能力的增强能够有效提高商业银行效率。

综上所述，我们提出关于数字金融对商业银行效率的影响路径的假设：

假设2：数字金融的发展可以通过提高商业银行的盈利能力进而提高商业银行的效率。

三 数字金融对商业银行效率影响的异质性

数字金融具体分为三个细化指标即覆盖广度、使用深度和数字化水平，数字金融的不同维度对商业银行效率的影响会因其内涵和着重点不同而产生差异，同时数字金融对不同类型的商业银行效率的影响亦会因各类型商业银行的特征不同而产生差异。

(一)数字金融的不同维度对商业银行效率影响的异质性

数字金融的三个细化指标为覆盖广度、使用深度和数字化水平,覆盖广度指的是使用数字金融服务的账户覆盖率,使用深度指的是人们使用数字金融的频率和业务种类的丰富程度,数字化程度指的是数字金融的便利性和低服务成本。数字金融的覆盖广度对商业银行效率的影响是从客户开拓的角度考虑数字金融对商业银行效率提升的促进作用,数字金融的使用深度对商业银行效率的影响是从业务创新及业务实现角度考虑数字金融对商业银行效率提升的促进作用,数字金融的数字化水平对商业银行效率的影响是从低成本和低门槛角度考虑数字金融对商业银行效率提升的促进作用,可见数字金融的三个维度指标对商业银行效率的影响是不同角度的影响,存在异质性。基于此我们提出:

假设3:数字金融的不同维度对商业银行效率存在异质性影响,并在后文进行实证分析来研究具体的异质性影响的结果。

(二)数字金融对不同类型的商业银行效率影响的异质性

由于国有、股份制、城市和农村商业银行在资本规模、产权结构、经营管理等方面的差异,数字金融对不同类型商业银行效率的影响存在异质性。

首先,国有商业银行的资本规模庞大,组织结构复杂,当其面对机遇或者挑战的时候,决策的制定与实施会有时滞性,此外国有商业银行因其国有性质和垄断地位而具有预算软约束,可以获得政府的财政支持,没有破产的危险,从而导致竞争与创新动力不足;因此国有商业银行对于数字金融的发展反应缓慢,进而导致数字金融对国有商业银行的影响较小。

其次,与国有商业银行相比,股份制商业银行的市场地位较低,但资本规模适中,产权结构清晰,面对预算硬约束,能够以盈利为目标积极地参与竞争,不断创新;因此股份制商业银行能够通过竞争效应和技术溢出效应等途径对数字金融的发展作出反应,进而导致数字金融能够对股份制商业银行产生较大的正向影响。

再次,相较于国有和股份制商业银行,城市商业银行的资本规模较小，能够很好地发挥"船小好调头"的优势，迅速对市场的变化做出积极反应，因此数字金融的发展会对城市商业银行产生显著的正向影响。

最后，与前三类商业银行相比，农村商业银行的资本规模更小，服务对象和服务范围有限，接受新兴事物的程度较低，速度较慢，因此数字金融对农村商业银行的影响较小。

综上所述，我们认为，数字金融对不同类型的商业银行效率的影响存在异质性，并提出：

假设4：数字金融对股份制商业银行和城市商业银行具有显著的正向影响，而对国有商业银行和农村商业银行的影响并不显著。

第五节 数字金融对商业银行效率的影响的实证分析

一 样本选择与数据来源

在样本的选择方面，出于对样本代表性、数据可得性和样本量充足性的考虑，本研究按照2021年第一季度银行资产规模排名，选取了全部的国有商业银行、股份制商业银行、资产超过1000亿元的城市商业银行和农村商业银行，剔除了部分年份数据缺失的商业银行，最终选定了39家商业银行为样本，其中包括5家国有商业银行、7家股份制商业银行、23家城市商业银行和4家农村商业银行。在时间跨度方面，业界将余额宝问世的2013年视为数字金融的元年，因此本研究以数字金融元年2013年为起点，以北京大学数字普惠金融指数的截止年份2020年为终点，研究2013—2020年数字金融对商业银行效率的影响。所有银行的相关数据都来源于国泰安数据库、wind数据库和各银行年报，宏观数据来自于国家统计局网站。

二 变量选取

（一）被解释变量

按照评价模型DEA-Malmquist模型，运用2012—2020年的商业银行数据和 DEAP2.1 软件，以 2012 为起始基准年，我们测算出 2013—2020 年衡量商业银行效率的全要素生产率变化指数（M），并将此作为被解释变量。

（二）核心解释变量

我们选择北京大学数字金融研究中心编制的数字普惠金融指数（DF）作为衡量数字金融发展水平的指标，并将其中与各银行注册地所对应的市级数据的对数值作为核心解释变量。在异质性分析中本研究还分别将北京大学数字普惠金融指数的二级指标覆盖广度（CB）、数字化水平（DL）和使用深度（UD）的市级数据对数值作为核心解释变量，具体研究数字金融的不同维度对商业银行效率的影响。

（三）中介变量

根据理论分析，我们提出了数字金融通过商业银行盈利能力影响商业银行效率的假设，为了验证假设，参考了彭明雪和丁振辉（2016）用利润率（PR）即营业利润与营业收入之比来衡量商业银行的盈利能力，并将此作为中介变量进行中介效应分析。

（四）控制变量

商业银行效率的影响因素有很多，为了更加准确地探究数字金融对商业银行效率的影响，需要在模型中加入控制变量来排除其他因素的影响。根据前文文献综述部分对商业银行效率影响因素的梳理，本研究从宏观层面和微观层面出发，分别考虑宏观经济发展情况、资本市场发展情况、银行资本机构、银行规模、银行风险承担能力，选取了 GDP 增长率、股票交易总额占 GDP 的比重、权益对负债比率、总资产对数值、资本充足率 5 个指标作为控制变量。

GDP 增长率（$GDPGR$）。国家宏观经济的发展必然会影响金融行业的发展，而银行业作为金融行业的支柱产业，商业银行的经营也必然会受到国家宏观经济发展的影响。国家经济水平越高，整个社会对金融服务的需求就越高，商业银行的资金来源也就越充足，商业银行开展业务活动也就越便利，进而可以提升商业银行的效率。GDP 增长率是度量国家经济发展水平的常用指标，因此本研究将 GDP 增长率选定为控制变量。

股票成交总额占 GDP 的比重（SG）。融资方式分为间接融资和直接融资，通过银行融资是间接融资的主要方式，而通过股票融资是直接融资的主要方式，两者之间存在着信贷资源的竞争，因此资本市场的发展会挤占商业银行的业务，从而导致商业银行效率的下降。因此本研究选择用股票成交额占 GDP 的比重来衡量资本市场发展情况，并以此作为研究的控制变量。

权益对负债比率（RED）。商业银行的资本结构反映了债权人承担风险的比率，其是否合理一定程度上决定着商业银行能否稳健经营。因此本研究选择权益对负债比率衡量资本结构，并以此作为研究的控制变量。

总资产对数值（TAPV）。商业银行是具有规模效应的企业，当商业银行规模达到最优规模之前，随着规模的增加，其经营效率会提高，当商业银行规模达到最优规模之后，随着规模的继续增加，其经营效率会降低，总之商业银行的规模影响其经营效率，因此本研究选择用总资产对数值衡量商业银行规模，并以此作为研究的控制变量。

资本充足率（CAR）。商业银行的风险承担能力是自身稳健经营的保障，提高商业银行的风险承担能力可以提高其经营效率。因此本研究选择用资本充足率即风险加权资产占资本总额的比重来衡量商业银行的风险承担能力，并以此作为研究的控制变量。

综上所述，研究的变量定义如表 5.2 所示。

表 5.2　　　　　　　　　变量定义表

变量性质	变量名称	变量简称
被解释变量	全要素生产率变化指数	M
核心解释变量	数字金融	DF
	覆盖广度	CB
	使用深度	UD
	数字化水平	DL
中介变量	利润率	PR

续表

变量性质	变量名称	变量简称
控制变量	GDP 增长率	GDPGR
	股票成交总额占 GDP 的比重	SG
	权益对负债比率	RED
	总资产对数值	TAPV
	资本充足率	CAR

三 模型建立

为探究数字金融对我国商业银行效率的影响并验证前文提出的假设，建立面板数据模型如下。

$$M_{i,t} = \alpha + \alpha_1 DF_{i,t} + \alpha_2 GDPGR_t + \alpha_3 SG_t + \alpha_4 RED_{i,t} + \alpha_5 TAPV_{i,t} + \alpha_6 CAR_{i,t} + \varepsilon_{i,t} \tag{5.3}$$

其中，M_{ij} 表示衡量第 t 期第 i 家商业银行效率的全要素生产率变化指数，$DF_{i,t}$ 表示与第 t 期第 i 家商业银行注册地所对应的北京大学数字普惠金融指数市级数据的对数值，$GDPGR_t$ 表示第 t 期的国内生产总值增长率，SG_t 表示第 t 期股票成交总额占国内生产总值比重，$RED_{i,t}$ 表示第 t 期第 i 家商业银行的权益对负债比率，$TAPV_{i,t}$ 表示第 t 期第 i 家商业银行的总资产对数值，$CAR_{i,t}$ 表示第 t 期第 i 家商业银行的资本充足率，α、α_1、α_2、α_3、α_4、α_5、α_6 为对应的系数，$\varepsilon_{i,t}$ 为残差项。

四 数据描述与检验

（一）描述性统计

首先，关于被解释变量的描述性统计。前文已经说明本研究的被解释变量为全要素生产率变化指数，具体分解为技术进步指数、规模效率变化指数和纯技术效率变化指数。本研究将被解释变量按年份算出平均值来分析商业银行效率随时间变化的趋势，结果如表 5.3 所示，为了更直观地展示结果我们还制作了相应的折线图如图 5.1 所示，同时还将被解释变量按银行类型算出平均值来分析不同类型商业银行效率的差异。

表 5.3　　　　　　　商业银行效率指数随时间变化表

年份	全要素生产率变化指数	技术进步指数	纯技术效率变化指数	规模效率变化指数
2013	0.9695	0.9395	1.0252	1.0092
2014	1.1224	1.1683	0.9777	0.9794
2015	0.9201	0.8966	1.0155	1.0108
2016	1.0665	1.1717	0.9631	0.9518
2017	1.0678	1.0275	1.0213	1.0268
2018	1.0539	1.0644	0.9938	1.0045
2019	1.3826	1.3144	1.0111	1.0157
2020	1.0263	1.0323	0.9861	1.0092

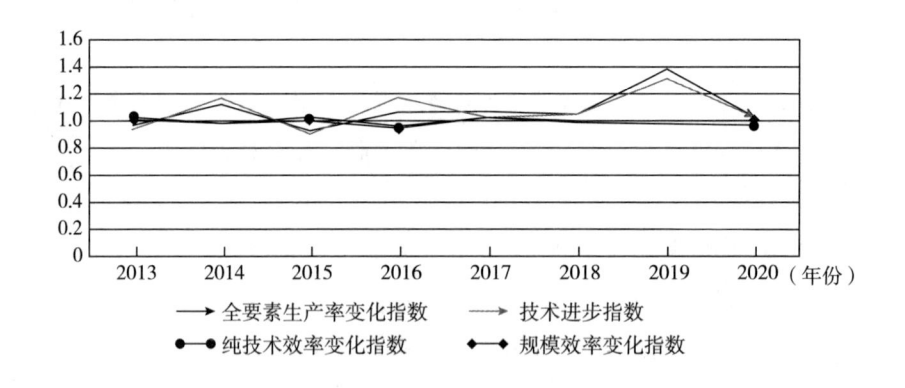

图 5.1　商业银行效率指数随时间变化

由表 5.3 和图 5.1 可知，在 2013—2020 年商业银行效率指数随时间变化的趋势不明显，且全要素生产率变化指数和技术进步指数随时间变化的趋势基本相同，纯技术效率变化指数和规模效率变化指数随时间变化的趋势基本相同，纯技术效率变化指数和规模效率变化指数随时间变化的趋势要比全要素生产率变化指数和技术进步指数随时间变化的趋势更平稳。

由表 5.4 可知，总体上来看，各类型的商业银行全要素生产率变化指数均大于 1，说明各类型的商业银行效率均呈上升趋势，且商业银行效率跨期增长的程度由高到低的排序为国有、城市、农村和股份制商业银行。

表 5.4　　　　　　　　不同类型商业银行效率指数表

商业银行类型	全要素生产率变化指数	技术进步指数	纯技术效率变化指数	规模效率变化指数
国有商业银行	1.0942	1.0005	0.9878	1.0801
股份制商业银行	1.0463	1.0018	0.9994	1.0468
城市商业银行	1.0853	0.9998	1.0012	1.0892
农村商业银行	1.0748	0.9905	1.0036	1.0462

其次，关于核心解释变量的描述性统计。前文已经说明本研究的核心解释变量为与各商业银行注册地所对应的数字金融指数以及三个细化指数即覆盖广度、使用深度和数字化水平的市级数据对数值，为研究数字金融的发展趋势，本研究将核心解释变量按年份算出平均值来分析数字金融随时间的变化，结果如表 5.5 所示，为了更直观地展示结果我们也制作了相应的折线图如图 5.2 所示。

表 5.5　　　　　　　　数字金融指数随时间变化表

年份	数字金融	覆盖广度	使用深度	数字化水平
2013	5.1038	5.0870	5.1167	5.1162
2014	5.1780	5.2731	5.0468	5.0459
2015	5.3366	5.3728	5.1805	5.4551
2016	5.4293	5.4264	5.3985	5.4816
2017	5.5529	5.5019	5.6306	5.5642
2018	5.6055	5.5729	5.6054	5.7033
2019	5.6591	5.6429	5.6419	5.7368
2020	5.6978	5.6900	5.6825	5.7459

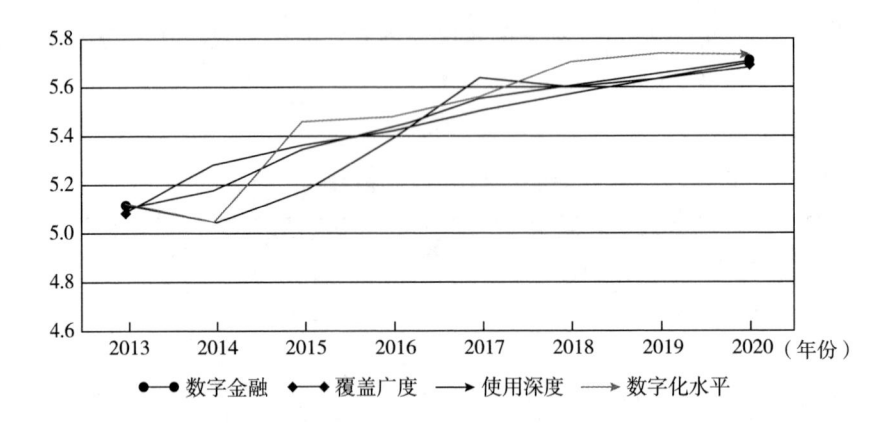

图 5.2 数字金融指数随时间变化

由表 5.6 和图 5.2 可知,在 2013—2020 年数字金融及数字金融的覆盖广度、使用深度和数字化水平总体上都是随时间呈上升趋势的,即数字金融在不断发展的进程中。

再次,关于中介变量和控制变量的描述性统计。如前文所述,本研究的中介变量为利润率,控制变量为股票交易总额占 GDP 的比重、GDP 增长率、权益对负债比率、总资产对数值、资本充足率。中介变量和控制变量的描述性统计结果如表 5.6 所示。

表 5.6　　　　　　　中介变量和控制变量的描述性统计结果

VARIABLES	N	MEAN	SD	MIN	MAX
PR	312	0.4968	0.0162	0.9860	0.1619
GDPGR	312	6.3500	2.2000	7.8000	1.6458
SG	312	1.3924	0.5841	3.7026	0.9343
RED	312	7.6221	4.6400	13.2500	1.4610
TAPV	312	27.4130	24.5390	31.1380	1.7602
CAR	312	13.2000	9.0000	21.1200	1.6900

(二) 多重共线性检验

为检验所建立的模型中变量是否存在多重共线性,我们进行了 VIF

检验，结果如表 5.7 所示，由此可知，各变量的 VIF 值均小于 5，因此可以认为所建立的模型中变量之间不存在多重共线性。

表 5.7　　　　　　　　　　多重共线性检验结果

	VIF	1/VIF
DF	2.0294	0.4928
GDPGR	1.7183	0.5820
SG	1.0842	0.9223
CAR	1.6173	0.6183
RED	1.5626	0.6400
TAPV	1.2176	0.8213
Mean VIF	1.5382	

五　实证结果分析

（一）基准分析

在模型形式的选择上，我们根据面板数据的一般回归路径，首先进行固定效应模型回归和 F 检验，F 统计量的值为 0.91，P 值为 0.6207，接受原假设："all u=0"，则混合效应优于固定效应。然后进行随机效应模型回归和 LM 检验，LM 检验的 P 值等于 1，接受原假设，则混合效应优于随机效应。从而无须再做 Hausman 检验在固定效应和随机效应中做出选择，可直接选择混合效应模型，因此本研究最终将模型形式设定为混合效应模型。运用 Stata 软件进行回归的实证结果如表 5.8 所示。

表 5.8　　　　　　数字金融对商业银行效率的回归结果

VARIABLES	M
DF	0.3673 ***
	(2.9856)
GDPGR	0.0271 *
	(1.7213)

续表

VARIABLES	M
SG	−0.0277
	(−1.2587)
RED	−0.0077
	(−0.4557)
TAPV	−0.0198
	(−1.5960)
CAR	0.0066
	(0.4418)
Constant	−0.5440
	(−0.8076)
Observations	312
Adj R-squared	0.0202
F-test	2.067
Prob>F	0.057

注：***、**、*分别表示在1%、5%、10%显著性水平下显著，括号内数值为t值。

由表5.8可知，在1%的显著性水平下数字金融对商业银行效率的影响显著为正，对应系数为0.3673，说明假设1成立，即数字金融的发展对商业银行效率有正向的促进作用。这一结果验证了我们的理论分析，基于技术溢出理论、规模经济理论、二元结构理论、鲶鱼效应理论来分析数字金融对商业银行效率的影响，都可以得到数字金融的发展有利于提高商业银行效率的结论，因此目前数字金融随时间上升的发展趋势有利于商业银行效率的提高。

（二）内生性处理

考虑到研究的核心解释变量数字金融可能存在内生性问题，我们参考汪亚楠等（2020）的做法，选取数字金融的一阶滞后项作为工具变量，采用两阶段最小二乘法进行估计，第一阶段回归中F值大于10，可知通过了弱工具变量检验。

在采用工具变量法减轻内生性问题后，核心解释变量的系数依然显著，说明内生性问题对本研究结论即数字金融对商业银行效率具有正向促进作用的影响不大。两阶段最小二乘法回归结果如表5.9所示。

表5.9 两阶段最小二乘法回归结果

VARIABLES	M
DF	0.408**
	(2.51)
GDPGR	0.033**
	(1.98)
SG	−0.031
	(−1.26)
RED	−0.009
	(−0.49)
TAPV	−0.025*
	(−1.80)
CAR	0.007
	(0.42)
Constant	−0.632
	(−0.72)
Observations	273
R-squared	0.028
Chi-square	11.657
Prob>chi2	0.070

注：***、**、*分别表示在1%、5%、10%显著性水平下显著，括号内数值为z值。

六 中介效应分析

（一）模型建立

为了从商业银行盈利能力的角度研究数字金融对商业银行效率的影响机制，我们参考温忠麟和叶宝娟（2014）的研究方法，建立逐步回归法中介效应模型如下：

$$M_{i,t} = \alpha + \alpha_1 DF_{i,t} + \alpha_2 GDPGR_t + \alpha_3 SG_t + \alpha_4 RED_{i,t} + \alpha_5 TAPV_{i,t} +$$
$$\alpha_6 CAR_{i,t} + \varepsilon_{i,t} \qquad (5.4)$$

$$PR_{i,t} = \beta + \beta_1 DF_{i,t} + \beta_2 RED_{i,t} + \beta_3 TAPV_{i,t} + \beta_4 CAR_{i,t} + \beta_5 LDR_{i,t} + \beta_6 II_{i,t} +$$
$$\beta_7 NPL_{i,t} + \varepsilon_{i,t} \qquad (5.5)$$

$$M_{i,t} = \gamma + \gamma_1 DF_{i,t} + \gamma_2 PR_{ij} + \gamma_3 GDPGR_{i,t} + \gamma_4 SG_{i,t} + \gamma_5 RED_{i,t} + \gamma_6 TAPV_{i,t} +$$
$$\gamma_7 CAR_{i,t} + \varepsilon_{i,t} \qquad (5.6)$$

其中，模型（4）为核心解释变量对被解释变量的回归模型，即数字金融对商业银行效率的回归模型，在前文已经论述过。模型（5）为核心解释变量对中介变量的回归模型，即数字金融对商业银行盈利能力的回归模型，前文中介变量的选取部分已经论述了本研究选择用利润率作为商业银行盈利能力的衡量指标，因此模型（5）也就是数字金融对商业银行利润率的回归模型。对于模型（5）控制变量的选择，我们参考陈一洪（2017）的研究认为外部宏观环境并不会显著影响商业银行的盈利水平，因此去掉了模型（4）所选控制变量中的宏观控制变量，保留了微观控制变量，并且考虑到存贷比结构、贷款质量和中间业务收入占比也会对商业银行盈利能力产生影响，因此研究将存贷比（LDR）、不良贷款率（NPL）、利息收入与中间业务收入的比值（II）作为控制变量加入到模型（5）中，最终模型（5）的控制变量为权益对负债比率、总资产对数值、资本充足率、存贷比、不良贷款率、利息收入与中间业务收入的比值。模型（6）为核心解释变量和中介变量对被解释变量的回归模型，即数字金融和商业银行盈利能力对商业银行效率的回归模型，也就是数字金融和商业银行利润率对商业银行效率的回归模型，由于模型（6）的被解释变量仍然是商业银行效率，因此模型（6）控制变量的选择与模型（4）一致。

（二）回归结果分析

我们将模型（4）的形式设定为混合效应模型。在模型（5）形式的选择上，我们首先进行固定效应模型回归和 F 检验，由 F 检验结果可知 F 统计量的值为 1.76，P 值为 0.0059，因此拒绝原假设 H_0：all u＝0，即在混合效应模型和固定效应模型之中，固定效应模型更适用于模型（5）。

然后进行随机效应模型回归和 Hausman 检验,由 Hausman 检验结果可知 P 值为 0.3041,则在固定效应和随机效应之中,随机效应更适用于模型 (5),因此本研究最终将模型 (5) 的形式设定为随机效应模型。在模型 (6) 形式的选择上,我们首先进行固定效应模型回归和 F 检验,由 F 检验结果可知 F 统计量的值为 1.92, P 值为 0.0016,因此拒绝原假设 H_0: all u = 0,即在混合效应模型和固定效应模型之中,固定效应模型更适用于模型 (6)。然后进行随机效应模型回归和 Hausman 检验,由 Hausman 检验结果可知 P 值为 0,则在固定效应模型和随机效应模型之中,固定效应模型更适用于模型 (6),因此最终将模型 (6) 的形式设定为固定效应模型。

运用 Stata 软件对中介效应模型进行回归,结果如表 5.10 所示。

表 5.10　　　　　　　　中介效应模型回归结果

VARIABLES	M	PR	M
DF	0.3673***	0.1676***	0.6033**
	(2.9856)	(3.3420)	(2.2908)
PR			1.6259***
			(11.1284)
GDPGR	0.0271*		0.1203***
	(1.7213)		(7.3941)
SG	−0.0277		0.0137
	(−1.2587)		(0.7047)
RED	−0.0077	0.0000	−0.0507*
	(−0.4557)	(0.0035)	(−1.9609)
TAPV	−0.0198	0.0048	0.0477
	(−1.5960)	(0.7890)	(0.2762)
CAR	0.0066	0.0220***	−0.0214
	(0.4418)	(3.0456)	(−1.0449)
LDR		0.0022**	
		(2.4270)	

续表

VARIABLES	M	PR	M
II		0.0004*** (2.7073)	
NPL		-0.0948*** (-5.1690)	
Constant	-0.5440 (-0.8076)	-0.8721*** (-3.5955)	-4.4376 (-1.2451)
Observations	312	312	312

注：***、**、*分别表示在1%、5%、10%显著性水平下显著，前后两列括号内数值为t值，中间列为z值。

由表5.10可知，模型（4）的结果表明在1%的显著性水平下数字金融对商业银行效率的影响显著为正，对应系数为0.3673，说明数字金融的发展能够促进商业银行效率的提升。模型（5）的结果表明在1%的显著性水平下数字金融对商业银行盈利能力的影响显著为正，对应系数为0.1676，说明数字金融的发展能够促进商业银行盈利能力的提高。这一结果验证了我们的理论分析，即数字金融能从降低成本和提高收入两方面提高商业银行的盈利能力。模型（6）的结果表明在1%的显著性水平下商业银行盈利能力对商业银行效率的影响显著为正，对应系数为1.6259，这一结果验证了我们的理论分析，即商业银行盈利能力的增强可以提高商业银行的效率。同时在5%的显著性水平下数字金融对商业银行效率的影响显著为正，对应系数为0.6033，说明将衡量商业银行盈利能力的利润率这个中介变量作为解释变量加入模型后，数字金融仍对商业银行效率具有正向的影响。

综上所述，在模型（4）数字金融对商业银行效率的回归模型中，数字金融对商业银行效率的回归系数显著为正；在模型（5）数字金融对商业银行盈利能力的回归模型中，数字金融对商业银行盈利能力的回归系数显著为正；在模型（6）数字金融和商业银行盈利能力对商业银行效率的回归模型中，数字金融和商业银行盈利能力对商业银行效率的回归系数均显著为正。这符合部分中介效应，说明数字金融的发展可以直接提高商业银行的效率，也可以通过提高商业银行的盈利能力进而提高商业银行的效率，至此假设2得以验证。

七 异质性分析

（一）数字金融的不同维度对商业银行效率的异质性影响

为了研究数字金融的不同维度对商业银行效率的异质性影响，本研究运用 Stata 软件分别将数字金融的不同维度指标即覆盖广度（CB）、使用深度（UD）和数字化水平（DL）作为核心解释变量对商业银行全要素生产率变化指数进行回归，经过 F 检验、LM 检验和 Hausman 检验结果可知，三个模型形式均为混合效应模型，模型的回归结果如表 5.11 所示。

表 5.11　数字金融的不同维度对商业银行效率的回归结果

VARIABLES	M	M	M
CB	0.3970*** (3.0531)		
UD		0.2557*** (2.7395)	
DL			0.1929* (1.9195)
GDPGR	0.0283* (1.7888)	0.0192 (1.3078)	0.0162 (1.0469)
SG	-0.0296 (-1.3479)	-0.0253 (-1.1434)	-0.0314 (-1.4183)
RED	-0.0092 (-0.5443)	-0.0057 (-0.3384)	-0.0065 (-0.3840)
TAPV	-0.0232* (-1.8116)	-0.0169 (-1.3897)	-0.0077 (-0.6687)
CAR	0.0100 (0.6814)	0.0058 (0.3873)	0.0065 (0.4301)

续表

VARIABLES	M	M	M
Constant	-0.6506 (-0.9396)	0.0366 (0.0671)	0.1347 (0.2099)
Observations	312	312	312

注：***、**、*分别表示在1%、5%、10%显著性水平下显著，括号内数值为t值。

由表5.11可知，在1%的显著性水平下数字金融的覆盖广度和使用深度对商业银行效率的影响显著为正，对应系数分别为0.3970和0.2557；在10%的显著性水平下数字化水平对商业银行效率的影响显著为正，对应系数为0.1929。因此数字金融的覆盖广度、使用深度和数字化水平对商业银行效率都具有正向的影响，不过影响的大小不同：数字金融的覆盖广度对商业银行效率的正向影响最大，使用深度次之，数字化水平最小；说明数字金融可以在客户开拓、业务创新及业务实现、降低成本和降低门槛等方面促进商业银行效率的提升，并且在客户开拓方面影响最大，业务创新及业务实现方面次之，降低成本和降低门槛方面最小，至此假设3得以验证。

(二) 数字金融对不同类型的商业银行效率的异质性影响

为了研究数字金融对不同类型的商业银行效率的异质性影响，我们将样本分为国有、股份制、城市和农村商业银行四类，并分别运用Stata软件以数字金融指数为核心解释变量对商业银行全要素生产率变化指数进行回归，并且由F检验、LM检验和Hausman检验结果可知，四个模型形式均为混合效应模型，模型的回归结果如表5.12所示。

表5.12　数字金融对不同类型的商业银行效率的回归结果

VARIABLES	M	M	M	M
DF	0.2919 (0.8194)	0.3399*** (4.1419)	0.5527*** (2.7191)	0.0541 (0.1843)
GDPGR	0.0666* (1.8847)	0.0301*** (4.0495)	0.0289 (1.1646)	0.0025 (0.0765)

续表

VARIABLES	M	M	M	M
SG	-0.0386	-0.0205*	-0.0407	0.0461
	(-0.8322)	(-1.8498)	(-1.1632)	(0.9870)
RED	0.0391	-0.0139	-0.0258	0.0310
	(0.3938)	(-0.7201)	(-0.9527)	(1.1181)
TAPV	0.0561	0.0030	-0.0779*	0.0493
	(0.4576)	(0.1226)	(-1.9382)	(0.7910)
CAR	0.0314	-0.0038	0.0175	-0.0012
	(0.4127)	(-0.3107)	(0.6287)	(-0.0452)
Constant	-3.3974	-0.9226	-0.0036	-0.8791
	(-0.8802)	(-1.1962)	(-0.0032)	(-0.4445)
Observations	40	56	184	32

注：***、**、*分别表示在1%、5%、10%显著性水平下显著，括号内数值为t值。

由表5.12可知，在1%的显著性水平下数字金融对股份制商业银行效率的影响显著为正，对应系数为0.3399；在1%的显著性水平下数字金融对城市商业银行效率的影响显著为正，对应系数为0.5527；而数字金融对国有商业银行效率和农村商业银行效率的回归系数不显著，说明数字金融对不同类型的商业银行效率的影响存在异质性。数字金融对股份制商业银行和城市商业银行影响较大且为正向影响，而对国有商业银行和农村商业银行的影响较小，这一结果与前文的理论分析一致，至此假设4得以验证。

八　稳健性检验

为检验研究结论的稳健性，我们用中国第三方移动支付交易规模（亿元）代替北京大学数字普惠金融指数来衡量数字金融发展水平，取对数后变量简称为TPP，并对模型（4）、模型（5）和模型（6）重新进行了回归。运用Stata软件对模型进行稳健性检验的结果如表5.13所示。

表 5.13　　　　　　　　　　稳健性检验结果

VARIABLES	M	PR	M
TPP	0.075***	0.041***	0.067
	(3.29)	(4.87)	(1.65)
PR			1.595***
			(10.91)
GDPGR	0.035**		0.120***
	(2.08)		(7.33)
SG	-0.020		0.017
	(-0.89)		(0.85)
RED	-0.007	0.002	-0.046*
	(-0.44)	(0.26)	(-1.78)
TAPV	-0.009	0.009	0.177
	(-0.76)	(1.51)	(1.13)
CAR	0.002	0.016**	-0.022
	(0.13)	(2.15)	(-1.05)
LDR		0.002*	
		(1.81)	
II		0.000*	
		(1.77)	
NPL		-0.101***	
		(-5.65)	
Constant	0.828**	-0.130	-4.998
	(2.18)	(-0.82)	(-1.18)
Observations	312	312	312

注：***、**、*分别表示在1%、5%、10%显著性水平下显著，括号内数值为t值。

由表5.13可知，数字金融对商业银行效率的回归模型（4）中，在1%的显著性水平下数字金融对商业银行效率的影响显著为正，对应系数为0.075；在模型（5）数字金融对商业银行盈利能力的回归模型中，在1%的显著性水平下数字金融对商业银行盈利能力的影响显著为正，对应系数为0.041；在模型（6）数字金融和商业银行盈利能力对商业银行效率的回归模型中，商业银行盈利能力对商业银行效率的影响显著为正，对应系数为 1.595。这说明数字金融的发展对商业银行效率有正向的促进作用，且商业银行盈利能力作为中介变量在其中起到了中介效应，此结果与前文所得出的结论一致，表明本研究通过了稳健性检验。

第六节　研究结论及政策建议

一　研究结论

本研究选定北京大学数字普惠金融指数作为数字金融发展水平的衡量指标，并选定 39 个商业银行 2013—2020 年的数据为样本，运用 DEA-Malmquist 模型测算出其全要素生产率变化指数作为效率的衡量指标。首先以数字金融指数为核心解释变量，以商业银行全要素生产率变化指数为被解释变量进行回归来研究数字金融对商业银行效率的影响；其次以衡量商业银行盈利能力的利润率为中介变量，运用逐步回归法中介效应模型研究数字金融对商业银行效率的影响路径；然后分别以数字金融的不同维度指标即覆盖广度、使用深度和数字化水平为核心解释变量对商业银行全要素生产率变化指数进行回归来研究数字金融的不同维度对商业银行效率的异质性影响；最后将样本分为国有、股份制、城市和农村商业银行四类，并且分别以数字金融指数为核心解释变量对商业银行全要素生产率变化指数进行回归来研究数字金融对不同类型的商业银行效率的异质性影响，最终得出如下结论。

第一，数字金融的发展对商业银行效率有正向的促进作用。

第二，数字金融可以直接提高商业银行的效率，也可以通过提高商业银行的盈利能力进而提高商业银行的效率。

第三，数字金融的覆盖广度、使用深度和数字化水平对商业银行效率都具有正向的影响，其中数字金融的覆盖广度对商业银行效率的正向影响最大，使用深度次之，数字化水平最小。这说明数字金融可以在客户开拓、业务创新及业务实现、降低成本和降低门槛等方面促进商业银行效率的提升，并且客户开拓方面影响最大，业务创新及业务实现方面次之，降低成本和降低门槛方面最小。

第四，数字金融对不同类型的商业银行效率的影响存在异质性，数字金融对股份制商业银行和城市商业银行影响较大且为正向影响，而对国有商业银行和农村商业银行的影响较小。

二 利用数字金融赋能商业银行经营效率的提升

根据研究结论，我们认为要积极采取措施，充分利用数字金融的发展赋能商业银行经营效率的提升。

第一，商业银行应以更加积极主动的姿态拥抱数字金融、提高自身的数字化能力。首先，加大数字基建投入力度，推进大数据、区块链、物联网等新型数字信息技术与金融服务的深度融合。商业银行应该加大在数据能力建设方面的投入力度，搭建数据智能获取、分析与应用的大数据平台，提升数据治理的能力、最大化发挥数据的价值，同时明确科技赋能的战略定位，使数字技术在商业银行的应用从单纯的后台技术支持向金融服务创新与发展的主要驱动力转变，实现全方位的数字化转型。其次，加强数字金融相关领域的人才储备。商业银行发展数字金融离不开科技型人才的支持，商业银行应该积极招聘或引进数字技术的专业性人才，提高科技型人才比例，同时保障科技型人才的薪酬待遇，建立科技型人才独立的培训体系，加强科技型人才应用数字技术的能力，通过银行内部合作或与科技公司合作形成实力强劲的科技人才团队，充分发挥科技型人才能价值，进而提高商业银行整体的数字科技水平。最后，推动数字技术与产业场景的创新融合，助力我国经济发展新格局的构建。商业银行应该推动数字技术与乡村振兴、绿色低碳等国家战略领域的融合，开发相应的场景应用产品，通过科技赋能提供高质量的普惠金融服务，更好地实现服务实体经济的重任，这不仅仅是商业银行转型创新，高质量完成本质职能的需要，更是构建我国经济发展新格局，实现国内经济大循环、国内国际经济双循环目标的重要一环。

第二，商业银行应加强业务与数字技术的有效融合，实现资产、负债及中间业务的创新发展，增强商业银行的盈利能力，提高经营效率。

首先，利用数字金融保持盈利稳定增长。商业银行应该利用数字金融在选择优质的存款资源，提供便捷存款业务办理体验，加强存款资金的风险管理等方面提高吸引存款的竞争力，实现存款的稳定增长。商业银行应该充分利用数字金融优化资产业务的办理流程，为重点客户配置相应产品，提供附加值高的多元化金融服务，实现资产业务利益最大化。除此之外，商业银行可以利用数字金融提供更加智能化的中间业务产品和服务，进一步提高中间业务收入。其次，利用数字金融进行优质客户的开拓与管理。在客户开拓方面，商业银行应该利用大数据、人工智能等数字技术筛选优质目标客户，准确分析客户需求，通过新兴的营销手段、定制式的产品和个性化的服务吸引优质客户。在客户管理方面，商业银行可以利用数字技术构建科学的客户分类管理系统，对客户资源实施动态的优化管理，及时淘汰劣质客户，并实时分析客户账户资金情况，设置相应事件的提示指标及相应对策。最后，利用数字金融实现业务创新。商业银行可以利用数字技术创新金融产品和服务，实现产品和服务的个性化、多样化和智能化，并挖掘产品和服务的附加价值，提高综合收益率。同时要实现业务创新，商业银行的业务部门与科技部门应该共同协作，加强沟通，将创新思路落实为实际应用。

参考文献

一 中文文献

(一) 著作

陈强：《高级计量经济学及 Stata 应用》，高等教育出版社 2014 年第二版。

陈省宏、韩芳芳、何建聪：《商业银行价值影响因素分析：以中国内地及香港地区为例》，《工程和商业管理国际学术会议论文集》2012 年版。

谢绚丽、王诗卉：《管理层认知与企业数字化转型：来自商业银行的证据》，《北京大学数字金融研究中心工作论文》2020 年版。

(二) 期刊

巴曙松、白海峰：《金融科技的发展历程与核心技术应用场景探索》，《清华金融评论》2016 年第 11 期。

蔡普华、汪伟、郑颖、阮超：《金融科技发展与商业银行数字化转型：影响与建议》，《新金融》2021 年第 11 期。

仓明、鞠玲玲、孟令杰：《互联网金融对我国商业银行效率的影响研究》，《金融与经济》2016 年第 6 期。

曹凤岐：《互联网金融对传统金融的挑战》，《金融论坛》2015 年第 20 期。

曹强、谭慧：《资产质量、客户集中度与银行效率——基于面板门槛模型的研究》，《金融论坛》2020 年第 11 期。

曹玉贵：《我国商业银行价值评估方法选择研究》，《金融理论与实践》

2006年第4期。

陈春华、曹伟、曹雅楠、邵薪洁：《数字金融发展与企业"脱虚向实"》，《财经研究》2021年第9期。

陈冬梅、王俐珍、陈安霓：《数字化与战略管理理论——回顾、挑战与展望》，《管理世界》2020年第5期。

陈国红：《科技让金融更开放——金融科技驱动商业银行数字化转型的思考》，《银行家》2019年第1期。

陈凯：《经济发展与国有商业银行利润效率》，《上海经济研究》2011年第10期。

陈庆江、王彦萌、万茂丰：《企业数字化转型的同群效应及其影响因素研究》，《管理学报》2021年第5期。

陈生强：《金融科技的全球视野与实践》，《中国银行业》2017年第5期。

陈伟光、潘凤、蔡伟宏：《银行资本、盈利能力与风险承担》，《金融经济学研究》2021年第4期。

陈晓芬、杨朝军：《基于长尾理论的共享金融发展策略研究》，《管理现代化》2017年第3期。

陈孝明、张伟、刘裕文：《互联网金融提升了商业银行的创新能力吗？——基于中国上市银行面板数据的实证研究》，《金融与经济》2018年第7期。

陈一洪：《中国城市商业银行盈利能力影响因素分析——基于50家商业银行的微观数据》，《统计与信息论坛》2017年第3期。

程婵娟、马喆：《基于EVA价值评估方法的我国上市商业银行价值最大化驱动因素研究》，《当代经济科学》2011年第5期。

程华、程伟波：《新常态、新经济与商业银行发展转型》，《金融监管研究》2017年第2期。

崔治文、徐芳：《基于DEA方法的商业银行效率评价》，《会计之友》2015年第15期。

戴国强、方鹏飞：《利率市场化与银行风险——基于影子银行与互联网金融视角的研究》，《金融论坛》2014年第8期。

丁蔚：《数字金融：商业银行的未来转型发展之路》，《清华金融评论》2016 年第 4 期。

杜云月、蔡香梅：《企业核心竞争力研究综述》，《经济纵横》2002 年第 3 期。

段永瑞、景一方、李贵萍：《基于两阶段 DEA 方法的中国商业银行效率评价》，《运筹与管理》2019 年第 2 期。

方杰、温忠麟、张敏强：《类别变量的中介效应分析》，《心理科学》2017 年第 2 期。

封思贤、郭仁静：《数字金融、银行竞争与银行效率》，《改革》2019 年第 11 期。

付争、王皓：《竞争还是竞合：数字金融赋能下金融包容与银行体系发展》，《国际金融研究》2021 年第 1 期。

傅秋子、黄益平：《数字金融对农村金融需求的异质性影响——来自中国家庭金融调查与北京大学数字普惠金融指数的证据》，《金融研究》2018 年第 11 期。

高蓓、张明、邹晓梅：《资产证券化与商业银行经营稳定性：影响机制、影响阶段与危机冲击》，《南开经济研究》2016 年第 4 期。

高旭、高建斌：《数字金融对商业银行经营效率的影响——基于 16 家上市银行的实证研究》，《井冈山大学学报》（社会科学版）2021 年第 4 期。

郜庆、李谋：《利率市场化与金融互联网化对银行风险影响的实证分析》，《新疆社会科学》2018 年第 6 期。

耿同劲：《银行脆弱性理论述评》，《金融理论与实践》2008 年第 8 期。

巩鑫、唐文琳：《数字金融、空间溢出与大众创业》，《统计与信息论坛》2021 年第 5 期。

顾海峰、闫君：《互联网金融与商业银行盈利：冲击抑或助推——基于盈利能力与盈利结构的双重视角》，《当代经济科学》2019 年第 4 期。

顾海峰、张盈盈：《内部控制质量、资本结构与银行风险承担——货币政策与股权集中度的调节作用》，《经济与管理研究》2021 年第 11 期。

管仁荣、张文松、杨朋君：《互联网金融对商业银行运行效率影响与对策研究》，《云南师范大学学报》（哲学社会科学版）2014年第6期。

郭峰、王靖一、王芳、孔涛、张勋、程志云：《测度中国数字普惠金融发展：指数编制与空间特征》，《经济学》（季刊）2020年第4期。

郭捷、周婧：《互联网金融背景下我国上市商业银行的效率实证研究》，《运筹与管理》2016年第6期。

郭娜：《我国商业银行价值影响因素研究》，《统计与决策》2012年第23期。

郭娜、祁怀锦：《上市银行盈利模式与银行价值创造的实证研究》，《中央财经大学学报》2012年第7期。

郭晓蓓、蒋亮：《数字经济视角下的商业银行数字化转型探讨》，《金融科技时代》2020年第9期。

郭妍：《我国商业银行效率决定因素的理论探讨与实证检验》，《金融研究》2005年第2期。

何帆、刘红霞：《数字经济视角下实体企业数字化变革的业绩提升效应评估》，《改革》2019年第4期。

黄浩：《数字金融生态系统的形成与挑战——来自中国的经验》，《经济学家》2018年第4期。

黄锐、黄剑：《互联网金融影响银行绩效吗？——基于98家商业银行的面板数据》，《南方金融》2016年第1期。

黄益平：《数字金融革命刚刚开始》，《财富时代》2021年第12期。

黄益平、黄卓：《中国的数字金融发展：现在与未来》，《经济学》（季刊）2018年第17期。

黄益平、陶坤玉：《中国的数字金融革命：发展、影响与监管启示》，《国际经济评论》2019年第6期。

季仙华、齐兰：《银行效率与经济增长关系实证研究》，《中央财经大学学报》2013年第2期。

江红莉、蒋鹏程：《数字金融能提升企业全要素生产率吗？——来自中国上市公司的经验证据》，《上海财经大学学报》2021年第3期。

江曙霞、陈玉婵：《货币政策、银行资本与风险承担》，《金融研究》2012年第4期。

蒋海、吴文洋：《创新影响了银行风险承担吗？——基于中国上市银行的实证检验》，《国际金融研究》2020年第3期。

交通银行金融研究中心课题组：《金融科技与商业银行息差管理研究》，《新金融》2017年第9期。

金鹏辉、张翔、高峰：《货币政策对银行风险承担的影响——基于银行业整体的研究》，《金融研究》2014年第2期。

黎来芳、牛尊：《互联网金融风险分析及监管建议》，《宏观经济管理》2017年第1期。

李璠：《商业银行数字化转型》，《中国金融》2017年第17期。

李淑萍、徐英杰：《互联网金融、系统重要性与商业银行风险承担》，《宏观经济研究》2020年第12期。

李小玲、崔淑琳、赖晓冰：《数字金融能否提升上市企业价值？——理论机制分析与实证检验》，《现代财经》（天津财经大学学报）2020年第9期。

李运达、陈伟、周华东：《金融科技、生产率悖论与银行盈利能力》，《财经科学》2020年第11期。

梁涵书、张艺：《数字金融发展、金融监管与我国商业银行风险》，《金融与经济》2021年第1期。

梁璋、沈凡：《国有商业银行如何应对互联网金融模式带来的挑战》，《新金融》2013年第7期。

刘海明、许娟：《商业银行风险承担：指标及其有效性》，《金融论坛》2012年第17期。

刘红云、骆方、张玉、张丹慧：《因变量为等级变量的中介效应分析》，《心理学报》2013年第12期。

刘孟飞：《金融科技与商业银行系统性风险——基于对中国上市银行的实证研究》，《武汉大学学报》（哲学社会科学版）2021年第2期。

刘孟飞、蒋维：《金融科技加重还是减轻了商业银行风险承担——来自中国银行业的经验证据》，《商业研究》2021年第5期。

刘笑彤、杨德勇：《互联网金融背景下商业银行并购重组选择差异的效率研究——基于商业银行异质性的Malmquist指数实证分析》，《国际金融研究》2017年第10期。

刘秀春：《浅析企业价值的计量方法》，《企业技术开发》2015年第8期。

刘阳子、田发：《金融科技创新对我国商业银行价值影响研究》，《中国物价》2020年第8期。

刘胤、吴俊、张宗益：《资本调整、风险控制与宏观经济周期》，《金融论坛》2011年第11期。

刘永幸：《企业价值评估的EVA法和FCFF法比较》，《湖北经济学院学报》（人文社会科学版）2006年第1期。

刘忠璐：《互联网金融对商业银行风险承担的影响研究》，《财贸经济》2016年第4期。

陆静、胡晓红、王萌：《声誉事件对商业银行市场价值的影响》，《上海金融》2013年第4期。

陆蓉、常维：《近墨者黑：上市公司违规行为的"同群效应"》，《金融研究》2018年第8期。

陆正飞、施瑜：《从财务评价体系看上市公司价值决定——"双高"企业与传统企业的比较》，《会计研究》2002年第5期。

马骏、李书娴、李江雁：《被动模仿还是主动变革？——上市公司互联网涉入的同群效应研究》，《经济评论》2021年第5期。

聂辉华、谭松涛、王宇锋：《创新、企业规模和市场竞争：基于中国企业层面的面板数据分析》，《世界经济》2008年第7期。

彭明雪、丁振辉：《经营效率、中间业务收入与商业银行盈利能力》，《金融论坛》2016年第5期。

邱晗、黄益平、纪洋：《金融科技对传统银行行为的影响——基于互联网理财的视角》，《金融研究》2018年第11期。

瞿慧、靳丹丹、万千：《数字金融、资源配置效率与金融服务》，《武汉金融》2021年第11期。

冉勇、钟子明：《银行信息披露制度与银行系统稳定性研究》，《中央财经大学学报》2005 年第 10 期。

任碧云、郑宗杰：《金融科技对商业银行风险承担的影响——基于商业银行信贷结构的视角》，《贵州财经大学学报》2021 年第 5 期。

沈仁康：《五大发展理念与商业银行转型发展路径研究》，《金融监管研究》2016 年第 6 期。

沈悦、郭品：《互联网金融、技术溢出与商业银行全要素生产率》，《金融研究》2015 年第 3 期。

时乐乐、赵军：《中国上市商业银行效率及影响因素实证研究》，《经济体制改革》2013 年第 2 期。

宋首文、代芊、柴若琪：《互联网+银行：我国传统商业银行风险管理新变革》，《财经科学》2015 年第 7 期。

宋晓玲：《数字普惠金融缩小城乡收入差距的实证检验》，《财经科学》2017 年第 6 期。

孙安琴：《信用风险转移与银行体系稳定性研究》，《金融研究》2011 年第 11 期。

孙清、蔡则祥：《基于金融体系视角的银行稳定实证分析》，《经济问题》2009 年第 10 期。

谭力文、丁靖坤：《21 世纪以来战略管理理论的前沿与演进——基于 SMJ（2001—2012）文献的科学计量分析》，《南开管理评论》2014 年第 17 期。

谭燕芝、许明：《高管薪酬、股权结构、董事会特征与商业银行经营效率——基于对 16 家上市股份制商业银行面板数据的实证分析》，《经济经纬》2012 年第 5 期。

谭政勋、黄东生：《影响商业银行稳定的微观因素》，《金融论坛》2012 年第 17 期。

唐海军：《长尾理论经济学原理探析》，《现代管理科学》2009 年第 1 期。

唐松、伍旭川、祝佳：《数字金融与企业技术创新——结构特征、机制识别与金融监管下的效应差异》，《管理世界》2020 年第 5 期。

田杰、谭秋云、靳景玉:《数字金融能否改善资源错配?》,《财经论丛》2021年第4期。

田轩、孟清扬:《股权激励计划能促进企业创新吗》,《南开管理评论》2018年第3期。

万良勇、梁婵娟、饶静:《上市公司并购决策的行业同群效应研究》,《南开管理评论》2016年第3期。

王聪、谭政勋:《我国商业银行效率结构研究》,《经济研究》2007年第7期。

王钢、石奇:《商业银行经营效率的"垂足距离"测算——基于改进熵权的两阶段TOPSIS-DEA模型分析法》,《金融理论与实践》2019年第6期。

王家华、王瑞:《影子银行对不同类型商业银行经营稳定性的影响》,《企业经济》2015年第11期。

王健、金浩、梁慧超:《我国商业银行效率分析——基于超效率DEA和Malmquist指数》,《技术经济与管理研究》2011年第4期。

王靖一:《数字经济正在打破"胡焕庸线"》,《环球时报》2019年第15期。

王俊寿:《后疫情时代银行保险业数字化转型思考与突破——以山东省为例》,《金融发展研究》2021年第1期。

王鹏虎:《商业银行数字化转型》,《中国金融》2018年第15期。

王升、李亚、邰如明:《互联网金融对商业银行风险承担的影响研究——基于中国30家商业银行的实证分析》,《金融发展研究》2021年第1期。

王诗卉、谢绚丽:《经济压力还是社会压力:数字金融发展与商业银行数字化创新》,《经济学家》2021年第1期。

王诗卉、谢绚丽:《知而后行?管理层认知与银行数字化转型》,《金融评论》2021年第13期。

王馨:《互联网金融助解"长尾"小微企业融资难问题研究》,《金融研究》2015年第9期。

王勋、黄益平、苟琴、邱晗：《数字技术如何改变金融机构：中国经验与国际启示》，《国际经济评论》2022年第1期。

王应贵、梁惠雅：《金融科技对商业银行价值链的冲击及应对策略》，《新金融》2018年第3期。

王喆、陈胤默、张明：《传统金融供给与数字金融发展：补充还是替代？——基于地区制度差异视角》，《经济管理》2021年第5期。

王作功、李慧洋、孙璐璐：《数字金融的发展与治理：从信息不对称到数据不对称》，《金融理论与实践》2019年第12期。

韦颜秋、黄旭、张炜：《大数据时代商业银行数字化转型》，《银行家》2017年第2期。

温忠麟、叶宝娟：《中介效应分析：方法和模型发展》，《心理科学进展》2014年第5期。

温忠麟、张雷、侯杰泰、刘红云：《中介效应检验程序及其应用》，《心理学报》2004年第5期。

吴朝平：《API开放银行：金融科技背景下商业银行转型升级的重要方向》，《金融理论与实践》2020年第1期。

吴朝平：《零售银行数字化转型：现状、趋势与对策建议》，《南方金融》2019年第11期。

吴桐桐、王仁曾：《数字金融、银行竞争与银行风险承担——基于149家中小商业银行的研究》，《财经论丛》2021年第3期。

吴晓求：《互联网金融：成长的逻辑》，《财贸经济》2015年第2期。

吴中春：《企业价值评估方法之理论探析》，《现代财经》（天津财经学院学报）2005年第8期。

萧松华、邵毅：《商业银行履行社会责任能创造价值吗？——来自美国银行业利益相关者的证据》，《暨南学报》（哲学社会科学版）2014年第12期。

谢平、邹传伟：《互联网金融模式研究》，《金融研究》2012年第12期。

谢婷婷、高丽丽：《数字金融对中小企业技术创新的影响及机制研究——基于传统金融结构错配分析》，《金融发展研究》2021年第12期。

谢绚丽、沈艳、张皓星、郭峰：《数字金融能促进创业吗？——来自中国的证据》，《经济学》（季刊）2018年第4期。

谢治春：《互联网金融创新与商业银行品牌塑造模式》，《中国软科学》2016年第6期。

谢治春、赵兴庐、刘媛：《金融科技发展与商业银行的数字化战略转型》，《中国软科学》2018年第8期。

徐国柱：《公司价值与折现现金流量模型》，《贵州财经学院学报》2003年第1期。

杨才然、王宁：《互联网金融风险的银行视角》，《中国金融》2015年第7期。

杨敏、梁银鹤：《资本监管、市场竞争与银行风险承担——基于我国144家商业银行的经验证据》，《技术经济与管理研究》2020年第8期。

杨涛：《商业银行数字化转型的重点与路径分析》，《农村金融研究》2019年第6期。

杨望、徐慧琳、谭小芬、薛翔宇：《金融科技与商业银行效率——基于DEA-Malmquist模型的实证研究》，《国际金融研究》2020年第7期。

杨伟明、粟麟、孙瑞立、袁伟鹏：《数字金融是否促进了消费升级？——基于面板数据的证据》，《国际金融研究》2021年第4期。

易露霞、吴非、常曦：《企业数字化转型进程与主业绩效——来自中国上市企业年报文本识别的经验证据》，《现代财经》（天津财经大学学报）2021年第41期。

易行健、周利：《数字普惠金融发展是否显著影响了居民消费——来自中国家庭的微观证据》，《金融研究》2018年第11期。

殷贺、江红莉、张财经、蒋鹏程：《数字普惠金融如何响应城乡收入差距？——基于空间溢出视角的实证检验》，《金融监管研究》2020年第9期。

尹美群、盛磊、李文博：《高管激励、创新投入与公司绩效——基于内生性视角的分行业实证研究》，《南开管理评论》2018年第21期。

于凤芹、于千惠：《金融科技影响商业银行盈利能力的机制分析》，《金融与经济》2021年第2期。

余静文、吴滨阳:《数字金融与商业银行风险承担——基于中国商业银行的实证研究》,《产经评论》2021年第12期。

曾刚:《经济新常态下的商业银行转型研究》,《农村金融研究》2015年第1期。

曾俭华:《国际化经营对中国商业银行效率的影响研究》,《国际金融研究》2011年第1期。

曾世宏、刘迎娣:《互联网技术、交易效率与服务业发展——兼论服务消费对高质量发展的基础性作用》,《产经评论》2020年第11期。

张大永、张志伟:《竞争与效率——基于我国区域性商业银行的实证研究》,《金融研究》2019年第4期。

张德茂、蒋亮:《金融科技在传统商业银行转型中的赋能作用与路径》,《西南金融》2018年第11期。

张定法、刘诚:《欧洲金融科技监管的问题、做法及其启示》,《广西财经学院学报》2019年第2期。

张鹤、黄琨、姚远:《我国商业银行X-效率的实证研究与改革策略》,《经济学动态》2011年第2期。

张健华、王鹏:《银行风险、贷款规模与法律保护水平》,《经济研究》2012年第5期。

张金清、张健、吴有红:《中长期贷款占比对我国商业银行稳定的影响——理论分析与实证检验》,《金融研究》2011年第9期。

张强、佘桂荣:《银行监管的市场约束理论进展》,《金融研究》2006年第10期。

张筱峰、王健康、陶金:《中国银行体系脆弱性的测度与实证研究》,《财经理论与实践》2008年第1期。

赵耀腾:《资产证券化、内部控制与商业银行经营稳定性》,《统计与决策》2019年第35期。

赵颖:《中国上市公司高管薪酬的同群效应分析》,《中国工业经济》2016年第2期。

赵永乐、王均坦:《商业银行效率、影响因素及其能力模型的解释结果》,《金融研究》2008 年第 3 期。

郑鸣、林潘颖:《我国商业银行价值创造能力研究——基于 EVA 的实证研究》,《厦门大学学报》(哲学社会科学版) 2006 年第 5 期。

郑志来:《互联网金融对我国商业银行的影响路径——基于"互联网+"对零售业的影响视角》,《财经科学》2015 年第 5 期。

周黎安、罗凯:《企业规模与创新:来自中国省级水平的经验证据》,《经济学》(季刊) 2005 年第 2 期。

周仲飞、李敬伟:《金融科技背景下金融监管范式的转变》,《法学研究》2018 年第 40 期。

朱太辉、陈璐:《Fintech 的潜在风险与监管应对研究》,《金融监管研究》2016 年第 7 期。

朱信贵、胡志立、谢文强:《创始经理人影响了企业研发投资吗——基于深市创业板高新技术企业的经验证据》,《会计之友》2021 年第 24 期。

邹静、张宇:《数字金融的研究现状、热点与前沿——基于 Cite Space 的可视化分析》,《产业经济评论》2021 年第 5 期。

邹薇:《基于 BSSI 指数的中国银行体系稳定性研究》,《经济理论与经济管理》2007 年第 2 期。

二 英文文献

Abdmoulah W., Laabas B., Kuwaiti Banks Efficiency: An Examination of Technical and Allocative Efficiency over the Period 1994−2009, 2012.

Alhadeff D., "Monopoly and Competition in Banking", *Economic Journal*, 1955, Vol. 65, No. 258.

Andersen, Poul, Houman, et al., "The Innovator's Dilemma: When New Technologies Cause Great Firms to Fail/Leading the Revolution/Blue Ocean Strategy: How to Create Uncontested Market Space and Make the Competition Irrelevant", *Academy of Management Review*, 2008.

Anderson C. , "The Long Tail", *Wired*, 2004, No. 10.

Angbazo L. , "Commercial Bank net Interest Margins, Default Risk, Interest-rate Risk, and off-balance Sheet Banking", *Journal of Banking and Finance*, 1997, Vol. 21.

Angeloni I. , Faia E. , Duca M. L. , "Monetary Policy and Risk Taking", *Safe Working Paper*, 2011, 52, No. MAR.

Anh-Tuan Doan, Kun-Li Lin, Shuh-Chyi Doong. , "What Drives Bank Efficiency? The Interaction of Bank Income Diversification and Ownership", *International Review of Economics and Finance*, 2017.

Batir T. E. , Gungor B. , "Bank Efficiency In Turkey: Participation Banks Versus Conventional Banks", 2016.

Baumann U. , and Nier E. , "Market Discipline, Disclosure and Moral Hazard in Banking", *Journal of Financial Intermediation*, 2006, No. 15.

Baumol W. J. , Panzar J. C. , Willig R. D. , "Contestable Markets: An Uprising in the Theory of Industry Structure: Reply", *American Economic Review*, 1983, Vol. 73.

Benedict J. , "Drasch, AndréSchweizer, Nils Urbach. Integrating the 'Troublemakers': A Taxonomy for Cooperation Between Banks and Fintechs", *Journal of Economics and Business*, 2018, Vol. 100.

Berger A. N. , Klapper L. F. , Turk-Ariss R. , "Bank Competition and Financial Stability", *Journal of Financial Services Research*, 2009, Vol. 35, No. 2. Economics and Business, 2018, Vol. 100.

Bhattacharya S. , Boot A. W. A. , and Thakor A. V. , 1998. , "The Economics of Bank Regulation", *Journal of Money, Credit and Banking*, No. 30.

Bouwman C. H. "Corporate Governance Propagation through Overlapping Directors", *The Review of Financial Studies*, 2011, Vol. 24, No. 7.

Boyd J. H. , De Nicoló G. , "The Theory of Bank Risk Taking and Competition Revisited", *Journal of Finance*, 2005, Vol. 60, No. 3.

Chan Y. S. , Greenbaum S. I. & Tharor A. V. , "Information Reusability Competition and Bank Asset Quality", *Journal of Banking and Finance*, 1986, No. 10.

Chang, S. J. , and S. Park. "Types of Firms Generating Network Externalities and MNCs' Co – location Decisions", *Strategic Management Journal*, 2005, Vol. 26, No. 7.

Charnes A. , Cooper W. W. , Rhodes E. , "Measuring the Efficiency of Decision Making Units", *European Journal of Operational Research*, 1978, Vol. 2, No. 6.

Chen L. , "From Fintech to Finlife: The Case of Fintech Development in China", *China Economic Journal*, 2016, Vol. 9, No. 3.

Chen S. C. , "To Use or Not to Use: Understand the Factors Affeting Continuance Jntention of Mobile Banking", *Journal of Medical Systems*, 2012, No. 10.

Cheng M. , Qu Y. , "Does bank Fin Tech Reduce Credit Risk? Evidence from China", *Pacific-Basin Finance Journal*, 2020, No. 63.

Chircu A. M. , Kauffman R. J. , "Limits to Value in Electronic Commerce-Related IT Investments", *Journal of Management Information Systems*, 2000, Vol. 17, No. 2.

Chunxia Jiang, Shujie Yao, Genfu Feng. , "Bank Ownership, Privatization, and Performance: Evidence from A Transition Country", *Journal of Banking and Finance*, 2013, Vol. 37, No. 9.

Cordella, T. , and Yeyati, E. L. , Public Disclosure and Bank Failures, Working Paper, CEPR, 1998.

Costas Lapavitsas, Paulo L. Dos Santos. , "Globalization and Contemporary Banking: On the Impact of New Technology", *Contributions to Political Economy*, 2008, Vol. 27, No. 1.

Dell'Ariccia G. , Marquez R. , "Risk and the Corporate Structure of Banks", *Journal of Finance*, 2010.

Demsetz H. , Lehn K. , "The Structure of Ownership", *Journal of Political E-

conomy, 1985, Vol. 93, No. 6.

Diamond D. W. ,"Financial Intermediation and Delegated Monitoring", *Review of Economic Studies*, 1984, Vol. 51, No. 3.

Douglas W. Arner, Janos B. , Ross P. B. The Evolution of FinTech: A New Post-Crisis Paradigm?, University of Hong Kong Faculty of Law Research Paper No. 2015/047, 2015.

Duarte J. , Siegel S. and Young L. "Trust and Credit: The Role of Appearance In Peer - To - Peer Lending", *Review of Finan? cial Studies*, 2012, Vol. 25.

Fredric S. Mishkin, Philip E. Strahan. , What will Technology do to Financial Structure, NBER Working Paper, NO. 6892, 1999.

Fried H. O. , Lovell C. , Y Aisawarng S. , "Accounting for Environmental Effects and Statistical Noise in Data Envelopment Analysis", *Journal of Productivity Analysis*, 2002, Vol. 17, No. 1-2.

Frost J. , Gambacorta L. , Songshin H. , et al. , "Big Tech and the Changing Structure of Financial Intermediation", *Financial Market Research*, 2019.

Fuster A. , Plosser M. , Schnabl P. , et al. , "The Role of Technology in Mortgage Lending", *Staff Reports*, 2018.

Gomber P. , Koch J. A. , Siering M. , "Digital Finance and Fintech: Current Research and Future Research Directions", *Social Science Electronic Publishing*.

Gomber P. , Koch J. A. , Siering M. , "Digital Finance and Fin Tech: Current Research and Future Research Directions", *Journal of Business Economics*, 2017, Vol. 87, No. 5.

Goyeau D. , Tarazi A. , "évaluationdurisque de Défaillancebancaireen Europe", *Revued' Economie Politique*, 1992, No. 102.

Groshen E. L. , Moyer B. C. , Aizcorbe A. M. , Bradley E. , Friedman D. , "How Government Statistics Adjust for Potential Biases from Quality Change and New Goods in an Age of Digital Technologies: A View from the Trenches", *Journal of Economic Perspectives*, 2017, Vol. 31, No. 2.

Gulamhuseinwala I., Bull T., Lewis S., "FinTech is Gaining Traction and Young, High-Income Users are the Early Adopters", *Journal of Financial Perspectives*, 2015, Vol. 3.

Gurley J. G., Shaw E. S., "Financial Aspects of Economic Development", *American Economic Review*, 1955, Vol. 45, No. 4.

Hidayat W. Y., Kakinaka M., Miyamoto H., "Bank Risk and Non-interest Income Activities in the Indonesian Banking Industry", *Journal of Asian Economics*, 2012, Vol. 23, No. 4.

in Thailand: "A Customer Perspective", *International Economic eview*, 2015, Vol. 9.

Jagtiani J., Lemieux C., "Do Fintech Lenders Penetrate Areas That Are Underserved by Traditional Banks?", *Journal of Economics & Business*, 2018, Vol. 100.

Jagtiani, J., Lemieux, C., "Do Fintech Lenders Penetrate Areas that are Under served by Traditional Banks?", *Journal of Economics & Business*, 2018, Vol. 100.

Jane-Raung Lin, Huimin Chung, Ming-Hsiang Hsieh, Soushan Wu, "The Determinants of Interest Margins and Their Effect on Bank Diversification: Evidence from Asian banks", *Journal of Financial Stability*, 2012, Vol. 8, No. 2.

Jarunee S., Wonglimpiyarat T., "Challenges and Dynamics of FinTech Crowdfunding: An Innovation System Approach", *J High Tech Manag Res*, 2018, Vol. 29, No. 1.

Jianan Yin. Research of Internet Finance on Traditional Banking, International Journal of Education and Management (MARCH 2017 V2 N1), 2017.

Jon F., Leonardo G., Yi H., et al., "Big Tech and the Changing Structure of Financial Intermediation", *Economic Policy*, 2020, No. 100.

Kirkwood J., Nahm D., Australian Banking Efficiency and its Relation to

Stock Returns, Blackwell Publishing Asia, 2006.

Kwan S., Eisenbeis R. A., "Bank risk, Capitalization, and Operating Efficiency", *Journal of Financial Services Research*, 1997, Vol. 12.

Laeven L., Levine R., "Bank Governance, Regulation and Risk Taking", *Journal of Financial Economics*, 2009, 93, No. 2.

Le H. T. T., Narayanan R. P., Van Vo L., "Has the Effect of Asset Securiti? zation on Bank Risk Taking Behavior Changed?", *Journal of Financial Services Research*, 2016, Vol. 49, No. 1.

Leary M. T, and M. R. Roberts., "Do Peer Firms Affect Corporate Financial Policy?" The Journal of Finance 69, No. 1.

Lee I., Shin Y. J., "Fintech: Ecosystem, Business Models, Investment Decisions, and Challenges", *Business Horizons*, 2018, Vol. 61.

Leonardo Becchetti, Rocco Ciciretti, Adriana Paolantonio., "The Cooperative Bank Difference Before and After the Global Fmancial Crisis", *Journal of Intemational Money and Finance*, 2016, Vol. 69.

Lepetit L., Nys E., Rous P. & A. Tarazi., "Bank Income Structure and Risk: An Empirical Analysis of European Banks", *Journal of Banking & Finance*, 2008, No. 32.

Lindgren M. C. J., Garcia M. G. G., Saal M. M. I., "Bank Soundness and Macroeconomic Policy", *International Monetary Fund*, 1996.

Mac Kinnon, D. P., & Dwyer, J. H., "Estimating Mediated Effects in Prevention Studies", *Evaluation Review*, 1993, Vol. 17.

Mac Kinnon, D. P., "Introduction to Statistical Mediation Analysis", New York: London Lawrence Erlbaum Associates, 2008.

Marcus A. J., "Deregulation and Bank Financial Policy", *Journal of Banking & Finance*, 1984, Vol. 8, No. 4.

MD Delis, Kouretas G. P., "Interest Rates and Bank Risk-taking", *Journal of Banking & Finance*, 2011, Vol. 35, No. 4.

Merton R. C., "A Functional Perspective of Financial Intermediation", *Financial Management, 1995, Vol. 24, No. 2.

Meyer Aaron. , "Jim Armstrong and Mark Zelmer An Overview of Risk Management at Canadian Banks", *Financial System Review*, June 2007.

Michalak T. , Uhde A. , "Credit Risk Securitization and Bank Soundness in Europe", *Quarterly Review of Economics and Finance*, 2012, No. 52.

Molyneux P. , Thornton J. , "Determinants of European bank Profitability: A note", *Journal of Banking & Finance*, 1992, Vol. 16, No. 6.

Nicolo G. D. , Jalal A. M. , Boyd J. H. , "Bank Risk-Taking and Competition Revisited: New Theory and New Evidence", *IMF Working Papers*, 2006, Vol. 3, No. 114.

Norden L. , Buston C. S. and Wagner W. , "Financial Innovation and Bank Behavior: Evidence from Credit Markets", *Journal of Economic Dynamics and Control*, 2014, Vol. 43.

N. Gennaioli, A. Shleifer & R. Vishny, "Neglected Risks, Financial Innovation, and Financial Fragility", *General Information*, 2012, Vol. 104, No. 3.

Ozili P. K. , "Impact of Digital Finance on Financial Inclusion and Stability", *Borsa Istanbul Review*, 2018.

Ozili P. K. , "Impact of Digital Finance on Financial Inclusion and Stability", *Borsa Istanbul Review*, 2018.

Pathan S. , "Strong Boards, CEO Power and Bank Risk-taking", *Journal of Banking & Finance*, 2009, Vol. 33, No. 7.

Paunov, C. , and V. Rollo. "Has the Internet Fostered Inclusive Innovation in the Developing World?", World Development 2016, Vol. 78.

Philippon T. , The FinTech Opportunity. Nber Working Papers, 2016.

Puschmann T. , "The Rise of Customer-oriented Banking: Electronic Markets are Paving the Way for Change in the Financial Industry", *Electron Mark*, 2012, Vol. 22, No. 4.

PWC. Blurred Lines: How Fintech is Shaping Financial Services, Global Fintech Report, 2016.

Raza S. A., Hanif N., "Factors Affecting Internet Banking Adoption Among Internal and External Customers: A Case of Pakistan", *International Journal of Electronic Finance*, 2013, Vol. 7, No. 1.

Rime B., "Capital Requirements and Bank Behaviour: Empirical Evidence for Switzerland – Science Direct", *Journal of Banking & Finance*, 2001, Vol. 25, No. 4.

Salah N. B., Fedhila H., "Effects of Securitization on Credit Risk and Banking Stabmics and Finance", 2012, No. 4.

Sarmiento M., JE Galán., "The Influence of Risk – taking on Bank Efficiency: Evidence from Colombia", *Working Papers*, 2015.

Seong – Hoon L., Dong – Woo L., "Fintech – Conversions of Finance Industry based on ICT", *Journal of the Korea Convergence Society*, 2015, Vol. 6, No. 3.

Simon H., Kwan., "The X – efficiency of Commercial Banks in Hong Kong", *Journal of Banking & Finance*, 2006.

Stoica O., Mehdian S., Sargu A., "The Impact of Internet Banking on the Performance of Romanian Banks: DEA and PCA Approach", *Procedia Economics and Finance*, 2015.

Sufian F., Habibullah M. S., "Globalization and Bank Efficiency Nexus: Symbiosis or Parasites?", *Review of Development Finance*, 2012, Vol. 2, No. 3–4.

Tobias B., Valentin B., Ana G., et al., "On the Rise of FinTechs: Credit Scoring Using Digital Footprints", *The Review of Financial Studies*, 2019.

Uhde A., Michalak T. C., "Ility: Empirical Evidence from American Commercial Banks", *International Journal of Econo Securitization and Systematic Risk in European Banking: Empirical Evidence*, *Journal of Banking and Finance*, 2010, No. 34.

Vojislav Maksimovic., A Comparative Analysis of Intemet Banking Security.

Yue M., Liu D., "Introduction to the Special Issue on Crowdfunding and Fin Tech", *Finan Innov*, 2017, Vol. 3, No. 1.

Zha Y., Liang N., Wu M., et al., "Efficiency Evaluation of Banks in China: A Dynamic Two-stage Slacks-based Measure Approach", *Omega*, 2016, Vol. 60.

Zhu C., "Big Data as a Governance Mechanism", *Review of Financial Studies*, 2019, Vol. 32, No. 5.